U0016577

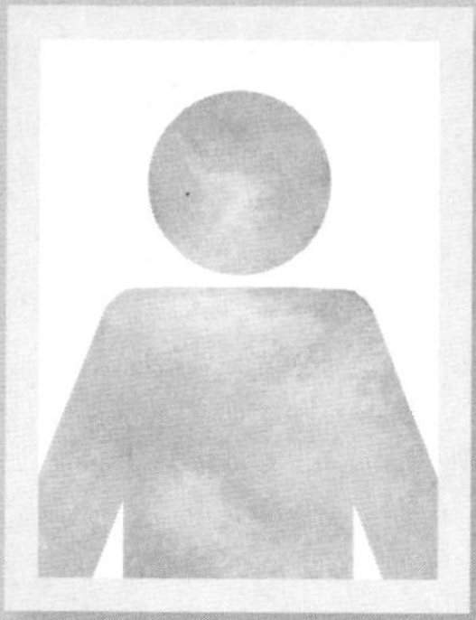

現在的我

放入照片，督促自己完成一場了不起的轉變

了不起的我

0到99歲適用，自我發展的心理學

陳海賢 著

謹獻給我的父親

目錄 Contents

第二章 推動思維的進化

第三章 發展關係中的自我

第四章 走出人生的瓶頸

第五章

繪製人生的地圖

前言

要走多少路，才能成就你的了不起

我是一名心理諮商師，從業已經十三年了。這些年來，我陪伴來訪者經歷了很多人生的轉變，走過了一段段艱難的時刻。

有些轉變是因爲外界環境變化而被動產生的。比如結婚了、離婚了、畢業了、就業了、失業了、失戀了……突如其來的生活變動，需要他們的內心做出相應的調整。

有些轉變則是來訪者主動發起的。他們對自己和生活或多或少有著不滿，不想再這樣繼續下去。他們想減肥、想運動、想控制自己的脾氣、想換個工作、想換種方式和家人相處、想開始或者結束一段關係……總之，他們想要換種生活方式，重新來過。

轉變看似很容易。畢竟從出生到死亡，我們無時無刻不在經歷。可是有意義的轉變很難。當我們想要朝著某個方向前進時，總會遇到很多阻力。但這不是來自外界，而是我們的內心。就好像理想中的自己是一個人，現實中的自己是另一個人；嚮往改變和突破的自己是一個人，阻礙改變與突破的自己是另一個人。

爲什麼會這樣呢？因爲我們的內心與生俱來都帶有一些防禦機制，讓我們追求穩定和可控，排斥改變與發展，令我們想要轉變的願望和現實的行動形成強烈的衝突。很多時候，我們就在這樣的衝突中半途而廢，陷入停滯或迷茫，找不到繼續行動的方向。

兩年前，在得到公司的會議室，羅振宇和脫不花問了我一個問題：「在中國有這麼多有上進心、有自我發展動力的人。他們有改變和發展自己的強烈願望，可是爲什麼市面上沒有一個好的心理學產品能夠幫助人們不斷實現轉變、不斷突破自我呢？」

我想了想：「這是因爲轉變是很複雜的，它涉及行爲習慣、心智模型、人際關係、關鍵期的選擇，以及人生發展階段的方方面面。」

他們問：「那你能不能來做呢？」

其實這正是我一直在做的事。從事諮商的那天起，我就經常思考，人們所面對的種種成長難題，有沒有共同的心理根源？當人們想要轉變時，阻礙他們的心理機制究竟是什麼。而我又能提供哪些幫助他們轉變的系統工具和方法？

想到這些，我便欣然接受了這份挑戰。

我吸收了行爲科學、認知療法、家庭治療、正向心理學、精神分析和成人發展的諸多心理學理論，並整合、應用這些理論思想和自己的諮商經驗，形成了一種全新的理論——自我發展心理學。

現在，這些思考的成果全都呈現在你眼前的這本書裡。

這本書名爲《了不起的我》，不是想鼓吹盲目自大或自我中心，而是想提醒你，在深陷自我懷疑，或者深處逆境苦苦支撐的時候，不要忘了自己的潛力。

有些人是天生的人生贏家，很容易就有了別人夢寐以求的一切，這不是了不起，這只是幸運罷了。還有一些人，他們的每一點進步，都需要靠自己的努力奮鬥得來。他們需要不斷去面對和解決自我發展道路上的種種難題，努力讓自己一天天變得更好。這是一種了不起，是我們每個人都可以擁有的了不起。

在本書中，我會從行爲的改變、思維的進化、關係的發展、走出人生瓶頸和繪製人生地圖五個方面，講述我們終其一生會遇到的種種問題以及系統性的解決辦法。

它是一本離你很「近」的書。

這本書中的案例，大部分來自我的來訪者眞實經驗（出於保護隱私，我對一些資訊做了改動），還有一部分來自我自己的切身體會。這種「近」會讓你很容易從中認出自己，因爲這些是你日常都會碰到的問題。這雖然是本心理學的書，但它沒什麼門檻，你的經驗就是理解它的入口。

同時，它也是一本很「實」的書，爲你提供一整套行之有效的自我發展工具：

如果你被焦慮淹沒，不知道該從什麼事情做起，你可以用「小步子原理」提醒自己；如果你總是擔心失敗，不敢行動，你可以用「奇蹟提問」推動自己；如果你總是在該工作、該學習的時候娛樂，你可以用培養「環境場」來幫助自己……

如果你選擇直接面對自我發展過程中的種種問題，並積極尋求改變，你就走在通往「了不起」的路上了。在這條路上：

你會不斷走出心理舒適區，創造新經驗；你的思維會從保守僵固，變得靈活進取；你能夠擺脫糾纏的關係，發展出主動、獨立、爲自我負責的新關係；你會不斷脫去自我的舊殼，並從中長出嶄新的自我；你會收穫歲月和經歷凝聚成的智慧，最終成爲了不起的自己。

卡爾維諾曾經說過：「世界先於人類而存在，而且會在人類之後繼續存在，人類只是世界所擁有的一次機會，用來組織一些關於其自身資訊的機會。」

對你來說也是如此。在你存在之前，這個世界就已經存在了。在你死後，世界還會繼續存在。那你的存在有什麼意義呢？也許是給世界一個機會，讓世界透過你的自我發展變得更好。別辜負了這次機會。

這本書脫胎於我在得到ＡＰＰ上的「自我發展心理學」課程。在我寫下這篇序言的時候，這門課程已經有十萬用戶。他們留下了三八六一〇則留言，課程文章被收藏了九九四六四次，收聽人次更是超過五百萬次。很多人透過留言，表達了這門課程對他們的幫助。還有很多人說，因爲這門課，他們的人生發生了積極的轉變。

一位用戶留言說，他以前是一個非常糾結的人，做什麼決定都會瞻前顧後。自從學了「課題分離」的思考方式，他會有意識地去想什麼是自己的事，什麼是別人的事。他現在已經不再糾結於別人的想法，能夠專注地做好自己的事情了。

有一位用戶留言說，聽課程時，他正在猶豫要不要離職，離開一間不太有前途的地方所屬國有企業。是課程內容給了他轉職的勇氣和嘗試的方法。現在，他已經在新公司找到了自己的位置。

還有一位企業高層主管對我說，他在聽這門課的時候，正好結束了一段職業生涯，在尋找新的開始。在那段特殊的時期，他很迷惘困惑，於是一遍遍聽課程裡關於轉折期的內容。這些都給了他勇氣，幫助他走出困境。

用戶的反饋讓我深深體會到自我發展心理學的價值，我希望更多人能夠從這門學科中受益。

巴布·狄倫曾寫道：「一個人要走過多少路，才能被稱之爲人。」

同樣地，在自我發展的道路上，你會經歷很多的難，經受很多的苦，希望這本書能幫助你、陪伴你。
在路的前方，你會看到等著你的，是那個了不起的自己……

陳海賢

第一章

開啓行爲的改變

要實現自我發展，成為了不起的自己，

需要先開啓行為的改變，因為行為是顯性化的自我。

自我發展的過程就是更具適應性的新行為替代舊行為，

新習慣取代舊習慣的過程。

在這一章中，你會看到行為改變的種種困難。

同時，你會學到如何運用書中的工具克服這些困難。

一旦你開啓了行為的改變，就邁出了自我發展堅實的一步。

改變之路：每個人都有選擇

改變的起點

身爲一名心理諮商師，我一直致力於幫助我的來訪者改變。我發現一個很有意思的現象：很多人雖然抱著改變的目的來諮商，可是當我們眞正開始探索改變的可能性時，他們就會說：「老師，我很痛苦，我渴望改變，但我沒有選擇。」

他們想要改變，可是他們的思路卻證明改變很難。他們把問題歸咎於難以控制的環境、充滿敵意的社會、世界的不公、自己無法改變的家庭和過去……這些宏大而深遠的現實和過去籠罩在頭上，讓他們覺得自己不可能做出與現在不同的選擇。他們因此停住了發展的腳步，在原地痛苦徘徊。

從找困難，轉變爲找方法，最關鍵的一步是意識到：你其實一直都有選擇。認定自己沒有選擇，會把我們從靈活機動的人，變成無能爲力的環境犧牲品。這樣，改變就眞的不可能發生了。而我想告訴那些來訪者的，也是我想告訴你的第一件事是：**關於改變，你其實一直**

都有選擇。

拿回選擇的控制權

當你告訴自己不行時，你已經做了選擇；當你待在一個只能滿足溫飽，沒什麼前途的公司時，你已經做了選擇；當你用拖延躲避工作壓力的時候，你同樣做了選擇。改變是一種選擇，不改變也是一種選擇。你爲自己不改變找的所有藉口，比如沒錢、沒時間、太麻煩、沒必要……統統都是你的選擇。甚至連你告訴自己「我沒有選擇」，也是你的選擇。

把選擇的控制權拿回自己手中，這是開始發展與改變自我的前提。

但不可否認的是，當我們被「卡住」時，一定會陷入或輕或重的無力感中，除了停留在原地，似乎找不到更好的人生選項。這是爲什麼呢？

我認爲，原因有兩個。

第一，誤以爲只有按照理想狀況做出選擇，才算有選擇；如果選項不夠好，那就是沒有選擇。

頭腦中的理想是治療生活挫折的止痛藥，我們並不想輕易地放棄它。有時候，我們寧願承認生活就是沒有選擇，也不願意承認這一理想至少在當下並不現實。

因此，很多人說自己沒有選擇時，其實是說：「這不是我想要的選擇。」事實上，這是一種選擇。選擇服從頭腦中的理想，而不是從當前的現實中尋找出路。換句話說，他們選擇了「沒有選擇」。

可是，如果想要有所改變，我們就必須明白，選擇要基於當前的現實，而不是頭腦中的理想。我們要選擇的，不是未來的結果，而是此時此地的行動。

如果你不那麼喜歡現在做的工作，但是爲了養活自己，沒得選擇，那這個想法的正確表述其實是：你不願意爲喜歡的工作冒險，所以選擇忍受一份自己不那麼喜歡的工作。這是一種可以理解的選擇，但你並非眞的沒有選擇；至少養活自己的辦法，絕對不只一種。

第二，不願意承擔對自己的責任。

表面上來看，我們都希望有更多選擇，實際上卻經常逃避選擇。因爲有時候，強調有選擇，並不是一件讓人舒服的事情。它很容易讓人想到：既然有選擇，而我現在過得不好，是不是我的錯？

討論對錯的思維方式通常假想了一名加害者和被害者。當我們覺得沒選擇時，是把自己放到了被害者的位置上，並藉此把責任推卸給假想中的加害者。這樣，我們的罪惡感就減輕了很多。

在「沒有選擇」代表的指責抱怨，和「有選擇」代表的內疚自責之間，很多人寧可選擇前者，因為這樣痛苦會少得多。

可是，就算我們承認自己有選擇，也不一定需要感到內疚或自責。如果你的選擇不是為了找一個原因，而是為了推動改變，那就需要換一種思維方式。不是思考「誰對誰錯」，更不是一味責怪自己，而是思考「有用沒用」。就算你強調自己受過去、環境和他人所限而沒有選擇，這對你的改變有什麼幫助嗎？無法改變，也許不是你的錯，可是，誰要為最終的結果負責呢？還是你自己。

改變需要勇氣

改變需要我們承擔起對自己的責任，看清自己做出的選擇。這對任何人而言，都不是輕鬆的事，它需要巨大的勇氣。

史考特．派克是美國著名的心理醫師，著有一本很經典的書——《心靈地圖：追求愛和成長之路》。就連這樣一位資深的心理醫師，在面對改變時也都需要付出巨大的勇氣和努力。他在書裡講了一個自己的故事。

年輕時，因為責任心太重，他總是把工作日程表排得滿滿的。別的同事每天下午四點半就下班了，他卻要看診到晚上八、九點。太太抱怨他回家晚，他也很疲憊，有很多怨言。

有一天，他去找自己的主任商量，詢問能否安排他幾週不接待來訪者。主任聽完他的抱怨後，同情地說：「哦，我看你遇到麻煩了。」

他很感激地說：「謝謝您，那您認爲我該怎麼辦呢？」

主任又重複說了一遍：「我不是告訴你了嘛，你現在有麻煩了。」

派克醫師很生氣：「是啊，我是有麻煩了，所以才來找您啊！您認爲我該怎麼辦呢？」

主任卻說：「好好聽我說，我只再跟你講一遍——我同意你的話，你現在確實有麻煩了。你的麻煩跟時間有關，而且是你的時間，不是我的時間，所以不是我的事。」

派克醫師氣得要命，覺得這位主任簡直不可理喻。可是三個月後，他忽然意識到，主任說得沒錯。「我的時間是我的責任，如何安排時間應該由我自己負責。花更多的時間接待來訪者，這是我自己選擇的結果。」

那他當初爲什麼要找主任呢？也許是他想當一名認眞負責，受主管賞識、來訪者敬仰的心理諮商師，所以給自己加了工作。可是又不想承擔自己疲憊、妻子抱怨的責任。他處在這樣的矛盾中，想要改變，卻又放不下原來的那個理想。他找主任的時候，其實是想讓主任替自己負責：你可是我的上司，我沒有選擇，只有你能幫我選擇。

你看，一位訓練有素的心理醫師都會不自覺地把選擇的責任推給別人，更何況沒有受過訓練的普通人。

所以，選擇改變不是一件容易的事。它很難，要面對很多焦慮，也需要勇氣。可是，沒有什麼比走一條很難的路更能促進人的自我發展了。

改變還需要自省

改變需要勇氣，但只有勇氣還不夠，還需要自我反省的能力。只有不斷審視自我，才能觸發改變。

我有一位來訪者，她的媽媽是非常焦慮的人，經常指責、打罵她，帶給她強烈的不安全感。可是，當她自己有了女兒之後，她也會經常指責女兒的種種不是。

有一天她對我哭訴：「你知道嗎？有時候我挺羨慕我媽媽的。她有很多問題，但她的人格是完整的，從來不覺得自己有什麼問題，都是別人有問題。而我讀了很多書，受了良好的教育，反而分裂成了兩個人。一方面我很像她，另一方面我很厭惡自己這樣；一方面我在指責女兒，另一方面我不停地指責自己。」

我跟她說：「妳跟妳媽媽不同的地方是有價值的，因爲妳有自省。自省並不輕鬆，有時候還讓人痛苦，可這正是改變的契機。」

所以，**關於改變，每個人都有選擇。這個選擇，既需要勇氣，也需要自省。**

據說，著名心理學家阿德勒的諮商室裡放著一根三角柱。柱子的一面刻著「我很可憐」，另一面刻著「他很可惡」，最後一面刻著「怎麼辦」。每次來訪者到他的諮商室裡，他都會拿出這根三角柱問：你想談什麼呢？

如果你的面前也有一根三角柱，你會怎麼回答呢？如果改變的路是一條既需要勇氣，又需要自省的艱難的路，你還要走嗎？

自我發展之問

回顧一個你正在經歷或曾經歷的困難處境，比如，做一份自己不喜歡的工作、恭維一個自己不喜歡的人，或者違心地接受一個很想拒絕的請求。然後思考：

你有哪些選擇？你又做了哪些選擇？

透過這樣的選擇，你獲得了什麼？又迴避了什麼？

當你做了某個選擇以後，你有想過「我沒有選擇」嗎？為什麼？

改變的本質：創造新經驗

我們心裡的「大象與騎象人」

我經常和人開玩笑說，我們對改變成功的經驗雖然不多，但對改變失敗，經驗一定豐富得很。也許你也跟我一樣，每逢跨年的時候，都會又憧憬又悔恨地對自己說：新年一定要不一樣，要變成更好的自己！第二年、第三年……同樣的計畫塞滿了抽屜，可它們仍然只是計畫。

有一項醫學調查指出，假如心臟內科醫師告訴病情嚴重的心臟病患者，要是不改變個人生活習慣，比如吃得不健康、不運動、抽煙等，他們將必死無疑，但也只有七分之一的人會眞正改變自己的生活習慣。

其餘的人是不想活了嗎？當然不是。他們肯定也知道該怎麼做，卻依舊無法改變。

這是我們在改變中經常遇到的問題：我們心裡有一個行爲標準，希望自己做到，卻經常被現實打臉。好像我們心裡有一個自己，現實卻是另一個自己。有時候，我們明明很討厭自己的某種行爲，比如拖延，卻怎麼都改不了。這時心裡就會很內疚和自責，怪自己意志力薄弱，不夠努力。

可是，指責自己並不能帶來改變。相反地，我們應該認眞思考：爲什麼控制不住自己呢？

事實上，我們的軀體裡就是有兩個自我。一個是感性的自我，一個是理性的自我。區分這兩個自我，明白它們之間的關係，對於我們理解改變非常重要。

正向心理學家強納森·海德曾用一個有趣的比喻來描述兩個自我之間的關係。他說，人的情感就像一頭大象，而理智就像一名騎象人。騎象人騎在大象背上，手裡握著韁繩，好像在指揮大象。但事實上，和大象相比，他的力量微不足道。一旦和大象發生衝突——騎象人想往左，而大象想往右，那他通常是拗不過大象的。

對於改變而言，理智提供方向，情感提供動力。

如果人的理智想達成改變的目標，就需要了解情感這頭大象的脾氣和秉性，利用大象的特點，才能事半功倍。否則，改變將非常困難。

「經驗」與「期待」的好處不同

那麼，大象的脾氣是怎麼樣的呢？在我看來，大象有三項特點：

第一，牠的力量大，一旦被激發，理智很難控制住。

第二，牠是受情感驅動的。既容易被焦慮、恐懼等負面情緒驅動，也容易被愛、憐憫、同情、忠誠等積極的情緒驅動。所以，牠既能成爲改變的阻力，也能成爲推動改變的動力。

第三，牠受被強化的經驗所支配。只承認我們切實體會過的「經驗的好處」，而不承認理智所構想的「期待的好處」。

大象的前兩項特點比較好理解，我想重點解釋的是大象的第三項特點：被經驗的好處所支配。這項特點與「改變爲什麼這麼難」直接相關。

那麼，什麼是期待的好處，什麼是經驗的好處呢？

期待的好處是想像中的好處。比如，我們都能想到每天早起跑步會更有精神；不拖延會更有效率、更有成就感；堅持健康飲食會讓身體變得更好。但這些都是想像出來的，我們可能並沒有深刻地體驗過這種好處。相反的，我們體驗過睡懶覺時被窩的溫暖、玩遊戲的快樂、胡吃海喝的感官刺激，這些都是經驗的好處。

期待的好處是抽象的，而經驗的好處是具體的；期待的好處發生在未來，而經驗的好處發生在過去或者當下；期待的好處是被教導的，而經驗的好處是能切身感受到的。

當期待的好處和經驗的好處發生衝突時，雖然騎象人想要尋求期待的好處，他腳下的大象卻不由自主地轉向經驗的好處；哪怕有時候，期待的好處要比經驗的好處大得多。

大象爲什麼會被經驗的好處支配呢？要理解大象的選擇，我們不妨先來學習一下行爲主義的一些知識。

操作行爲主義的創始人史金納曾經設計過一個史金納箱，裡頭養著一群鴿子。鴿子最開始在箱子裡漫無目的地邁步，可是假如牠做了某個特定的動作，像是用嘴啄了實驗人員畫的一個圈，或者用腳踩了籠子裡的槓桿，就可能會有食物掉下來。幾次以後，鴿子就會不斷重複做這類動作，我們就可以說，鴿子的動作被食物強化了。如果給鴿子特定的刺激，比如亮紅燈時啄圈不會掉落食物，亮綠燈時才會掉，鴿子也能很快掌握這個規律。在這個實驗裡，燈光的顏色就是刺激，鴿子做了動作後出現的食物就是強化。

人的某些行爲也是依據這樣的原理塑造的。我們可以把強化看成是經驗的好處，一旦我們的某個行爲獲得了好處，它就會被保留到經驗裡。哪怕我們沒有意識到，它仍然會影響我們的行爲。

強化不僅有正強化，還有負強化。正強化是一個人表現出某種行爲時，獲得了更多他想要的結果，從而讓這種行爲更鞏固。比如，獲得高額獎金會讓一個人努力工作。而負強化是當一個人表現出某種行爲時，減少了他不想要的結果，從而使這種行爲更鞏固了。比如爲了避免被扣獎金，一個人也會努力工作。我們可以這樣理解：正強化的好處是「增加快樂」，負強化的好處則是「減少痛苦」。

大象之所以總是不由自主地轉向經驗的好處，是因爲它會透過強化塑造我們的行爲，讓改變行爲越趨困難。

舉個例子：一位來訪者曾來找我諮商，她當時大學剛畢業不久，在一個陌生的大城市工作。每天晚上下班，她都會搜尋當地有名的小吃店去吃東西，而且吃的時候總是控制不住自己，即便吃撐都不能停下。她很苦惱，想要改變。

她告訴我，自己的公司是一家世界五百強的大公司，工作壓力很大，經常要加班到晚上八、九點。加上她一個人租房子住，回去後屋子裡空蕩蕩的，沒什麼意思，尋找美食就成了她唯一的娛樂方式。每天下班後，她都會坐上地鐵，到某個人來人往的鬧區，找間小吃店，一邊吃，一邊看著熙熙攘攘的人群，感受鬧市的煙火氣。每次吃完，一想到要回那個空蕩蕩的屋子，她就跟自己說，不如再待一會兒，多吃一點，反正回去也沒什麼意思。結果吃著吃著就吃撐了。

你知道在這個例子中，引起行爲的刺激是什麼嗎？是美食嗎？並不是，是孤獨。這個刺激是從她下班想到自己「回去後屋子裡空蕩蕩」時就開始了。那麼，與刺激相對應的行爲是什麼？不是吃，而是包括吃在內的擠地鐵、到鬧區、看人群並感覺煙火氣這一系列行爲。食物當然是一種強化，但重要的不是美味，而是尋找食物的過程、吃東西帶來的感官刺激，可以緩解獨在異鄉的壓力和孤獨感。她的大吃特吃，不僅是一種獲得食物的正強化，更是一種透過吃來逃避孤獨的負強化。這種負強化讓她很難控制自己，做出改變。

說到孤獨時，我看到她眼裡有淚，便知道我說的是對的。於是我對她說：「人生已經如此艱難了，你不需要完全否定吃，這畢竟也是一種減壓方法。最重要的是，你要找一個更健康的替代方式，比如跑步健身、參加讀書會、跟朋友看電影等，用它們代替吃。」我建議她每週一三五去試驗新方法，二四六用「吃」這個老方法，看看哪個感覺更好。最後，她找到了一間羽球俱樂部，還在那裡認識了幾個新朋友。慢慢地，她能夠控制自己的飲食了。

改變失敗的時候，責怪自己是沒有用的，因爲我們的行爲並不是獨立於環境而存在。所謂的好處或者壞處，其實就是我們與環境交換資訊、獲得回饋的過程。刺激和強化就是我們與環境建立聯繫的方式。

了解這一點，我們就能觸及改變的本質了。

改變的本質，其實就是創造新經驗，以此代替舊經驗。創造新經驗需要透過新的行爲獲得新的回饋、新的強化，並切身體驗到它。切身體驗的經驗中，資訊濃度是非常高的，這跟聽來、看來的道理很不一樣。如果只有想像中的期待，而沒有新行爲帶來的新經驗，改變就

很難發生。

這樣看來，改變似乎並不難，只要創造新經驗，並不斷強化它就好了。不過，事情並沒有這麼簡單。

自我發展之問

找一個你最想改變的目標，比如早睡早起、減肥健身、學習、提高工作效率或者更自在地與異性交往等。然後思考：

你的目標有哪些「期待的好處」？又有哪些「經驗的好處」妨礙你做出改變？

如果要讓改變發生，你需要累積哪些「經驗的好處」？怎樣才能獲得它們？

心理舒適圈：擺脫舊經驗

為什麼舊經驗根深蒂固

改變的本質是創造新經驗，並透過強化把新經驗轉化成新習慣。這看起來很簡單，在眞實生活中卻很難做到。爲什麼？因爲舊經驗太過牢固。要擺脫它的束縛，就必須理解它的工作原理。

舊經驗會根深蒂固的最重要心理機制是：心理舒適圈。平時我們常說要走出心理舒適圈，但它究竟是什麼呢？你可能會想，不就是舒適的環境嘛。比如，有人在小城市找了一份穩定安逸的工作，雖然沒有太大的成就感，但是比較舒適，久而久之，就不想再面對困難、挑戰自己了。我們說，這個人就處在心理舒適圈。

但這其實是個誤解。心理舒適圈並不一定意味著舒適。

我們都認同外面的環境要比監獄裡舒適，但電影《刺激一九九五》裡的老布可不這麼覺得。他被關了五十年，幾乎在監獄裡耗盡一生的光陰。當他獲知自己即將刑滿釋放時，不但沒有滿心歡喜，反而差點精神崩潰。因爲他已經熟悉監獄了，離不開監獄。爲此，老布不惜舉刀殺人，以求在監獄裡繼續服刑。再一次出獄的時候，他甚至選擇了自殺。監獄雖然不舒服，但它是老布的心理舒適圈。

從老布的例子中可以看出，有時候，人們即使處於很痛苦、很艱難的環境中，仍然不願意改變，這也是一種心理舒適圈，因爲人們熟悉它。

那麼，心理舒適圈就意味著熟悉的環境嗎？其實也不是。我有個朋友，有段時間覺得自己過得不太好，希望能有所改變，想換個環境，去國外讀書。畢竟，生活遇到瓶頸，換個環境重新開始，是很多人都會有的想法。他來問我的意見，我對他說：「出國長長見識是挺好的，可是改變熟悉的環境並不意味著你就能改變。」我見過一些人，換個地方、換份工作，馬上就有脫胎換骨的變化。我也見過很多人，去過很多國家，在很多地方待過，卻一直沒什麼變化。因爲每個人都帶著自己長長的過去，這些過去不在環境裡，而在我們的頭腦裡，在我們的所思所想中，在我們和環境的互動中。

所以，**眞正的心理舒適圈不是熟悉的環境，而是我們應對環境的固有方式**。走出熟悉的環境，並不意味著走出了心理舒適圈。**只有改變應對方式，才是眞正走出來**。

那麼，什麼是應對方式呢？就是指我們怎麼處理生活中那些困難的事情。

具體地說，應對方式有兩層涵義。第一層是行爲上的應對，就是對具體事情的反應。

比如遇到危險時，選擇戰鬥還是逃跑；工作中遇到困難的任務時，選擇解決問題還是拖延。第二層是內心情緒上的應對。比如，媽媽帶孩子去動物園看獅子，孩子看見獅子都會感到害怕。A小孩哭著說「媽媽我要回家」；B小孩一言不發，但是腿在瑟瑟發抖；C小孩看了一會兒後，問媽媽：「我能對牠吐口水嗎？」其實，這三個孩子都害怕獅子，但他們應對害怕情緒的方式不一樣。這就是應對方式的不同。

心理舒適圈帶來控制感

心理舒適圈到底有什麼好處，讓人欲罷不能，明明想要改變，卻總是改變不了呢？簡單來說，它能帶來的最大好處是控制感。

控制感是每個人的基本需要，也是安全感的來源。我們大部分的應對方式，最初都是用來應對焦慮情緒的。越是感受到威脅、焦慮，就越需要控制感，人也就越容易抓著已有的應對方式不放。而走出心理舒適圈意味著，我們放下了以前用來應對焦慮的武器，

重新面對焦慮、尋找新的適應辦法，這是情感的大象很難忍受的。所以，迴避焦慮感和對控制感的需要，經常會讓大象重新回到它所熟悉的應對方式，這也給行爲的改變帶來巨大的困難。

曾經有位來訪者因爲焦慮來找我。她剛剛結婚，丈夫之前在國外深造，爲此他們遠距離戀愛了六年。丈夫回國後選擇到上海工作，她就從原來工作的城市搬到上海。

可是她開始糾結，自己是應該回到原來的城市？還是繼續隨丈夫留在上海？她一直覺得自己糾結的是工作的問題，所以我們就開始討論她的職業生涯。可是討論著，我發現，她留在上海發展的機會和前景比待在原來的城市都好，她也很認同這一點。我就問她：「妳爲什麼想要回去呢？」她嘆了口氣說：「我擔心先生跟我離婚。」

我問她：「妳和先生關係不好嗎？」她說不是，他們倆很恩愛。

我又問：「你們的生活有什麼困難嗎？」她說一切都很好，就是感到不安。

後來，我們聊到她的成長經歷。原來，她從小和父母聚少離多，父母忙著做生意，經常不在家。她印象最深刻的一個場景是，有一次她坐在家門口，孤孤單單地等著在縣城裡做生意的父母回家。那時，家門口牆角邊的兩朵牽牛花開了。她就一直看著那兩朵牽牛花，直到天一點點黑下來，花都看不見了，父母還沒有回來。類似的情況還有很多。

我嘆了口氣問：「這種場景是不是很難適應？後來妳是怎麼應對這種分離的呢？」

她淡淡地說：「我也不知道，可能就是習慣了吧。」

可是我知道，這是很讓人焦慮的場景，如果不是發展出一種特別的應對方式，她應該無法習慣。

後來她讀大學，交了男朋友。別人總覺得遠距離戀愛不靠譜，她卻很能適應。其實那時候，她心裡想的是：反正有一天他會離開的。

但愛情最終戰勝了時間和距離，如今男朋友學成歸國，他們結婚了。可當兩人眞正在一起時，她卻開始感到不安，開始糾結要不要回原來的城市，重新開始分居的生活。而且，她的頭腦裡發生了巧妙的置換，讓她以爲自己糾結的不是愛情，而是哪個城市更有利於職業發展。

聊了她的成長經歷後，我問現在的生活哪裡讓她感覺不安，她說：「生活好是好，可誰知將來會發生什麼不好的事，徹底破壞現在的一切。」

這位來訪者在成長經歷中發展出來的應對方式是：不對關係抱有期望，隨時準備離開，過一個人的生活。這種應對方式不適用於兩個人在一起的生活，而適用於處理兩個人不在一起時產生的分離焦慮。現在，爲了配合這種應對方式，她寧願選擇兩地分居的生活。因爲這種方式她最熟悉，能讓她有控制感、安全感。即使她沒有意識到，自己的應對方式還是按著這個方式在走。

這是心理舒適圈最特別的地方：人不是根據現在的生活去選擇合適的應對方式，而會根據熟悉的應對方式來建構現在的生活。

明明生活已經有了改變，我們卻堅持它還是原來那樣，由於我們熟悉原來的應對方式，就牢牢地抓著它不放。慢慢地，我們所害怕的事，就眞的發生了。這是很多悲劇的來源。

就像這位女士，明明生活已經不需要她這麼焦慮了，她卻還在爲分離做準備。而且，她會根據熟悉的應對方式，分配角色給另一半——會拋棄「我」的人。如果她的伴侶也用類似的應對方式會怎麼樣呢？他會很容易把她的糾結解讀成要離開的信號，所以他也會爲分離做準備，避免自己受傷害。這樣，分離的焦慮就會變成現實，兩個人會越走越遠。

幸運的是，丈夫對他們倆的關係很有安全感。他覺得兩地分居的生活根本不是常態，兩個人應該要在一起。這也是丈夫的心理舒適圈。所以，他包容了她的不安。

爲了逐漸改變她的應對方式，有一次，我請她丈夫一起到諮商室，一同替她的焦慮取了個名字叫「小鬧鈴」。當妻子再次感到不安、想要離開時，她就會說：「我的小鬧鈴又響了。」這時，丈夫會輕輕擰妻子的耳朵，假裝把它關掉。最終，妻子決定留在上海。

離開諮商室的時候，她跟我說：「陳老師，不只感情，以前任何好的東西，工作、榮譽、生活，我都不敢要。哪怕得到了，也會覺得不安，覺得不是我的。現在，我慢慢開始不那麼想了。」

覺得自己配不上好東西，也是一種心理舒適圈。她開始走出這個心理舒適圈，用新的應對方式生活。雖然這並不能保證她和丈夫以後一定不會分離——沒人能做這樣的擔保，但新的應對方式能讓她享受現有的幸福和快樂，並從中累積新的經驗。這就是改變的意義。

透過這個案例，我們可以知道，心理舒適圈的本質是：熟悉的應對方式帶來的控制感。是這個控制感讓我們難以改變，它也是我們在行爲上難以擺脫舊經驗、接納新經驗的最關鍵原因。

自我發展之問

什麼是當前最讓你感到焦慮的事？你用什麼樣的應對方式來處理這種焦慮？

如果你朝著自己的目標改變了，你會有什麼新的焦慮？你準備如何應對這種新焦慮？

心理免疫的X光片：看清心中的恐懼

照出心中的愛與怕

很多時候，我們對改變有一種本能似的直覺，認爲改變很簡單：如果我們想要改變某一行爲，只要做跟它相反的事就可以了。如果愛拖延，就想辦法勤快一些；如果總遲到，就制訂早起計畫；如果脾氣大，就學著對人禮貌和善。如果做不到，不是我們的意志力有缺陷，就是我們不懂方式、方法。

可是，從心理舒適圈的角度來看這個問題，你就會發現事情沒那麼簡單。有時候，你沒辦法改變，不是因爲你不知道方法，而是因爲不了解自己。你已經發展出一套習慣的應對方式，而改變卻要求你放棄它，去用另一套應對方式。這時候，你需要面對內心眞實的愛和怕，需要改變自己的思維方式，走出自己的心理舒適圈、獲得新的經驗，迎來眞正的改變。

那我們怎麼知道那頭情緒大象心裡的愛和怕呢？馬語者可以跟馬說話，有沒有象語者能翻譯出大象的愛與怕呢？就像畫一張地圖，把阻礙我們改變的心理舒適圈清晰地畫出來。如果能這樣做，騎象人就知道該採取什麼樣的應對措施了。

實際上，還眞有一種工具可以做到，它叫做「心理免疫的X光片」。這是哈佛大學研究成人發展的心理學家羅伯特．凱根發明的。凱根認爲，就像人有一套生理免疫系統，可以排斥不屬於身體的微生物一樣，人的心理也有一套免疫系統，會排斥我們採取新的行爲方式，以此來維持心理結構的平衡和穩定。心理免疫系統的本質是一套焦慮控制系統。當我們用新的行爲方式行事時，心理免疫系統會讓我們感到焦慮。爲了避免這種情緒，我們就用回了老辦法——這和心理舒適圈的概念很像。

凱根認爲，心理免疫系統體現在每一個阻礙改變的行動中。爲了解每一項具體行爲背後，心理免疫系統是怎樣維持現有行爲、阻止人發生改變，凱根發明了心理免疫的X光片。意思是說它能像X光片一樣，把我們心裡眞正怕的東西照出來。它到底是什麼呢？其實是一張表格。接下來，你可以跟下文故事的主角一起畫張你自己的X光片。

畫出心理免疫的X光片

在畫X光片之前，我先介紹故事的主角——艾米。

艾米剛從大學畢業不久，在一家網路公司工作。這間公司經常開會，討論產品的設計和方向。艾米是一個很有想法的人，可是她總是不好意思在會上說出自己的想法。就算好不容易說出來了，如果別人表達了不同意見，她也會很快沉默下來。有時候，明明自己心裡不同意，可是當別人問她的想法時，她會本能地說：「對，就是這樣。」慢慢地，別人開始忽略她的想法。她很苦惱，希望有所改變。

心理免疫的X光片第一欄，是我們希望達成的行爲目標。以艾米爲例，她有很多目標：希望自己變得更開心、希望自己更有創意、希望自己賺更多錢……但是，這些目標都不是心理免疫系統能識別的。開心是情緒的目標、更有創意是能力的目標、賺更多錢是結果性的目標，而心理免疫系統的目標是用行爲來標識的。所以，艾米應該寫下的目標是：更有自信地表達自己。表達，就是一項行爲。

有了行爲目標以後，X光片的第二欄是，我們正在做哪些跟目標相反的行爲。艾米列了很多，比如：她經常沉默，等別人先發言，然後附和說「對對對」；如果心裡不同意別人的意見，她也不會直說，只會沉默應對；她說話很小聲，以致大家聽不清她說什麼，所以常常忽略她的發言；發言的時候，她經常用怯生生的口吻說話，而且經常以「會不會是這樣」的疑問句開頭。這些都是和目標相反的行爲。

艾米的目標明明是更有自信地發言，她爲什麼要做這麼多跟目標相反的行爲呢？其實是因爲這些行爲帶給她暗藏的「好處」。

所以，在X光片的第三欄，她需要思考這些與目標相反的行爲有哪些隱含的好處。比如，不充滿自信地表達自己，有什麼好處？如果想不出來，可以換一個問法：如果不這樣做，你擔心會發生什麼最糟糕的事情？我就是這樣問艾米的：「妳覺得假如不附和別人，很有自信地發表自己的意見，妳能想到會發生最糟糕的事情是什麼？」

她想了想，嘆了口氣說：「我擔心，如果我說出不同的意見，別人會對我有想法，我會被當異類、會被排斥。我還擔心，如果我說得不對，別人會覺得我很蠢。」

原來，她這麼做是爲了避免和別人發生衝突，避免被別人排斥，避免別人看到她因爲說錯話而出醜，並因此覺得她很蠢。正是這些暗藏的好處鼓動著大象的情緒，驅使大象走上與目標相反的路。現在，它被翻譯成騎象人能夠聽懂的語言。

可是這樣還不夠，我們還是不明白她爲什麼會這麼擔心？是什麼讓她把「發表不同意見」和「被排斥」畫上等號？又是什麼讓她把「說得不對」等同於「別人覺得她蠢」？

這就有了X光片的第四欄——她的心裡有一個重大的假設。這個假設隱藏在一系列與目標相反的行爲背後，正是這個假設讓這些行爲所謂的「好處」成立了。

艾米的假設是：如果我發表不同意見，就會引發衝突。

原來這個重大假設是在大象心裡運轉的，騎象人通常只看到大象的情緒，並不會清晰地知道大象在怕什麼。現在，大象的焦慮被翻譯成騎象人能聽懂的語言，進入了騎象人的意識中。

四個步驟

案例：艾米在會議上不敢說出自己想法，她想改變。

① **希望達成行為目標：**更有自信地表達自己

② **與目標相反的行為：**經常附和別人，說話很小聲……

③ **潛在的好處：**避免和別人發生衝突

④ **內心重大假設：**如果我發表不同意見，就會引發衝突

那麼，艾米心裡爲什麼有這種假設呢？這當然不會是空穴來風，它跟艾米的生活經歷有關。

她告訴我：「我的父親是個老派的軍人，退伍後到地方當官。他很嚴厲，話不多，總是嫌我媽媽囉唆。有時候，我媽一說話，他就會瞪她。」艾米做了瞪眼的表情給我看。顯然，這個表情在她的生活中重複了無數遍，以至於變成她心裡非常深刻的印記。她說：「每當這時候，我就會在心裡默念『媽，千萬別再說話了』。因爲我知道，如果我媽再說話，一場大吵就會不可避免。」

就像自我催眠一樣，這個默念連帶著默念時的焦慮情緒，刻進艾米的腦子裡，變成了心理免疫系統的一部分，讓大象一遍遍不停地重複牠的老路。

回過頭來，我們就更能理解改變爲什麼很難發生。改變的願望和不改變的動力之間，存在著嚴重的衝突。心理學家卡倫．荷妮有個經典的比喻：我們想要讓車運行，卻一隻腳踩著油門，另一隻腳踩著剎車，能量和動力就在這樣的空轉聲中痛苦地消耗著。心理免疫的X光片，就讓我們清楚地看到這個衝突。

但是，我們不能一味責怪那些阻礙改變的行爲，更不能責怪心理免疫系統，因爲它曾經保護了弱小、容易受傷的我們，也許現在還保護著。它就像盡職的老奶奶，爲了保證安全，百般阻攔我們到新的地方去。但總有一天，我們要掙脫她的懷抱，開始新的旅程。

自我發展之問

你有過像艾米這樣的困惑嗎？比如，不知道該如何拒絕別人、在需要表達意見的時候不敢表達，或者想堅持某件事卻總是半途而廢……

根據羅伯特．凱根的四個步驟，你可以畫一張屬於自己的心理免疫X光片嗎？

檢驗人生假設：看清自我限制的規則

改變很難，是因爲每個現有的行爲背後，都有我們的「怕」。那怎麼突破我們心裡的怕，從而達到改變的目的呢？接下來，我會介紹實現改變的四個原則：檢驗人生假設、小步子原理、培養「環境場」，以及情感觸動。

看見內心的假設

心理免疫的X光片告訴我們，行爲背後往往隱藏著我們對人生的一些重要假設。卡爾·榮格說過：「如果潛意識的東西不能轉化成意識，它就會變成我們的命運，指引我們的人生。」同樣地，如果你不知道阻礙改變的力量，不知道這種力量背後的重要假設，你看起來雖然像是活在常識裡，實際上卻是活在自己的假設裡。

辨識出這些內心的假設，是突破心理免疫系統，讓改變發生的第一步。這也是改變的第一個原則——檢驗人生假設。

前文中的艾米內心有個重大假設：發表不同意見會引發衝突。這個假設主導她心中恐懼的大象，讓她不敢主動表達自己的想法。她要怎麼改變呢？有時候，看見這些假設本身就會帶來一些改變，而不需要具體做什麼。爲什麼呢？因爲這些假設藏得太深了，以至於我們把這些假設當成不可動搖的常識。而它們一旦被看到、被帶到意識中經受理性的拷問，它們對人心理的隱形操控力就會被打破。說出假設的那一刻，人們經常會恍然大悟，同時又會覺得奇怪：這麼簡單的事情，怎麼現在才發現？

所以，檢驗人生重要假設的前提是，看見心中的假設。

那怎麼才能看見呢？

心理免疫X光片裡的第三欄，就能幫助我們看到這個假設。我們可以問自己三個問題：

第一，那些跟目標相反的行爲，能帶來的好處是什麼？

第二，如果做不一樣的行爲，最擔心別人會怎麼對我們？

第三，爲什麼阻礙改變的行爲帶來的好處是必須的？如果沒有這些好處，會發生什麼可怕的事情？

如果你認眞且誠實地思考了這三個問題，就能知道內心深處阻礙改變的假設是什麼。

我還有個小訣竅。尋找重要假設的時候，可以試著用「如果……就……」的句型來歸納它們。在這樣清晰的句式中，我們會發現原本根深蒂固的信條，只是一個假設而已。

我有名來訪者，她很想跟別人建立聯繫，卻總是無法邁出與人交往的第一步。她內心的基本假設是：人與人之間只有利益關係，如果別人對我好，一定是對我有企圖。有一次，我讓她列出人生中對她好的人，有父母，還有高中時的班導師。

我問她，這些人對她好是有什麼企圖呢？她說：「爸媽對我好，是希望我將來爲他們養老。高中老師對我好，是爲了我成績好一些，能讓他臉上有光。」

人總是會保護自己的核心假設，不會輕易改變。可就算這樣，她心裡也會想：爲什麼我是這樣想的，而海賢老師不是呢？當她這麼想的時候，就已經在審視自己的假設。從某種意義上來看，這個信念就有所鬆動了。

驗證內心假設

當然，只看見假設是遠遠不夠的。改變的本質，是透過做不一樣的事獲得新經驗。這裡指的就是：與心理免疫系統要求我們做的不一樣。相應來說，新經驗指的是，當新行爲讓我們內心隱含的假設鬆動以後，所產生的新領悟。這會被整合到我們的心理免疫系統中，最終改變這個系統。這時候，改變就發生了。

如果要進一步改變，我們還需要有針對性地設計一些新行爲，來測試這些基本假設。同時，我們要驗證這些假設對不對、什麼時候成立、什麼時候不成立，就像行爲科學家做實驗一樣。

如果我們要學習游泳，既不能只在岸上熟讀怎麼學游泳的書，也不能要求自己一下子跳到深水區——這樣就淹死了。改變也是如此，它是一種支持性的探索，既需要勇敢，也需要安全和可控。

我仍以艾米爲例。她的內心假設是：如果在會議上提出不同意見，會遭到別人排斥。那麼，她可以嘗試在一個不那麼重要的會議上，表達自己不同的意見。在開會之前，她可以先設想一下，表達不同意見會有什麼結果，她會有什麼樣的感受。表達完以後，再對照眞實的情況，看看和原先的設想有什麼不同。新的經驗，常常是在預期經驗和眞實經驗的對照中產生的。

我有名來訪者，剛到一間公司工作。她總會表現得非常積極陽光，甚至有些用力過猛。她會講笑話逗大家開心，對每個人的情緒都很敏感；如果團隊裡有人不開心，她就會反省，是不是因爲自己沒做好。所以她生活得很累，想要有所改變。

透過畫出心理免疫的X光片，她發現自己內心有一個重要假設：如果我不表現得積極樂觀，我在團隊中就沒有價値，別人就不會喜歡我。

於是，我們一起設計了一個行爲測驗。我讓她在週一、週三、週五的時候，努力表現得積極陽光、講笑話、關心每個人的情緒，就像她平常做的一樣。在週二、週四則不去關注別人的情緒，只專注於自己的事情。我還讓她每天記錄自己及團隊心情的變化。這樣的設計既保留了她的習慣，也替新的行為提供了空間。

一星期後，她回到諮商室，我問她結果怎麼樣。

她說：「我自己的心情是有差異的，不關注別人的情緒，我會很忐忑，可是也有些解脫感。最讓我意外的是，我覺得團隊的心情根本沒什麼變化，他們壓根就沒注意到我在做這樣的行爲測驗。我甚至去問了一個相熟的同事，她一點也沒看出我這幾天有什麼變化。」

我說：「是啊，妳這麼努力地表現自己，把它當成一件重要的事情，可是別人其實沒那麼在乎。如果別人不在乎這件事，他們又怎麼會根據這件事來決定是否喜歡妳呢？」

她沉默了。

後來，她不再把表現得積極陽光當做必須要完成的任務，卸下了自己的負擔。只有偶爾需要的時候，她才去關心別人的情緒。她內心的重大假設，就這樣慢慢鬆動了。

讓錯誤的假設倒塌

我自己有時候也會用這個行爲測驗來做一些改變。曾有一段時間，我很喜歡在背後抱怨我的合作夥伴。我很不喜歡自己這樣做，可就是沒辦法停止。最終，我決定嘗試改變，於是畫了一張心理免疫的X光片。當我看到第三欄，也就是「抱怨的好處」時，我發現自己是在用「背後抱怨」強化需要，同時防止衝突和矛盾。我很少直接向別人提請求和需要，因爲我很怕別人拒絕，傷了面子，可是我確實有這樣的需求。結果，背後抱怨成了折衷方案。隱含在這種行爲背後的，是我的重大假設：如果我直接表達不滿，會顯得我很苛刻，別人就不會喜歡我；如果我直接提要求，別人很可能會拒絕，因而引發衝突。所以，我想設計一個行爲測驗：直接提出要求，而不是在背後抱怨。

恰好那段時間，我在做一個節目。合作方替這個節目取了一個很媚俗的名字，我很不喜歡。我跟編輯爭論過，但她說市場需要這樣的標題，直接、有用，我就勉強答應了。如果是以前，我八成又會一邊表面上答應，一邊背後吐槽和抱怨她。但是現在，我想做點不一樣的。於是，我建議她重新考慮並修改節目名字。

也許有人會覺得，這不是什麼了不起的挑戰，但是對一個總是說「好」的人而言，這其實很有難度。哪怕是一個了解改變原理的心理學家，要改變自己，也並不比普通人容易。

當我提出要求時，編輯說：「陳老師，我們不是說好了嘛，爲什麼要改呢？」我說我不喜歡。編輯回：「時間來不及了。」我想了想說：「我想請你們主編來看看，幫我想一個名字。」

編輯沉默了。在她沉默的那段時間，我很緊張，甚至想乾脆跟她說算了吧，但我忍住了。後來編輯說：「要不我找主編看看吧。可是她不一定有時間的。」我鬆了口氣說：「好的。」

第二天，主編聯繫我：「陳老師，我昨天看你的稿子看到半夜兩點多，覺得原本那個名字的確不夠強，我想了一些厲害的名字。」

那時候，我忽然有了新的領悟：**如果我們覺得一件東西很重要，就要自己去爭取，而不是在背後抱怨。哪怕時間很緊張，我們也要堅持自己的想法。只有自己認真對待自己的東西，別人才會認真對待。在背後抱怨，等於把責任推卸給別人。**

現在，每當想要抱怨的時候，我都會先想想，我有什麼需要沒有直接表達？我是不是堅持了自己的意願？同時我看到，當我直接表達意願後，別人並沒有忽略，反而更重視了。透過這樣的行爲測試，漸漸地，我內心的假設鬆動了。

透過做一些不一樣的事情來檢驗行爲背後的假設，像是帶著一份地圖去旅行，總要去看看不一樣的風景。當你去做一些不一樣的事情時，你就去到了免疫系統之外、重大假設之外的世界。這是一種更加深刻、更有意義的旅行，因爲在那裡，你會發現一個不一樣的自己。

希望你會愛上這種旅行。

自我發展之問

根據你之前畫出的心理免疫X光片，思考：

限制你做出改變的重大假設是什麼？

這種假設是怎麼形成的？它跟你的哪些重要人生經歷有關？

如果要設計一個行為測驗，來檢驗心理免疫X光片背後的重要假設，它應該是怎麼樣的？

小步子原理：邁出改變的第一步

奇蹟提問

在大象和騎象人的比喻中，大象就像我們的情感，騎象人就像我們的理智。當我們想改變時，騎象人就會指揮大象，去自己想要去的地方。但是，很多時候，大象也會勸說騎象人，讓他相信，改變既沒必要，也不可能。也就是說，情感會引誘、恐嚇理智，使我們停留在心理舒適圈，無法做出改變。

那麼，有沒有辦法克服這種阻力，讓大象順利邁開步伐呢？

有一種特別的方法，能夠有效推動改變。這也是行爲改變的第二個原則——**小步子原理**。

簡單來說，小步子原理就是在改變的路上邁出小小的一步，獲得一個小小的成功。透過不斷獲得小的成功來積累經驗的好處，從而爲下一步行動提供心理動力。

小成功能夠讓大象體會到改變的好處，也會塑造一種希望感，讓大象相信改變是可能的，並促使大象不斷邁開步伐。問題是，成功總是在行動之後。我們要先有行動，才可能獲得好結果。到底怎麼才能讓大象邁開第一步呢？

心理諮商領域有一種提問技術，叫做奇蹟提問。這是什麼呢？我舉個例子你就明白了。我有名來訪者，念大學四年級。他需要在最後一學期修完四門課才能畢業，否則會被退學。在這個關鍵時刻，他卻每天窩在宿舍打網遊，幾乎不出門。

他是村裡第一個考上名校的學生，村裡人勸自己孩子好好讀書的時候，都會以他爲榜樣。他家裡並不富裕，他也很清楚自己順利畢業工作對家庭的意義。可是，就是因爲這些壓力，他提不起精神好好看書備考。談到將近的考試時，他說自己已經想明白了，畢不畢業無所謂，大不了去幹體力活，有口飯吃就行，也能幫家裡分擔家計。

當然，他並不是眞的無所謂。只是心裡的大象畏懼壓力，邁不開步伐，逐漸對改變失去了信心。

有一天我問他：「假如奇蹟出現了，你眞的順利畢業了，會發生什麼事呢？」他搖搖頭，說不想去想這些沒意義的事。

不去想可能的改變，這也是大象保護自己的方式。有時候，爲了防止自己失望，我們寧願不要希望。

可我堅持：「沒關係，只是想想嘛！」

他慢慢開始想了，說：「可能會去家鄉的省會城市找份工作。如果找不到，就回高中母校當老師。」

說到這裡，他臉上開始有光了，也許是回想起在高中當學霸的時光。

我繼續問：「你再想一想，如果你已經順利畢業了，回顧這個過程，你邁出的第一步是什麼？」他想了想：「我至少要讓自己的作息正常起來，按時去食堂吃飯。」我說：「好，那你能做到嗎？」

奇蹟提問是心理治療中經常用到的一種提問方式，它看起來簡單，其實有著精巧的設計。**在改變的過程中，我們在往前看和往回看時，看到的東西經常不一樣。往前看，會看到困難；往回看，會看到方法和路徑。**當假設好的結果已經發生了，再往回看的時候，我們其實已經繞開了大象的防禦機制。好的結果，哪怕只是假設中的好結果，有時候也會讓大象歡欣鼓舞。因爲它提供了一種動力，讓大象不再去思考這件事有多麼不可能、它的困難在哪裡，而轉去思考這個過程是怎麼發生的。這樣，我們會更清楚地知道，改變的第一步該怎麼走。

在這個諮商片段裡，我沒有跟來訪者討論怎麼學習、怎麼通過考試，因爲這些任務都會嚇壞大象，讓牠不敢邁出步伐。我們討論的，僅僅是按時去食堂吃飯。這是來訪者能做的事，也是他有信心做的事。所以，奇蹟提問帶來了改變的第一小步。這樣的改變雖然微小，對來訪者卻是非常有幫助的。

此外，這樣的改變還有特別的意義。這種改變的一小步，最好是在心理免疫系統的基礎上提出的。我讓來訪者做過心理免疫X光片，知道他之所以每天待在寢室，不去教室也不去圖書館，是怕碰到熟人。被熟人問起，他會感到無地自容。每天按時去食堂吃飯，就是針對他心理免疫系統邁出的小小一步。

之後，他眞的這樣做了。剛開始時他小心翼翼地，生怕別人看到。沒想到，第二天打飯的時候，還眞遇到一位同學。那位同學很熱心，問起他的情況，他猶豫了一下就回答了。也許是出於好意，同學告訴他，自己正在準備國外研究生入學資格考，也很孤獨，需要一個人提醒自己早起。於是，他們約定相互提醒、一起吃早餐。後來，他們開始一起自習，來訪者的狀態慢慢好了起來。

有時候改變就是這樣，好像一副骨牌。對我們來說，最重要的是找到能夠推動改變的那張牌。找到第一個小小的改變，把它推倒，並帶著好奇，看看會發生什麼。**用奇蹟提問找到首要的微小轉變，並讓它實現，這個策略就叫小步子原理。**

改變的時候，千萬不要試圖和心中的大象正面對抗，而是需要繞開牠的防禦機制。小步子原理就是繞開這種防備，幫助我們行動的方法。

小步子原理

也許你會想，這個故事的結局太完美了。萬一那位來訪者去食堂時，沒有碰到那位同學呢？萬一那位同學沒有出於好心約他一起自習，而是嘲笑他呢？那他邁出的這一小步，不是沒用了嗎？

如果你這麼想，說明你並沒有眞的理解小步子原理的涵義。

小步子原理不是一個讓我們獲得最終成功的策略，而是一個讓我們有所行動的對策。它的重點不是結果，而是此時此地的行動。它的核心思想其實是古希臘斯多噶學派的主張：**努力控制你所能控制的事情，並接納你不能控制的事情。**

如果你需要有最終成功的承諾，才能去做一件事，那你已經陷入讓自己無法行動和改變的思維模式。因爲你會發現，沒有什麼人或什麼方法能給你這樣的承諾，除了騙子和直銷。

而小步子原理的核心，是讓你專注在當下能做的事情上。至於這件事情能不能帶來想要的結果，這不是你能控制的，因此，也不需要你去關注。

也許你還會有疑問：萬一那位來訪者眞的受到其他人的嘲笑，該怎麼辦？完全不關注，也太不現實了吧！畢竟，人在剛剛開始改變時是最脆弱的，很容易因爲小小的打擊而放棄。

我其實認眞想過這個問題。如果它眞的發生了，我會建議那位來訪者轉移關注點，去檢查嘲笑是不是眞的如同自己想像得那樣可怕。要是他發現嘲笑並沒有那麼恐怖，他也會獲得一種新的經驗，這也能幫助他進一步行動。

除了這個案例，還有一個例子可以說明小步子原理的威力。

「匿名戒酒會」可能是這個世界上在幫助人們改變方面做得最成功的機構。這個機構的創始人是比爾．威爾遜（Bill Wilson）。他原來是一名酒鬼，戒酒成功後，創辦了這個組織。雖然他已經去世近五十年了，但這個協會仍在正常運轉和擴展。每年有二一〇萬人到這裡尋求幫助，多達一千萬人在此成功戒酒。

匿名戒酒會做了什麼呢？它有個著名的「十二步驟」。這個方法的第一步，就是承認在對付酒精這件事上，我們已經無能爲力了。

這是什麼意思呢？就是先承認自己失控了。這樣，我們就不用把注意力放到自己控制不了的事情上。然後用小步子原理，把目光聚焦於自己能控制的事情上。

匿名戒酒會要求會員設立「一次一天」的目標，意思就是，不去想自己一定要戒酒、一輩子不碰酒，只要承諾自己能做到二十四小時內不喝酒就可以了。二十四小時之後呢？那就是新的一天了。

他們是這麼解釋「一次一天」的四字箴言：「在大部分例子中，我們無法預測事件的轉向。不管現實準備得多麼充分，結果還是可能猝不及防……我們爲未來設定的任務太過巨大，留給自己的只剩精疲力竭、不堪重負和心煩意亂。」

所以，不要去想未來太過巨大的任務，而是專注於眼前能做的一小步，並把它做好。只有這樣，大象才會邁開步伐。

我自己很愛講一個故事：從前有名老和尚與小和尚下山去化緣，回到山腳下時，天已經黑了。小和尚看著前方，擔心地問老和尚：「師父，天這麼黑，路這麼遠，山上還有懸崖峭壁、各種怪獸，我們只有這一盞小小的燈籠，怎麼才能回到家啊？」

老和尚看看他，平靜地說了三個字：「看腳下。」

改變的過程就是這樣，我們心裡有目的地，可是在行動上，只能看清腳下。也許有一天回過頭，我們會發現，走著走著，自己已經走得很遠了。

自我發展之問

如果你還沒實踐上一節設計的行為測驗，試著結合「小步子原理」，思考你能邁出的第一步是什麼？

如果你已經完成了這個行為測驗，是怎麼做到的呢？

培養「環境場」：讓新行爲變成新習慣

「場」的力量

有時候，小步子能帶來大改變。但有時候，即使人們成功邁出了改變的第一步，也很容易中途放棄。畢竟，人是在一定的關係和環境中生存的，而其中的細微變化都可能影響到改變是否能夠持續。

那麼，怎樣能讓我們把新的經驗凝固成長久的習慣，不再退回到充滿誘惑的心理舒適圈呢？這就需要行爲改變的第三個原則，我取之爲——培養「環境場」。

我第一次意識到「場」的力量，是在幾年前參加卡巴金舉辦的一個「當下，繁花盛開」正念培訓上。剛到現場，我就被震撼到了。

在一個跟體育館一樣大的會議室裡，二五〇〇張瑜伽墊依次鋪開。參加培訓的人來自全球各地、各行各業。卡巴金和他的搭檔薩奇．聖多瑞里在前臺和所有人一樣，席地盤腿而坐。全場一片肅靜，連一根針掉在地上的聲音都能聽見。

其實，那個培訓的日常過程很枯燥，每天早上六點起床，開始靜心直到晚上九點。坐得累了，卡巴金會及時搖起銅鈴。清脆的鈴聲把我們從靜默的靜心中喚醒，然後我們就會默默行走。如果你不在這個「場」裡，會看到現場簡直就像僵屍入侵一樣。但如果你在這個「場」裡，就會覺得自己在做最自然不過的事情，講者和聽眾好像被一種神祕的感召力連結在一起。這就是「場」的力量。

那麼，「場」到底是什麼呢？它其實是包含大量行爲線索的環境。這些行爲線索能激發特定的行爲。就像到了臥室你會想睡覺，到了辦公室會想工作，到了餐廳會想吃飯一樣自然。

在卡巴金的「場」裡，靜默、席地而坐、偶爾喚醒我們的銅鈴聲，都是行爲線索。這個行爲線索來自兩個方面：行爲的歷史和他人的反應。靜心和禪修的歷史很容易讓我把自己的行爲跟深厚的文化傳統連結起來。而參與活動的人都在靜坐，我自然覺得應該把外界俗世中的事情先放下，保持靜靜地聆聽，跟其他人一樣。

感性的大象對「場」很敏感。牠總是比理智先感受到「場」所暗示的行爲線索，並照之行事。環境中包含的行爲線索越多，「場」的力量就越大。因爲「場」的不同，在一些地方你會努力工作，在另一些地方你會懈怠；在一些地方你會沉默不語，在另一些地方你會滔滔不絕。

「場」的慣性

我認識一個女生，就叫她小嘉吧。她剛到北京不久，就加入了一間競爭激烈的新創公司。他們的產品反覆運算速度很快，她需要學習很多東西。因此，她給自己制訂了很多讀書學習的計畫，可是總做不到。

爲什麼呢？她下班後的典型情境是這樣的：下班後回家做飯；吃飯時，覺得一個人太無聊了，就邊吃邊看美劇；等飯吃完了，美劇還沒播完，就覺得看完這一集再說吧。結果就是，她看了一集又一集，直到快要睡覺了。一種虛度時光的空虛感悄然襲來，讓她感到沮喪。

她經常很晚睡。有人說，晚睡是我們不肯面對失敗一天就這麼結束。小嘉也是如此。有一天，她很困惑地問我：「我現在明明不快樂，爲什麼還要這樣日復一日，不能改變呢？」

是啊，類似的故事發生在很多人身上。爲什麼明明不快樂，卻日復一日變不了呢？

我把生活的樂趣分爲兩種：消費型快樂和創造型快樂。在「消費型快樂」裡，我們消費的是別人創造的產品，滿足的是表面的感官刺激和生物性需要。而在「創造型快樂」裡，我們在創造自己的產品、發揮自己的才能。在這個過程中，我們體會到一種深刻的成就感，感覺到自己正在變得更好。如果把消費型快樂看成酒肉朋友，創造型快樂就是良師益友。學習是一種創造型快樂，而看美劇當然是消費型快樂。所以小嘉體會到的，正是消費型快樂過後產生的空虛感。

既然我們很清楚創造型快樂更好，爲什麼很難去做能產生創造型快樂的事情呢？原因是，這是騎象人熱衷的理智快樂，而消費型快樂則是大象熱衷的感官快樂。如果從消費型快樂轉到創造型快樂，我們需要說服感覺的大象，自己創造一個學習或者工作氛圍濃厚的「場」，就是一個說服大象的好辦法。

很不幸的是，也許是太愛享受了，小嘉在家裡創造的「場」是放鬆和娛樂的。那裡所有的行爲線索都在暗示她，應該好好休息了。所以，她無法驅動大象主動學習。

寫到這裡，我覺得可以對「場」做一個更精確的總結。**所謂「場」，就是我們心中關於空間功能的假設**。

在這個假設裡，圖書館、自習室或辦公室是和工作學習相聯繫的，而家、宿舍是和休息娛樂相關的。一個人到了被假設爲工作場所的空間，自然就表現出工作的樣子。反之，如果在家或宿舍裡，要讓自己好好工作，就算做再多心理掙扎，也未必能夠實現。

我在浙江大學當老師的幾年中，觀察到一個現象：學霸都是成群結隊的，喜歡去圖書館和自習室；而成績不那麼理想的學生，往往有嚴重的拖延症、通常很宅、喜歡「貓」在宿舍裡。我不能斷定其中有必然的因果關係，但至少「場」與學習效果之間有著密切的相關性。

在身邊養一個「場」

那麼，怎麼利用「場」的原理來安排生活呢？要先弄清楚「場」的力量到底從哪來。

第一個來源是別人在這個空間裡的行爲。人是一種社會動物，如果在一個空間裡，別人都在埋頭工作，這個環境自然會暗示你也要努力工作。很多人覺得高中三年是自己最努力的時光，是因爲每個人都在努力學習，讓高中教室變成一個很有力的「場」。

寫下這段話的時候，我正在浙江省圖書館的一間自習室裡。我自己家裡明明有書房，爲什麼要到圖書館工作呢？因爲這裡學習的人多，「場」的力量比較強。可是，如果只有到自習室、圖書館才能讓人進入學習和創造的狀態，對環境的要求也太高了吧！

所以，我們更需要了解**「場」的第二個力量來源，就是我們以前在某個空間裡的行爲**。

我家裡有張書桌，在這張書桌上，我只做跟工作有關的事情。如果我想瀏覽網頁或看電影，我會要求自己換一個地方，比如到客廳的沙發上去。因爲我在書桌上娛樂的話，這個書桌做爲工作的「場」就會被破壞掉。

我還有另外一個工作「場」，就是我的電腦。事實上，我有兩部電腦，一部日常用，一部工作用。工作電腦裡只有Office等一些用於工作的軟體。當我打開它的時候，我心裡的大象就已經做好準備，知道要開始工作了。可是對大部分人來說，工作和娛樂的距離只有關閉Word和打開瀏覽器的距離。要抵制這樣的誘惑，太爲難大象了。

所以，「場」並不玄虛，它就是一個人在一個空間裡做事的習慣。習慣會形成穩定的心理預期，穩定的心理預期又會鞏固習慣的行爲。一個人在某個空間裡做的事情越純粹、越持久，這個空間「場」的力量就越大。

回到小嘉的故事上，我給了她這樣一個建議：像我一樣，在家裡養一個小小的、專門進行學習與工作的「場」。如果能在這個「場」裡貼些激勵自己的話，做爲「場」的邊界和線索，那就更有幫助了。這樣，在家這個純粹的休閒「場」中，學習就搶占了一塊自己的地盤。它的存在會給小嘉強烈的心理暗示，幫助她行動。隨著小嘉對這個「場」的使用越來越頻繁，「場」的力量會變得越來越強大。

看到這裡，不知道你心裡有沒有這樣的疑問：「場」只在和學習、工作有關的場景中有用嗎？當然不是，「場」其實可以巧妙地應用在各種改變的場景之中。在戀愛中，「老地方」通常有很多柔情蜜意的記憶。在家庭治療中，我經常建議一些疏遠的夫妻能找固定的時間、在固定的地點做一些深入的溝通和交流。如果你是敏感內向的人，經常感到疲憊，可以做一個「恢復壁龕」，每天到一個固定的地方獨處、靜坐、散步、種花，遠離喧囂，讓自己恢復能量。

我自己從來不會在諮商室之外的地方幫別人做心理諮商，因爲諮商室本身也是一個「場」，一個幫助人改變的「場」，我需要這樣的「場」才能工作。

這樣看來，我們可以給「場」補充一個定義，**它其實是環境記憶中，我們每個人的歷史**。我們的奮鬥、我們的掙扎、我們的靈光一現、我們的引以爲豪，這些事在別人看來也許無足輕重，可是對我們自己意義重大。如果我們有意識地讓它們只在某個特定的空間裡發生，那這個空間就有了記憶，會變成能激發和調動大象的「場」，變成存儲美好新經驗的記憶銀行。

自我發展之問

如果你要做出持續的改變，比如，每天抽出時間讀書、每週健身至少一次，或者花更多時間陪伴家人。然後思考：

你需要創造一個什麼樣的「場」來不斷激發新行為？

想好之後，請你在這個星期內，持續在這個「場」裡做有助於改變的事。

情感觸動：改變最重要的動力

越自責，越放縱

經常有人說，知道很多道理，卻依然過不好這一生。因爲代表理智的騎象人和代表情感的大象各有主張，而大象的力量要大得多。有句俗語叫「動之以情，曉之以理」，「情」與「理」的先後順序是很講究的。得先讓大象有所觸動，牠才能聽得進道理。**這就涉及行爲改變的第四個原則——情感觸動。**

在諮商室裡，如果來訪者跟我說「道理我都懂」，我就知道這次諮商沒起作用。因爲當他說這句話的時候，他其實是在說「你說的道理我不想聽」。這時候，他已經把道理放到跟自己無關又很遠的位置上了。爲什麼會這樣？肯定是因爲我沒有觸動他的大象。

改變需要情感的觸動。如果沒有情感認同，就不會有改變發生。可是，大象既容易被焦慮、恐懼這類消極情感觸動，也容易受愛、憐憫、同情、忠誠這類積極情感牽動。到底哪種情感最容易引發改變呢？

我們習慣的方式是用焦慮、恐懼，也就是用恐嚇的方式來促成改變，因爲焦慮和恐懼的力量最強大，最容易被激發和控制。比如在學校裡，老師會用批評的方式來讓學生聽話；在工作中，公司會用末位淘汰制來讓員工努力幹活。我們也習慣用自責的方式施壓，覺得這樣能促使自己進步。

所以每次面臨改變，我們都會自動分裂成兩個自我：一個是上進的正義自我，一個是墮落的邪惡自我。上進的自我總是責備那個墮落的自我，而墮落的自我經常感到無地自容，覺得自己一無是處。焦慮和內疚就由此產生。我們本能地相信，內疚和自責能幫我們實現改變。就像小時候，我們淘氣、偷懶的話，嚴厲的老師或父母就會監督我們做作業一樣。所以我們總是想把自己罵醒，如果沒罵醒，那就再罵得狠一點。

可是，內疚和自責眞的能推動大象改變嗎？當然不能。否則我們就不會一邊內疚自責，一邊拖延著不願改變了。

爲什麼會這樣呢？原因在於，很多我們想改變的習慣，比如抽菸、過度進食、拖延，就是爲了應對焦慮和壓力產生的。如果以內疚和自責增加更多的焦慮和壓力，想一想，我們會用什麼辦法處理這些焦慮和壓力呢？當然還是抽菸、亂吃東西、拖延這些老方法。

所以**越是自責，一個人越容易放縱自己，陷入「放縱—自責—更嚴重放縱」的惡性循環。**

曾有一個關於戒菸廣告的實驗。廣告上畫了兩片被香菸燒出窟窿的黑黑肺葉，非常噁心，大象一看就會被嚇到。可是，廣告效果差強人意。這是因爲，很多時候，人們抽菸就是爲了減壓。看到這種廣告，壓力會減輕嗎？不僅不會，還會變得更焦慮。一焦慮，不如來根菸緩解緩解吧。

大象能聽懂愛

用焦慮、恐懼、內疚的情緒來刺激大象，大象只會焦慮煩躁地在原地打轉。更何況內疚和自責還會降低我們的自尊，覺得自己一事無成，容易破罐子破摔（指有了錯誤，不思悔改，索性錯下去，任憑事態惡化）。其實，那個被責備的自己，正是要改變的自己。如果我們把自己罵得士氣低落了，哪來勇氣和力量去改變呢？

有的人可能會問，明明有一些對自己要求很高的人，既有效率，又取得了不錯的成績，他們是怎麼做到的呢？如果自我苛責沒用，他們又是怎麼維持對自己的高要求呢？

我的心理諮商老師是一位非常嚴厲的老太太，無論從哪點看，她都跟溫柔善良扯不上關係（希望她不要看見這一段）。我第一年學心理諮商時，她就一直批評我：你這裡說得不對，那裡說得不好；你又沒有思路，只看自己想看的東西……那段時間，我的士氣很低落，既有對自己總做不好的愧疚，也有對老太太不近人情的不滿。可是，這種愧疚和不滿並沒有讓我更努力學習。相反的，看到教科書，我還會害怕。雖然我一再責怪自己不夠努力，大象卻總是邁不開步伐。

一年快結束了。在課程的最後一天，老太太提到她的老師——家庭治療大師薩爾瓦多．米紐慶的一些事。

「我年輕的時候，有天拿著個案去找米紐慶督導。那是關於一個希臘家庭的個案，涉及的人很多，諮商過程很亂。我好不容易控制住場面，但並沒做得特別出色。在我報告時，米紐慶就靜靜地聽著。聽完以後，他讓其他學生提意見。不知道出於禮貌還是什麼原因，這些歐美的學生紛紛說好。我的一位學長還特別說：『我很欣賞妳。妳一個亞洲小女孩，有語言和文化的差異，還能做成這樣，已經很不錯了。』這種說法，看起來是誇獎，其實是有貶低在的。

「這時候，米紐慶開口了：『她是我最好的學生之一。你們說她做得不錯，其實是在說，她只能做到這樣的程度。』聽他這麼一說，這些歐美的學生就開始紛紛提供意見給我。尤其有些同學不服氣老師說我是最好的學生，以後看我的個案，就變得非常挑剔。而我呢，爲了應付他們挑剔的目光，總要做更多準備工作，結果我的諮商能力有了很大的長進。

「後來米紐慶在其他場合解釋他爲什麼這麼說我：『我這名學生是非常有創意的，可是，她躲到自己移民身分的殼裡，做什麼事都總是差不多就好。我說她是我最好的學生，讓她接受苛刻的批評，就是要把她從移民身分的殼裡逼出來。』」

接著，老師又說：「米紐慶已經去世了，我也老了，所以我要把他教我的東西告訴你們。你們來這裡不是爲了爽的。如果我只是很輕率地表揚你們，那我其實也是在說『你們只能做到這種程度』。我不停地批評你們、挑戰你們，就是要把你們從故步自封的殼裡逼出來，相信你們完全能做得更好。」

那一瞬間，我心裡的那頭大象被觸動了，我理解了老師的用意。從那天開始，我對自己的要求提高了。

這種自我要求並沒有變成內疚和自責，更沒有變成一種負擔。相反的，它的背後有一種自豪，一種「我能做得更好」的自我期許。這種感覺裡，有老師對我的期待，也有我對老師的認同。在這種關係中，批評變成了一種信任和期待。

第二年，老太太還是那麼嚴厲，對我還是有很多批評，但是我對批評的感受變了。嚴格的要求雖然帶來很大壓力，但它也變成了動力。

所以，**眞正的問題不在於要不要對自己提高要求，而在於高要求的背後，究竟是你對自己的厭惡，還是愛和期待。只有後者才是能夠觸動大象改變的力量。**

用愛驅動自己的改變

我曾遇到一位自我譴責的高手，就叫她歐陽吧。她的公司裡有很多優秀的同事，大多是從國內外名校畢業的。歐陽總跟同期進公司的同事比較，覺得同事很聰明而自己很差。她經常對自己說：「不能再這樣下去了！妳要混到什麼時候？別再墮落了！」

在她找我諮商的很長一段時間裡，她都處於「道理我都懂」的階段。我跟她說，人有很多面，不能如此簡單比較，也幫她分析這樣的比較和指責沒有什麼好處，可是都沒用。

後來她的變化，同樣來自情感觸動。

有一天，我問起她這種對競爭的焦慮是從哪裡來的，她回憶起了自己的童年。

她是在機關大院裡長大的，大院裡有兩個同齡的小女孩，都很漂亮、乖巧，而她長得比較一般。這三個孩子的媽媽經常聚在一起討論孩子，暗暗較勁，而她媽媽是一個爭強好勝的人。

每週六，三個孩子都會跟同一位老師學鋼琴，三個媽媽則在旁邊評頭論足。有一天，她彈錯了很多音，她媽媽非常生氣。以前，都是媽媽騎自行車接送她。那天很冷，媽媽竟把她從自行車後座上放下來，自己騎著車往前走。她在後邊一邊哭一邊追。路上，她媽媽去熟食店買東西，她才追上來。她抱著媽媽大腿，一邊哭一邊說：「媽媽妳不要走。」她媽媽冷著臉，看都沒看她一眼。

說起這段回憶，她委屈地哭了：「從那以後，我就特別害怕去學鋼琴。每次去上課，我都覺得那三個媽媽就像三名將軍，在那邊指揮坐鎮，我們像三個小兵，在前面戰戰兢兢地奮勇殺敵。」

「現在妳已經長大了。如果妳是媽媽，會讓孩子參加這樣的戰爭嗎？」我問她。

「我絕對不會！」

「可是妳現在就讓自己參加啊！只不過戰場不一樣而已。」

她沉默了。

從那以後，每當遇到想跟同事比較的時候，她都會告訴自己：「不要再參加這種愚蠢的戰爭了。」也許她以前也這樣勸過自己，但現在，她心裡的大象被觸動了。她心裡多了一樣東西：對自己的愛和憐憫。她知道自己爲什麼會有這麼多的自我譴責，也知道這並不是她的需要，而是她媽媽的需要。

這種理解就是驅動大象改變的最重要動力。

所以，你對自己還好嗎？你在想起自己的時候，是帶著厭惡和憎恨，還是愛和同情呢？如果你還在內疚和自責中自我折磨，也許你也應該放棄和自己之間的戰爭了，就像士兵終究要解甲歸田一樣。

大象也許聽不懂你說的道理，但牠是能聽懂愛的。牠會很清楚地知道，你愛不愛牠。只有愛，才會讓牠心甘情願，爲你上路。

自我發展之問

結合本章內容，思考：

在哪些時候，你會譴責自己？你經常譴責自己什麼地方？這種自我譴責，究竟促進了你的改變，還是阻礙了你的改變？如果用一種理解的方式來跟心裡的大象對話，你會跟它說什麼？

然後以五年後的你，寫一封信給自己。告訴自己，五年後，你會怎麼看現在的自己遇到的困難，以及現在自己的堅持。

第二序列改變：改變是否真的有效

改變是把雙刃劍

在前文中，我介紹了改變的態度、阻礙改變的心理機制、引發改變的原則和方法。這一節，我想寫一點跟前面不一樣的內容，跟你一起反思一下改變本身。

改變本身有什麼需要反思的地方呢？改變有什麼不對嗎？

確實，現在這個時代，改變幾乎成了「更好的生活」的代名詞。一方面，我們總是期待改變發生，對改變心存嚮往，這是能理解的。可是另一方面，如果我們不知道改變的方向，只是盲目地想要有所不同，「追求改變」這件事本身就會變成心理舒適圈，變成我們逃避真正改變的藉口。

事實上，想要改變本身就是一把雙刃劍。

在追求改變的背後，隱藏著一個重要的心理狀態：不滿現在的自己。這種不滿當然可以轉化成發展的動力，但也可能帶我們走上另外一條路——讓我們感到焦慮、迷茫、自卑、手足無措，甚至陷入重複無效的改變之中。

所以，我想在這裡跟你探討：你在進行的改變是有效的嗎？

第二序列改變

曾有名來訪者問我，怎樣才能過上理想的生活？

我問他心中的理想生活是什麼樣子的，他說：「我並不想賺很多錢，只想做自己有興趣的工作，充分實現自我價值。」

我接著問他現在的工作是怎樣的，他說：「我剛辭職，正在找工作。畢業三年了，這是我的第五份工作。換工作的原因林林總總，相同的是每份工作做半年，我就會非常焦慮，覺得這不是我想要的工作，我不想庸庸碌碌過一生。老師，怎麼才能實現自我價值呢？」

我想了想：「你還是先別想實現自我價值的事，先想想怎麼賺錢比較實在。」

我並不是要擊碎一個有志青年的奮鬥夢想。看起來，他一直在努力改變，但有些東西卻從未變過。而我只想讓他停止這種無效的循環。

改變有兩個層次：一個是內容的改變，在這個案例裡，就是工作；另一個是應對方式的改變，在這個案例裡，就是不停換工作的行爲。他一直想要改變的，是工作這個「內容」。

而他眞正需要改變卻沒有變的，是用不停換工作來應對焦慮的這種方式。盲目尋求變化，無法安頓下來踏踏實實累積經驗，這才是他眞正的問題。

有時候，改變做爲應對方式本身，也需要改變。這在心理學上有個專有名詞——第二序列改變。它來自《Change：與改變共舞：問題如何形成？如何突破和有效解決？》這本書的作者之一是美國心理學家保羅．瓦茲拉威克。他把內容的改變稱爲第一序列的改變，應對方式的改變則稱爲第二序列的改變。瓦茨拉威克認爲，就是因爲人們把改變停留在第一序列，導致改變本身不但沒有解決問題，反而成了一個問題。

我有個朋友講過他自己的故事，就是對第二序列改變最好的說明。

這位朋友大學時有段時間陷入一種刨根問底的思想狀態，別人覺得天經地義的事情，他都會想很多。比如爲什麼要學英語？爲什麼要讀書？爲什麼要出國？爲什麼要工作賺錢……過度思考帶來的問題是，他做任何選擇時都很猶豫，因爲他總是希望能從源頭上把事情想清楚，爲此浪費了很多時間和精力。他很痛苦，想要改變，卻總是不成功。

他跟父母討論解決的辦法。媽媽對他說：「你啊，就是太猶豫。做選擇時不要想很多，最重要的是遵循自己的內心。下回你要選擇的時候，根據自己的價值觀替不同的選項排序，這不就容易了嗎？」他覺得媽媽說得很有道理，就照著做了一段時間，但還是沒變化。因爲他會繼續思考：我的價值觀是什麼？這個價值觀合不合理呢？

後來他去問爸爸。爸爸跟他說：「這是一種特別的才能。很多人只是根據常識來生活，但你會用理性去思考。我想讓手下的員工建立理性思維都很困難，而你天生就會。不被常識蒙蔽，凡事問爲什麼，這是審視世界的好習慣，雖然費點時間、精力，卻很值得。」

他爸爸讓他保持這個習慣，說將來會派上用場。他覺得有道理，之後，雖然還會思考和糾結這些問題，卻不再嘗試改變了。他的心情反而好了起來，想得沒那麼多了。

爲什麼鼓勵改變的媽媽沒能讓他改變，反而是鼓勵不改變的爸爸促成了他的改變呢？

我們可以用第二序列改變來分析：遇事多想、選擇時猶豫，這是我朋友想改變的內容。而他總覺得自己有問題，想要努力改變自己的狀態，這是他想改變的應對方式。他媽媽給的建議是改變內容，而他爸爸改變的是「他想改變」這個應對方式本身。

要透澈理解爲什麼爸爸的建議更有效，就得回到我們經常說的一個概念——接納自我。

接納自我的本質是捨棄

我們常常看到、聽到「接納自我」這個詞，也經常跟自己說，要接納自我。可是我們常常有兩個重大的誤解。

第一個誤解是，以爲接納自我就是不改變。透過第二序列改變這個概念可以看出，能了解接納自我本身就是一種改變，而且是很難的改變。

難在哪裡？難在忍受。

人只要有焦慮感，就會想改變。可是順境、逆境都是人生常態，有時候我們需要忍受不好的境遇，哪怕暫時看不到希望。因爲就算我們不改變，事情本身也是在不停變化的。就像腿上瘀青會慢慢消退，我們什麼都不做也會慢慢長大一樣，時間久了，我們自然會從職場新手變成有經驗的「老鳥」。有些事，自然而然就會發生。而盲目地改變，常常會打亂事情發生的進程。

第二個誤解是，把接納自我當成獲取另一種好處的途徑。

經常有來訪者跟我說：「老師，我覺得自己很多地方都不好，很想接納自己，可是怎麼才能做到呢？」當他這麼說的時候，其實是把接納自我當做獲得幸福、平靜、快樂的手段。他心裡想的是，接納自我後，自己就會變好。這在本質上還是想要改變。接納自我這個追求本身，就是他無法接納自我的原因。

接納自我其實不是追求，而是捨棄。捨棄什麼呢？**捨棄對生活的過度控制，對「完美自我」和「完美世界」的幻想和執念。**

心理治療領域裡有一種很著名的療法，叫做「森田療法」，它的核心理念是帶著問題生存、爲所當爲。意思是，一個人不要糾結於自己的問題，只把它當做生存的常態，轉而專注自己眞正想做的事情。這種曲線救國（指採取直接手段不能解決，只好採用間接手段）的改變方式，最大的好處是防止我們只看問題本身，而忘了問題以外自己眞正想做的事情。這才是接納自我的眞諦。

回到剛才的故事上，爲什麼我朋友爸爸的方法更有效呢？因爲他爸爸把他想要改變的問題，變成一種不需要改變的資源。這個理由說服了他，讓他能夠放下自己的焦慮，不再盲目追求改變。而正是這個「放下」，讓他從無效的改變中解脫出來，實現了眞正的改變。

有效改變的判斷標準

看到這裡，也許你會有點糊塗。我在前文花了大量筆墨寫改變，現在怎麼突然強調接納自我很重要？到底什麼時候該追求改變，什麼時候該接納自我呢？或者說，什麼時候改變是有用的，什麼時候改變會成爲一個問題呢？

有個簡單的標準——看改變的動作究竟是改善狀況，還是維持現況，甚至讓情況變得更糟了。

通常，無效的改變會維持症狀，形成一種惡性循環。如果你的改變包含在這種惡性循環裡，那就要小心了。舉個例子。我們偶爾會失眠，而失眠讓人痛苦。如果失眠的人很想改我——變這件事，他就會變得非常警惕。本來疲憊中迷迷糊糊要睡著了，腦中閃過一個念頭——我快要睡著了，馬上就會清醒過來。結果，想改變的念頭加劇了失眠的症狀，越失眠越想要改變，就變成惡性循環。

前面那個不斷換工作的來訪者也是如此。他的目標是實現自我價值，但那是需要累積的。那個烏托邦式的目標讓他不斷尋求改變，從而失去了自我累積的過程。越是這樣，他就越焦慮，越焦慮，就越想改變，形成另一種惡性循環。

當我們想要改變的時候，要問自己兩個問題：

第一，**我們遇到的，是世界的不如意，還是需要改變的問題**。這個世界本身就有很多不完美，它不是按照我們的想法設計的。比如，我們偶爾會焦慮、會失眠、會心情不好、會遇到各種挫折，但這些都不是問題，而是世界運行的常態。如果錯把世界的不如意當做要解決的問題，改變不僅沒有效果，有時還會變成問題。

第二，我們想要改變的努力，有沒有打斷自然發展的歷程。一棵樹從播下種子到開花結果，有自然發展的過程；孩子從爬行、站立到奔跑，也有自然發展的過程。工作需要積累經驗，關係需要培養感情，這也是自然發展的過程。就連傷害都有自然恢復的過程，無論是身體上的還是心理上的。如果你想改變，一定要思考一下：如果不改變，事情自然發展的一般規律是怎麼樣的？不能因爲僅僅想要擺脫焦慮就急著改變。如果改變的企圖打斷了自然發展的歷程，那它同樣既沒效果，還會變成問題。

自我發展之問

回想你在「改變的本質」那一節所列的目標，你曾經或正在為這個目標做哪些努力？哪些努力是有效的，哪些是無效的？

如果你不努力改變，事情自然發展的進程會是怎麼樣的？

追求改變的過程讓你更快樂，還是更不快樂？更有自信，還是更沒自信？

第二章

推動思維的進化

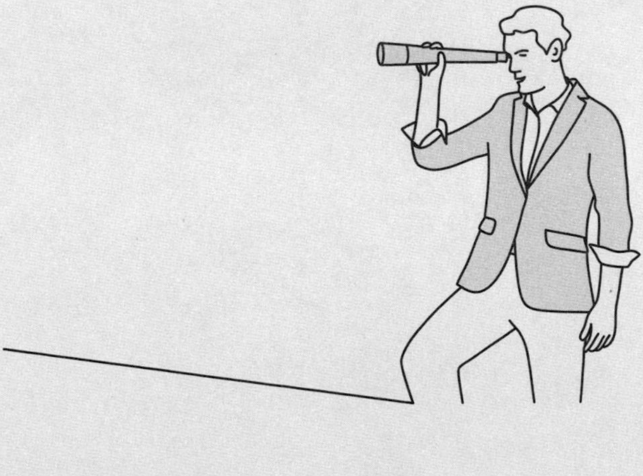

要實現自我發展、成為了不起的自己，
除了要開啟行為的改變，還需要推動思維的進化。
自我發展的過程，也是思維從「保守僵化」變得「靈活而有彈性」的過程。
保守僵化的思維趨向控制和靜止、害怕失敗和挑戰、維護虛假的自我形象；
靈活而有彈性的思維趨向可能和變化、勇於嘗試和挑戰、促進自我不斷進化。

心智模式：組織和加工世界的方式

心智模式的作用

如果把人比做一部複雜的機器，將行爲看成這部機器輸出的結果，心智模式就是驅動機器的底層程式。人要獲得持續的發展，不僅需要行爲的改變，還離不開心智模式的有效運轉。

那麼，什麼是心智模式呢？

古希臘哲學家愛比克泰德有句名言：「人不是被事物本身困擾，而是被他們關於事物的意見困擾。」意思是說，一件事會怎樣影響我們，並不取決於這件事本身是什麼樣，而取決於我們怎麼看待它。每遇到一件事，我們就會有一個想法產生。這些想法看起來散亂無章，但如果把它們彙集起來，我們就會看到它們是有規律的。比如，有些人想得樂觀些，有些人卻悲觀些；有些人習慣從外部找原因，有些人習慣從自身找原因；有些人習慣想「問題是什麼」，有些人習慣想「辦法是什麼」。這些具有慣性的想法，就是**心智模式，就是我們頭腦**

中慣有的組織和加工世界的方式。

心智模式十分重要，因爲它決定我們如何面對必然遇到的挫折和失敗，決定我們如何追求一心想要的成功和幸福，並且決定在這個過程中，我們會如何評價自己。自我發展的過程，就是心智模式不斷發展和進化的過程。

心智模式到底怎麼影響我們呢？它在兩方面有著非常重要的作用：

心智模式的第一個作用是塑造我們的經驗，影響我們的情緒。同樣的半杯水，有些人看到的是「只剩半杯水」，所以感到焦慮；有些人看到的是「還有半杯水」，所以很開心。這就是心智模式的影響，它讓我們對同樣的事情產生不同的解讀，並產生不同的情緒。

那麼，是不是讓人感覺良好的心智模式就是好的呢？如果是這樣，有個人的心智模式一定很好，那就是魯迅筆下的阿Q——他最會透過自我安慰讓自己感覺良好。顯然，罔顧事實，只是一味讓自己感覺好還不夠。

因爲心智模式還有第二個作用：引發行動。

情緒、思維和行動是一體的。積極的思維往往會透過激發有效的行動，來驗證它自身的正確性。如果你覺得這件事自己能應付，就會想各種辦法，全力以赴。如果成功了，就會加深「我能應付」的信念——這是一種積極的循環。反之，如果你覺得自己做不到，可能會拖延、想退路、找藉口。最後事情沒有完成，便會加深「我做不到」的信念——這是一種消極的循環。

人際交往也是如此。如果你覺得一個人很好，就會主動接近他、了解他，最後發現他眞的不錯。反之，如果你覺得一個人很差，就會挑剔他、排擠他，最後發現這個人確實不行。

如果你的心智模式不能引發有效的行動，感覺再好，也只是一種自我安慰和自我欺騙。

成長型心智模式vs.防禦型心智模式

根據能否促進我們跟世界的積極互動，心智模式可以分爲兩類：一類是積極的成長型心智模式，另一類是消極的防禦型心智模式。前者會引發探索和變化，後者會引發防禦和靜止。

這兩類心智模式是怎麼發展起來的呢？這跟人類最初的安全感有關。

研究依附理論的心理學家約翰．鮑比發現，一個人最初的安全感主要來自人際關係，尤其是和母親的依附關係（關於依附理論，本書第三章有更詳細的介紹）。如果一個人跟母親的依附關係夠安全，就像一艘船知道後面有避風港，行軍的隊伍知道後面有充足的糧草支持，這個人自然就會對世界感到好奇，發展出探索世界的本能。

如果母親給予孩子足夠的接納和肯定，那孩子發展出來的探索世界本能就是自動自發的。孩子行動時既不需要考慮別人的評價，也不是爲了赢得母親的稱讚。他們不會把挫折當做「如果我做不好，母親就會嫌棄我」的威脅，而是執著於自己的目標，努力解決問題，把限制和困難當有趣的挑戰。

在解決問題的過程中，孩子的能力會不斷獲得成長，勝任感就由此發展出來。慢慢地，孩子會發現自己是有能力的，能夠應付種種挑戰，並因此對自己充滿自信。這種勝任感會讓他不斷尋找新的挑戰，解決新的問題。他的自主性會增強，安全感的來源也會從母親轉爲自身。也就是說，孩子自己就能給自己安全感。這種源於自身的安全感會激發他進一步去探索世界，發展新的能力，正向循環由此形成。這種循環是變化的、不停向外擴展的。這是一種成長型心智模式。

反之，如果孩子的安全感沒有得到滿足，就會陷入防禦型心智模式。他不願意探索世界，不願意面對必要的難題，行動的所有重心都在想方設法迴避可能的傷害，甚至透過縮減自己的活動空間來獲得安全感。爲了讓世界看起來更可控制，他會非常在意頭腦中的規則，以致看不到現實發生的變化。他有時候會努力，但這不是自發的，而是被頭腦中「應該如此」的概念驅使。這些孩子很在意自己能否被他人讚揚和接納，所以他人的一點點批評意見都會讓他們焦慮萬分。因爲太在意別人的評價，而失去了行爲的自主性，由此陷入另一種循環：不斷尋求安全感。防禦型心智模式就此產生。這種循環是防禦的、向內的。陷入這種循環中的人會變得關注自我，總是想很多，卻很少行動。他們的自我發展會因此受限。

幸好，世界在不停變化，我們的經驗也不停變更。我們可以透過學習和訓練，發展出一種能夠容納變化的思維方式。我們在行動上，要改變世界；在思維上，要讓世界改變我們。而且，這種改變不是變得簡單，而是變得深刻而複雜，這就是自我發展之道。

自我發展之問

你的心智模式更偏向成長型還是防禦型？它是怎麼形成的？在什麼場景下，你感覺自己的心智是成長型的？在什麼場景下，你感覺自己的心智是防禦型的？為什麼？

僵固型思維：活在別人的評價中

防禦型心智模式有三種典型表現：僵固型思維、應該思維和絕對化思維。它們都會阻礙我們的改變和發展。我先介紹僵固型思維會如何影響我們。

脆弱的高自尊

什麼是預測一個人能否成功的最重要因素？很多人覺得是能力。為此，人們設計了很多測驗來了解一個人的能力，比如入學考試、職業能力測試等。這些能力測驗背後都有一個假設，就是人的能力是相對固定的，根據能力高低可以把人分成三六九等。可是，在現實生活中，我們會遇到一類人，他們起步的時候能力平平，後來憑著自己的努力不斷進步，最終獲得了很大的成就。我們還會遇到另一類人，他們看起來很聰明，卻因為某次挫折一蹶不振，逐漸泯於衆人。其實，能力並不能預測一切。有時候，**怎麼看待能力，比能力本身更重要。**

我遇過一名學生，他很聰明，學習成績也好，考上了一所名校。他來自一所縣城中學，那間學校裡能考上名門大學的學生並不多。校長覺得很有面子，就把他的照片放到學校的榮譽牆上，還鼓勵他到大學後一定要爲母校爭光。他當時心裡就「咯噔」了一下，覺得自己被架到了一個很高的位置，下不來了。

上了大學以後，他發現學校裡到處都是強人，自己並沒有很聰明、很突出。大一學期末，他的微積分被當了。其實在大學裡，這門課被當的人很多，只要補考就好。可是他學了一段時間以後，覺得自己學不會，就怎麼都不肯學了。兩次補考，他都棄考。他不僅不向老師、同學求助，甚至不願讓任何人知道他有課程不及格，每天躲在宿舍不想見人。偶爾有高中的學弟、學妹加他微信，他一概拒絕。

有一次我問他：「爲什麼這次考試對你的影響那麼大？不過是一次被當，有很多人沒考過啊！」

他說：「我能考上這所大學完全是因爲運氣，現在這門課把我打回原形。」

在大學工作時，我經常遇到這樣的學生。他們很聰明，但很容易因爲一點點挫折而一蹶不振。他們有一個共同的特點：「自我」很重。一帆風順的時候，他們覺得自己很厲害；遇到挫折的時候，他們就覺得自己一無是處。但無論他們怎麼評價自己，都特別關注自己的表現，特別關心別人怎麼看自己，都有很重的「證明自己」的包袱。這種心理狀態就叫「脆弱的高自尊」。

是什麼造成了這種脆弱的高自尊呢？有一種解釋是，這類人在成長過程中受了太多的批評和指責，所以變得沒自信。可是仔細想想，好像並不是這樣。他們的成長經歷裡並不缺少肯定和表揚，相反的，他們中有很多人就是在肯定和表揚裡長大的。

那是什麼讓他們在挫折面前變得這麼脆弱呢？是僵固型思維。

努力比聰明更重要

騰訊創始人之一的陳一丹先生創設了「一丹獎」，它是全球最大的教育單項獎，獎金高達三千萬港幣（約一億新臺幣），比諾貝爾獎獎金還高很多。首屆一丹獎頒給了成長型思維和僵固型思維的提出者——史丹佛大學的卡蘿．杜維克教授。成長型思維和僵固型思維到底是什麼，能夠讓杜維克教授獲此殊榮呢？這得先從她的一個著名實驗講起。

爲了考察表揚對孩子的影響，杜維克教授找了幾百名小學生、中學生，讓他們做十道簡單的智力測驗題。這些學生完成後，有一部分學生被誇獎聰明：「哇，你做對了八題，太聰明了！」而另一部分學生被誇獎努力：「哇，你做對了八題，你一定很努力！」結果，在接下來的測驗裡，那些被誇聰明的孩子很多都不願意選擇更難的題目，哪怕那些題目能讓他們學到新知識。

當研究者安排了一些很難的題目，所有孩子都表現得不好的時候，那些被誇聰明的孩子對解難題失去興趣，表現直線下降。即使重新做一些容易的題目，都很難讓他們恢復信心。相反的，那些被誇獎努力的孩子越挫越勇，保持著對解難題的興趣，而且表現得越來越好。最後，當研究人員讓他們在試卷上寫下解題的分數和感受時，被表揚聰明的學生中有四〇%左右撒了謊，虛報自己的成績，而且都報高了。

這是個顛覆性的研究。它證明了誇孩子聰明不僅不會增加孩子的自信，還極大地削弱了孩子的抗挫折能力。

爲什麼表揚孩子聰明和表揚努力會產生這麼大的差異？杜維克教授解釋：表揚聰明和表揚努力激發了孩子不同的心智模式。表揚聰明實際上暗示了這樣的觀點：人的能力是相對固定的，解難題只是證明一個人聰不聰明的方式。一旦孩子接受了「人的能力是相對固定」的觀點，而且被誇聰明，他們就會努力維護聰明的形象。這會使他們把注意力從挑戰任務本身，轉移到對自我的關注上。這就是僵固型思維的特點。

相反的，表揚努力暗示著：人的能力並不是固定的，一個人可以透過努力來發展自己的能力。既然人的能力並不固定，那些孩子就沒有證明自己的包袱，自然就能把目光專注到努力本身。

「就此停止」和「更進一步」

想像一下，由於老闆覺得你在過去一年做得不錯，而且在這個部門已經待了好幾年，因此你獲得了公司的升職面試機會。

你很期待這次升職機會。部門同事都覺得，你在過去一年工作表現還不錯，你自己也覺得還行。雖然在面試的時候，你有些緊張，但整體發揮得不錯。面試官大體肯定了你的能力，也提了一些不足之處。你覺得自己應該能獲得晉升。

結果你落選了，你失望極了。你會怎麼想這件事？

A 我眞的已經很好了，落選只是意外。

B 我就是不夠好，落選是應該的，是我高估了自己。

C 這個面試很不公平，不是老闆對我有偏見，就是有內幕。

D 這次升遷的機會很重要，我失去了一次這麼重要的機會，眞是太遺憾了。

E 看開點，這次升遷沒那麼重要，工作也沒那麼重要。

F 生活就是這樣，並不是總能一帆風順。

你會怎麼選擇呢？

以上六個選項，代表我們應對挫折和失望的各種方式。其中，A把落選的原因歸爲意外，B是自己能力不足，C認爲老闆不公，DEF則各自找了一種說法，來安慰自己。

可是，這幾個選項都僅僅停留在解釋事情和安慰自己上，並沒有想：接下來呢？

挫折讓我們難受，我們需要時間和空間去處理自己的情緒。可是，無論什麼原因造成升遷失敗，生活和工作並不會因此停止。接下來要怎麼做，才是更重要的問題。

曾有個朋友跟我分享了自己主管的故事。他的主管工作認眞負責，業績也不錯，所有人都以爲她能升職成功。結果跟前面選擇題裡描述的情況一模一樣：她沒有獲得晉升。這位主管跟下屬的關係都不錯，跟我朋友的關係尤其好。所以在得到消息的那一刻，她非常難過，不停跟我朋友吐槽，說這一年工作這麼辛苦，她做得都還不錯，公司居然不讓她升職，眞是太不公平了。直到淩晨兩點，她還在微信上問：是不是我不適合這個部門？我要不要離職？

第二天去上班，我這位朋友還有些擔心，想著要怎麼安慰主管。結果主管已經風風火火地在分配工作了：這些事要趕快做好，那個專案要加快進度……

趁著沒人，他偷偷問：「怎麼樣？妳還難過嗎？」

結果她說：「當然難過。可是昨天已經發洩過了，工作還是要繼續啊！」

這位主管心中自然有委屈，畢竟誰都不是鐵血超人，不需要壓抑自己的情緒。但更重要的是，她沒有停止在委屈裡，而是更進一步思考該怎麼辦。

僵固型思維和成長型思維的重要區別就是：讓事情「就此停止」還是「更進一步」。

杜維克教授認爲，有僵固型思維的人，在面對挑戰時很容易放棄，因爲他會擔心困難的任務將證明自己能力不足。而有成長型思維的人則會歡迎挑戰，因爲他會把挑戰看做能力成長的機會。

僵固型思維的人覺得努力是一件可恥的事，如果需要努力才能做成一件事，說明自己能力不夠；成長型思維的人以努力爲榮，他們覺得努力能夠激發能力。

面對批評，僵固型思維的人更容易把批評當做是對自己的負面評價，而成長型思維的人更容易把批評當成幫助自己改進的回饋。

看到別人成功時，僵固型思維的人會把它看做是自己的失敗，因爲別人做到了而自己沒達成，說明自己不行。而成長型思維的人會從別人的成功中學習，吸取別人的經驗，使之成爲自己經驗的一部分。

所有這些區別，其實都是在說「就此停止」還是「更進一步」。如果我們覺得能力是相對固定的，爲了迴避挑戰帶來的焦慮，關注的焦點自然不會落在發展上，容易讓事情就此停止。而過於思考「自己行還是不行」，就是一種讓事情「就此停止」的方式。

放下自我，與真實世界互動

僵固型思維的本質是一種防禦心態。有僵固型思維的人，會把注意力從關注「怎麼做事」轉移到「怎麼維護我很強的自我形象」，這很容易妨礙我們的學習和進步。

我的諮商老師是位很嚴厲的老太太。每次督導，我們會提供一段自己諮商的片段給她看，她再給我們回饋。她的眼光很毒，語言又很犀利，給我們很大的壓力。

有次，一位同學分享了自己的諮商片段。才剛講了幾分鐘，老師就打斷她，說她在這裡的處理不好。同學很想爲自己辯解：「不是這樣的，我後面還有補充……」她想讓老師往下看，但老師不僅不看，還說：「妳給我一個片段，我就要評論這個片段。」那位同學堅持還有補充，老師堅持不看。兩人僵在那兒，一來二去，那位同學就委屈地哭了。

這時候老師說：「我知道妳的委屈。妳這麼委屈，就是想告訴我，妳這麼努力，我卻沒有看見。你們總是習慣把我當媽媽，可我不是，我是老師。我不想讓妳往後翻，就是想讓妳記住我針對妳前面這一段說的話。」

她頓了頓繼續說：「妳來這裡，不是爲了證明自己正確，而是爲了學習技能。學習技能，就是要學著把自己放下。」

把自己放下，對一名心理諮商師而言是很重要的事。在諮商室裡，諮商師和來訪者的談話看似簡單，實則資訊萬千、瞬息萬變。如果心理諮商師有很重的自我，就容易在焦灼中抓住自己的想法不放。這樣，就很難聽到來訪者在說什麼，諮商就會變成灌輸和教導。

其實老師的督導，我早就領教過了。我第一次接受老師的督導，是我做的一對夫妻個案。這對夫妻有很深的矛盾，在諮商室裡就吵得很厲害。丈夫走的時候，還撂下一句話：「就你這水準，做什麼心理諮商！」我覺得沒做好個案，心生內疚，還一直很困惑到底發生了什麼，於是向老師報告了這個案例。那時候我是一個新人，剛到這個班學習。

老師聽完了諮商的片段，就問大家：「你們覺得這位陳老師該不該被罵？」

其他同學齊聲說：「該！」

「為什麼呢？」

同學們七嘴八舌地提了各種意見，靠譜的、不靠譜的都有。最後老師總結：「你該罵，是因為你在諮商裡根本沒聽到別人說什麼。你只想著你自己。」

然後，她就著對話一段段指給我看，這裡我漏了什麼資訊，那裡我又少了什麼資訊。我就在旁邊耷拉著腦袋，羞愧得都快哭了。

那時候我已經是個經驗豐富的諮商師了，只不過我的諮商經驗大多集中在個別諮商。對家庭和夫妻治療，我雖然已經接受了一些培訓，卻還所知甚少。

就算是這樣，我也從沒受過這種督導。我被來訪者罵，本來就已經受了很大打擊，老師不僅沒安慰我，反而擴大了這個聲音。我覺得這簡直是侮辱，甚至後悔參加這個督導班。

不過第二個月，我還是去上課。老師看我來了，笑瞇瞇地跟我打招呼：「我還以爲你不會來了呢。」

我咬著牙說：「我是來學東西的。」

那次督導中，老師給的意見，連同羞愧感，牢牢地刻在我的腦子裡，再也忘不掉。後來有一天再聊起這件事，老師說：「如果透過難受會讓你記住一些東西，我會這麼做。學東西最重要的是要過腦，而不是過心。」我知道她的意思，就是要把批評當做技能的回饋，而不是對自我的評價。

回想起來，我這幾年最重要的進步就是從老師這裡獲得的。我學到的不僅是家庭諮商的東西，還有自我發展的道理。人需要把自我放下，才能讓新的東西進來。

可是我仍然知道，把批評當回饋是很難的，因爲我們每個人都有那個固定的「自我殼」。我們需要它的保護，哪怕它阻礙了我們進步。

人總是兜兜轉轉於自己是什麼樣的人，好像搞清楚這個就能獲得成長。所以我們會很在意自己聰不聰明。

現在我會覺得，聰明不是我們的特性，而是我們與環境互動方式的特性。

如果這種互動方式好——世界向我們提出問題，我們努力解答問題——我們的能力就會在這一問一答中不斷成長，所謂的自我也會變得豐富起來。

如果這種互動方式不好，比如你覺得世界和他人太危險，這種互動就會中斷。我們會把注意力投射到自我身上，以此來迴避世界的挑戰。你還可能會經常問自己：「我是什麼樣的人？別人會怎麼看我？我這麼做是對還是錯？」

我們原本是想透過解答這些問題來發展自我，但因爲沒有和世界眞實互動，自我發展反而停滯了。

所以，不要讓這種互動停止。否則，你就會死守著一個僵化的自我評價停滯不前——無論評價是聰明、能幹、懂事或別的，也無論評價來自父母、師長、主管還是心愛的人。

不要太執著於自我。你是一個什麼樣的人根本不重要，你怎麼跟世界互動才重要。

自我發展之問

在改變過程中，你有自己的「殼」嗎？它是怎麼保護你，又怎麼變成進步的阻礙？

回顧你目前或曾經遇到的一個挫折，你怎麼看這個挫折？遇到挫折時，你的想法是讓事情「就此停止」，還是讓事情「更進一步」？如果是「就此停止」的想法，那「更進一步」的想法又是怎麼樣的？

對世界的應該思維：消極情緒是如何產生的

應該思維的本質

第一種防禦型心智模式——僵固型思維——透過維護「我很強」的自我形象，阻礙我們發生改變。而「應該思維」做爲第二種典型的防禦型心智模式，它的本質在於不去認識眞實的世界，反而試圖讓眞實世界臣服於我們頭腦中已有的規則，並在世界不符合這樣的規則時，表現出怨恨、憤怒、焦慮或者沮喪。

在《荷馬史詩》裡，英雄奧德修斯回家途中遇到一隻妖怪，會把每個過路人抓回去，讓他們在一張床上躺一躺。如果他們身體比床短，妖怪就拉到跟床一樣長；如果身體比床長，妖怪就把長的部分鋸下來。以前讀這個故事的時候，我一直以爲這妖怪想殺人，現在我覺得它可能只是想找個人結婚。只不過，它頭腦中設想的理想伴侶應該跟床一樣長。

我們當然不會像那隻妖怪一樣蠢，可是，我們的頭腦裡經常會有類似的想法。比如，小時候，我們覺得父母應該更懂我們、更愛我們；讀書的時候，我們覺得自己應該去更好的學校，取得更好的成績；工作了，我們覺得自己應該進更好的公司，賺更多錢；為人父母了，我們又覺得兒女應該更聽話……

如果現實沒有按照頭腦中的假設來運行，我們就恨不得弄來一張床，把現實改造一番。這就是應該思維。

應該思維分為兩種：對世界和他人的應該思維、對自己的應該思維。

我們先來看第一種：對世界和他人的應該思維。

消極情緒背後的應該思維

幾乎所有消極情緒背後，都有應該思維的影子。

我見過一位母親，她總嫌兒子拖拖拉拉、不懂事，問我有什麼辦法能讓兒子聽話。事實上，他的孩子沒什麼大問題，就是早上賴會兒床，晚上做作業有些拖延。我問她想要什麼樣的兒子，她說：「我的兒子就應該是那種聰明、聽話、懂事、乖巧的孩子，所以當我發現他不是這樣的時候，我就很生氣，想要把他矯正過來，矯正成我理想中的樣子。可是越這樣，兒子越不聽話，我們倆的關係就越僵，這讓我很苦惱。」

這位母親的苦惱背後，就有「孩子應該怎樣」的應該思維。她越是放不下這種「應該」，就越處理不好現實問題。

我的另一位來訪者，因爲職場焦慮而找我諮商。他剛換工作，新公司的同事對他都很友善，只有一人對他愛理不理。他有問題請教時，同事經常流露出一種「你連這個都不懂」的傲慢態度。他非常生氣，下定決心要在業務上超越這位同事。因此，他對這同事的任何表現都很在意。如果對方做得比他好，他就會非常焦慮和沮喪，甚至到了看見人就緊張的地步。

這位來訪者背後，也有很多應該思維。第一個「應該」，是他覺得所有同事都應該對他好，甚至覺得所有人都應該喜歡他。所以當同事表現出傲慢的態度時，他就非常生氣。第二個「應該」，是他覺得既然同事不尊重自己，他就應該超越同事。唯有如此，他才能獲得內心的平靜。

來訪者腦中好似有一個勵志故事的範本：好人憑藉自己的努力不懈超越壞人，得到衆人的認可。當現實不符合這個故事範本時，他就非常焦慮。

這兩個「應該」是相互加強的。他應該喜歡我，結果沒有，所以我很受傷；因爲我受了傷，所以我要超越他。來訪者把所有自我價值都放到和那位同事的比較上，一旦發現自己有不如人的地方，就會覺得自己很沒用，並因此焦慮沮喪。

透過討論，他意識到自己情緒背後的應該思維。但他這樣問我：「老師，你說的應該思維我理解了。可是，難道我就不能想超越他嗎？」

容忍現實和願望不一致

其實，無論是想要兒子變乖，還是工作上想要超越同事，這些願望並沒有什麼不合理的地方。周星馳就說過：「做人如果沒夢想，那跟鹹魚有什麼分別？」

可是，**應該思維和願望有一個最根本的區別，就是能不能容忍現實跟願望不一致**。希望孩子乖巧、聽話、懂事，這是願望；但孩子常常會拖拖拉拉，這是現實。希望自己被人喜歡和尊重，這是願望；但偶爾就是會有人不喜歡我們，這是現實。現實是不會跟我們討價還價的，即使它讓我們不舒服，我們也戰勝不了它。就算我們要改變現實，也得在承認現實的基礎上想辦法。

可是具有應該思維的人看不到這一點。他們好像在跟現實賭氣，覺得現實不應該這樣。比如那位媽媽，當她因孩子不聽話而生氣時，她好像在說：我必須要讓孩子符合我的願望。當我問：「如果這個年齡層的孩子就是會拖拖拉拉，怎麼辦？」她低著頭倔強地說：「肯定有辦法讓他改。」這時候，她的願望已經超越了現實。

那位希望超越同事的來訪者也是如此。當「超越同事」只是願望時，就算願望落空，他還有其他選擇。比如，減少和那位同事的接觸，眼不見爲淨，或者乾脆換個工作。可是當他陷入「應該思維」的時候，其實是在說：我必須超越這個同事。這樣一來，他就看不到其他選擇了。

「必須」和「應該思維」總是相伴相生。「必須」意味著，只能是這個結果。當結果不符合預期時，人們就會陷入嚴重的焦慮中。

應該思維和願望還有一個重要區別：當我們想做一件事，我們是願望的主人，支配著願望；可是當我們陷入應該思維，它卻變成支配我們的主人，我們只能服從於應該思維背後的規則，失去了自主性。

後來，我對來訪者講了「願望」和「應該」的區別。

我問：「讓同事喜歡你，或者超越你的同事，究竟是願望，還是必須要做的事情？」他想了想，覺得是願望。我說：「那你就想想，爲什麼這個願望不是必須達成的，把你能想到的所有理由都列出來。」

回去後，他想了很多理由。比如，他的價值不需要透過這位同事來肯定；就算沒超越同事，他也有進步等等。慢慢地，他從應該思維中解脫出來，焦慮也逐漸緩解了。

區分願望和現實

看到這裡，也許你還是會有一些疑惑：如果只是把願望當做一個完不完成都可以，而不是必須做到的事情，我們豈不是太容易偷懶了？

對於這個問題，我是這麼想的。

首先，當一個人說「自己一定要做到」，並不是說自己一定能做成這件事，而是想表明他有投入和奉獻的決心。這個決心和外在世界無關，僅和他自己相關。他願意投入、奉獻多少，都由他自己決定。但是，他決定不了一件事能否成功。就算他有很強烈的願望想做成這件事，也不能奢望現實會遷就願望，否則就變成了「應該思維」。

其次，如果一個人把決心看成願望，而不是必須要完成的事，會讓他做事更有靈活性。有時候，越是發現有些路走不通，人們越會找別條路。越是接受現實，人們越能利用現實去實現自己的願望，而不是在焦慮、憂鬱和憤怒中跟現實嘔氣。

區分願望和現實，是一個人成熟的標誌，也是走出應該思維的關鍵。做爲成年人，我們得接受這個世界不是圍繞著自己而設計的，宇宙根本不會理會我們的喜怒哀樂。世界有時候就是有很多不公平，人生就是有很多苦難和不如意。

如果你一直放不下頭腦中關於世界的設想，就像孩子不能放下對童話世界的執念，會一直有很多「這個世界應該怎樣」的圖景。當現實不符合，你的心裡就會出現憂鬱、憤恨和沮喪。這些情緒最初源於你對這個世界過於樂觀的想像，後來又變成你對世界感到悲觀的理由。最後，你只會盯著現實與「應該」的裂痕，沉浸在失望中，無法多看一眼這個世界中美好的東西。這時候，你的生活就會在跟世界的較勁中逐漸停滯。這就是應該思維對自我發展的阻礙。

自我發展之問

你最近一次對工作感到焦慮或沮喪是什麼時候？當時發生了什麼事？這背後有什麼樣的應該思維？

你最近一次對親近的人發脾氣是什麼時候？當時發生了什麼事？這背後又有什麼樣的應該思維？

對自己的應該思維：我們爲何無法接納自我

自我煩惱背後的應該思維

除了對世界和他人的應該思維，還有一種對自己的應該思維。這種應該思維是對自我的「暴政」，讓我們在壓迫中找不到自己。

我參加各種活動時，經常有提問者說我回答問題的思路比較奇特。

有次，一名男生問：「我常常爲了達成一個很重要的目標，不得不做一些自己並不願意做的事情，比如準備一場很重要的考試。可是我的身體好像不聽使喚，經常拖延。怎樣才能讓自己有持續做事的動力呢？」

我趕緊搖頭：「我可不能幫你出主意。你這樣問我，就好像你的身體裡有兩個自我，一個是壓迫的自我，一個是無奈的自我，前者在逼後者做他不喜歡的事情。無奈的自我沒有發言權，只能偶爾透過拖延表達一下不滿和反抗。現在你想讓我幫『壓迫的自我』逼『無奈的自我』徹底閉嘴，我可不能這麼做，我通常是站在弱者那邊的。」

我這麼說不是為了要嘴皮子，而是我發現，幾乎所有關於自我的煩惱背後，都有一個「應該自我」存在。這男生背後的應該自我是什麼呢？是應該全力以赴、心無旁騖——哪怕這不是他願意做的事情。

當他發覺現實自我和應該自我有差距時，就會覺得自己可能有問題。如果我以正統的方式回答他，就等於認同其應該自我的假設，也就認同了「他就是有問題」這個觀點。不過，事實眞是如此嗎？為什麼應該自我就是合理的呢？所以，我想透過看似奇怪的回答告訴他，沒有什麼是應該的，關於「自己應該怎麼樣」的設想，本身就是偏見。

有的來訪者會問我：「老師，難道我們不該對自己的人生提出更高標準的要求嗎？」我們當然要追求更好的自己，但必須搞清楚「更好」的標準來自哪裡——是來自我們的內心，還是來自外在的設定？

曾有個朋友寫信給我，說他二十八歲了，忽然醒悟，覺得自己應該努力。所以，他每天只睡六小時，週六、週日都不休息，努力學習。每次學習的時候都很開心，可是一旦效率變低，就會覺得沮喪，覺得自己在浪費生命。有時候，他覺得目標遙遙無期，甚至覺得自己不如奮鬥到猝死，就可以解脫了。他問我，該怎麼理解這種心態。

我覺得，這種心態存有一種自我強迫，來自「我應該努力」的應該思維。

我們先想一下，身邊那些眞正努力的人是怎樣做的。他們心裡往往有一個想實現的目標，卻並不那麼關心自己努力不努力。他們會把所有注意力放到做事上頭，只想把事情完成。這時候，努力是一種自動自發的狀態，是創造活動產生的副產品。

可是，當一個人沒有這樣的目標，卻覺得自己「應該努力」，會發生什麼事呢？他會想，雖然我不知道自己要做什麼，可是成功的人都很努力。於是，他開始遵照內心的應該規則行事，讀書、參加講座、學習。他並不知道目標在哪裡，只是想要「努力」這種狀態，因爲應該自我的規則是——努力總是對的。

應該思維的本質是模仿

透過上面的故事，我們能清楚看到，不管是自我或外在規則，在思維中爲我們的行爲設定標準，會對行爲產生巨大的影響。應該自我的追求會打亂人的自發和自主性，讓一件原本自然而然發生的事情，被應該規則限制，從而帶來巨大的焦慮。

想一想，生活中，有多少人灌輸你「應該如此」的信條？

電視上的偶像劇告訴你該怎樣談戀愛，精明的商家告訴你什麼時候該送情侶什麼禮物，婚禮上的司儀甚至會告訴你用什麼樣精心策畫的一套計畫，拍出來的婚禮側錄效果最好。雖然你可能根本不會去看影片，但是在人生最重要的時刻，你不得不聽從司儀的指揮——連你的愛，都變得標準化了。

太多的應該思維限制我們表達自身情感，甚至最終取代了眞情實感的表達。這是自我的應該思維最大的問題。

「我應該如此」的應該思維，本質是用社會規則、他人的期待或文化習俗，代替我們自發的行動。所以，關於自我的應該思維，完整的句式是：**既然別人覺得應該那樣，我就應該那樣；既然別人期待我這樣，我就應該這樣**。

也許你會有點困惑，前文故事裡的主角想努力、想改變，看起來都是自願的，沒人逼迫，這難道不是自發的行動嗎？其實這不是，而是模仿。

那名想努力的年輕人告訴我，後來他感到自己懈怠了，爲了鼓舞自己，買了很多書，但很少去翻；辦了健身房會員，但從來不去運動；做過很多計畫，但從來沒有認眞執行。

這時的他更像在表演一場名爲「努力」的行爲藝術。他並不是眞的想要繼續努力，只是希望透過擺出努力的姿態，來滿足心裡「應該要努力」的想法。

一旦某個行爲不是出於自願的，而是來自某個「我應該如此」的觀點，它就可能變成一種強迫性質的自我要求，逐漸偏離事情本身。努力會變成對努力的模仿，愛情會變成對愛情的仿效，感動也會變成對感動的模擬。

有個詞「刻奇」，就是爲了和別人的情緒保持一致，刻意掩飾自己的眞情實感。在我看來，它的本質就是一種模仿。比如，一個人因爲身邊的人都被感動了，他就覺得自己也應該一起感動。雖然沒有眞的被觸動，卻還是表現出感動的情緒。這就是對感動的模仿。

可是，這種模仿並不是單純「我知道自己的想法不是這樣，就把自己的想法隱藏起來，表現出別人期待的想法」。甚至在我們形成自己的想法之前，這種影響就已經產生了。也就是說，「自我」甚至來不及形成，就已經被外在的應該規則所替代了。自我成了應該規則的表達工具，而我們還以爲是自己這麼想、這麼感受。

可是，疑惑會一直都在。當你不認同某種規則，但迫於某些看不見的壓力不得不屈從時，你的內心會產生一種分裂。這不是讓你覺得自己被壓抑了，而是讓你看不清自己，不知道自己究竟是一個什麼樣的人，自己想要的究竟是什麼。這是很多人在不停尋找自己的原因。

應該思維固化我們的想法

應該思維不僅會阻礙我們形成和表達眞情實感，讓我們的行爲偏離事情本身，變成一種模仿；它還會影響我們的思考，造成思維上的非黑即白。

我有一名來訪者，覺得自己是個善良的人，這是她理想的應該自我。有次她經過學校門口時遇到乞丐伸手向她要錢，她猶豫了一下沒有給。這只是一件小事，可是她非常內疚，一直在想自己是不是不夠善良。她的內疚背後就有「我應該善良」的應該思維，而與之緊密相連的是「如果我不給乞丐錢，我就不善良」這種非黑即白的思維。

很多煩惱的背後，都是應該思維導致的非黑即白。比如：要是失戀了，就沒人愛我；如果老闆批評我，我就沒有能力；倘若他沒幫我，他就是一個壞人……

爲什麼應該思維會導致非黑即白呢？

如果我們遵循的是自己的感覺，它常常是極其複雜的，也是自然流動的，有很多灰色地帶。有時候我們會對路邊的乞丐有善心，有時候則會對此視若無睹甚至感到厭惡，這都是眞實的感受。但是，如果我們依據應該的規則來判斷，就會非常不同。

應該的規則只有符不符合、遵不遵守，規則天生就是非黑即白的。

我要嘛是個善良的人，要嘛不是。我要嘛努力，要嘛不努力。一旦我們用理想化的規則限定自己，思維變得僵固，就很難容忍自我感受中和規則不同的部分。我們會扭曲自己的情感，讓它符合應該的要求。

所以，應該思維不僅阻礙了我們表達眞情實感，還固化了我們的思維。

找回真實的感覺

你有沒有思考過，自己爲什麼會陷入應該思維呢？甚至越陷越深，讓它成爲理所當然的思維方式呢？

心理學家卡倫·荷妮有個理論，她認爲人會陷入應該思維，是因爲人們不斷於外在世界中尋找被別人喜愛的「自我」標準，妄想創造一個理想的自我。

這個理想的自我通常是完美、聰明、美麗、優秀、毫無瑕疵的。當人們用幻想的自我來對照現實的自我時，會覺得自己像個冒牌貨。他們努力維持幻想中的形象，害怕別人看到幻象背後的眞實自己。這些理想的自我並不來自眞實的自我經驗，只是由很多「我應該很努力」「我應該談戀愛」的規則堆起來的。爲了保護這個幻想中的理想自我，人們會變得非常死板，會排斥內心跟「應該自我」不同的情緒感受和體驗。這樣一來，人們就被這些應該的規則支配，成了它們的傀儡。

那麼，我們該如何跳出應該思維，逃脫這個「暴政」呢？

簡單來說，就是找回自己的感覺，能夠意識到外在規則是如何影響我們，並做出自己的選擇。自己的感覺雖然模糊，但它是眞實的。

可是，要做到這一點很不容易。因爲「應該」背後，常常不僅是規則，還有更多認同這些規則的大眾、你的家人和朋友，甚至權力機構。有時候，找回自我意味著我們要有勇氣誠實地面對自己，哪怕自己的想法和感受與他人不同。至於怎麼讓自己從他人的影響中獨立出來，我會在第三章繼續探討這個問題。

自我發展之問

你是否有過這樣的經驗：在某些場合，大家都在吹捧某人，你也跟著做，雖然你並不那麼認同這個人；或者在某些場合，大家都表現得很感動，你也跟著感動，雖然你並沒有太大感覺。

這類經驗背後有哪些對自己的應該思維？它反映了你和周遭他人什麼樣的關係？這種「應該」對你的影響是什麼？

絕對化思維：人爲什麼會陷入悲觀主義

習得性無助

除了僵固型思維和應該思維，還有第三種典型的防禦型心智模式——絕對化思維。

爲了把絕對化思維介紹地更好，我先解說一個經典的實驗。一九六〇年代，美國前心理學會主席、正向心理學之父馬丁·塞利格曼做過一個實驗，研究狗是怎麼得到憂鬱症。他在學術界成名，就是由這個實驗開始的。

馬丁·塞利格曼把兩群狗趕到A、B兩個籠子裡，並把籠子通電。A籠和B籠以一根鐵桿相連，所以兩個籠子裡的狗都受了同樣的電擊。區別僅在於A籠裡有切斷電源的槓桿，而B籠沒有。被電擊很痛苦，狗就在籠子裡跑來跑去找辦法。A籠的狗很快學會透過按壓槓桿切斷電源，而B籠的狗卻什麼都做不了，只能等A籠的狗切斷電源。

後來，他把這兩群狗分別放到C籠裡。裡頭並沒有槓桿，但是很矮，只要奮力一躍，就能跳出籠子。馬丁·塞利格曼把C籠通電時，原本待在A籠裡的狗到處找槓桿卻沒有找到，但牠們很快就學會從C籠裡跳出來。而原先待在B籠的狗卻只會趴在籠子裡，嗚嗚哀號著經受電擊，一動也不動。

爲什麼A籠的狗會不斷嘗試跳出籠子，而B籠的狗遭受電擊卻絲毫不動呢？答案是，B籠的狗不僅受了電擊，而且習得了一種信念：做什麼都沒用。

不是電擊本身，而是電擊造成的這種信念，讓B籠的狗放棄掙扎。塞利格曼創造了一個著名的心理學概念，來總結B籠狗的表現——習得性無助，並認爲這是憂鬱症的根源。

絶對化思維的本質

其實，我們也經常會陷入這種習得性無助中。

比如，工作壓力讓我們覺得再努力都趕不上進度，乾脆破罐子破摔。失戀也會讓我們產生習得性無助，再也不相信自己能遇到好的愛情。任何迴避行爲和憂鬱情緒背後，都有這種習得性無助的影子存在，讓我們經常覺得「做什麼都沒用」，這種思維就是一種絕對化思維。

絕對化思維的本質是什麼呢？它跟人類的抽象思維能力有關。

演化到今天的人類其實是很脆弱的。和其他動物相比，人類沒有發達的四肢，沒有敏銳的視覺、聽覺和嗅覺，生存下來靠的是大腦抽象思維的能力。這種能力擅長總結規律、提高生存率，但是也容易把所受的傷害抽象化，擴大防禦範圍。

絕對化思維，就是對傷害的抽象化。

這就好比每次遇到痛苦的事情，我們就在心裡埋下一顆地雷。這顆地雷很危險，一被接觸，就會激發我們敏感的情緒反應。爲了避免接觸這些創傷性事件，我們就在心裡豎起警示牌，標定出不要輕易靠近的危險區域。感受過的痛苦越大，警示牌標定的危險區域就越大。久而久之，我們的活動空間變得越來越小，逐漸無路可走。

舉個例子。有個名爲小A的年輕人剛畢業不久，到一間新創公司工作。由於公司剛起步，他每天都要加班到很晚。老闆因爲壓力很大，非常挑剔也常常罵他。結果，工作了半年，他被開除了。這是一次創傷事件，讓小A有了心理陰影。

如果他受的傷害比較小，可能會覺得自己不適合這間公司的工作，對重回公司有恐懼，這是正常的反應。

如果把防禦的範圍擴大一些，小A可能會覺得自己不適合去新創公司工作，這就把所有新創公司都排除了。

如果他的防禦範圍再擴大一些，小A可能會覺得自己不適合去公司工作，也許應該考個公務員。

如果再擴大呢？他可能會覺得自己不適合工作，根本沒辦法應付職場中的人際關係、工作壓力。防禦範圍就擴大到了所有工作，可能選擇當啃老族。

從工作的這間公司很可怕，到新創公司很恐怖，到公司的工作很嚇人，到工作本身很令人畏懼，被開除這件事對小A的傷害越大，他心中的信念就越抽象、思考方式就越絕對化、防禦的範圍就越大、自我的活動空間也就越小。同時，他對挫折的思考越絕對，情緒反應就會越大，悲觀和沮喪的感覺就會越強烈。這進一步妨礙了他往外拓展生活。他的生活，就這樣逐漸靜止了。

絕對化思維的三種抽象方式

對挫折的絕對化，正是絕對化思維的本質。如果你陷入了悲觀和憂鬱當中，很可能已經對自己經歷的挫折做了絕對化的加工。那麼，頭腦到底做了什麼事呢？塞利格曼提出，絕對化思維是從三個方向對挫折進行加工——永久化、普遍化、人格化。

永久化就是在時間維度上讓我們覺得某件事會一直發生。舉個例子：最近公司業務繁忙，需要經常加班，員工當然不爽。員工怎麼理解這件事呢？有的人可能覺得最近工作很忙，有的人可能覺得工作沒完沒了。

前者是把繁忙的工作限制在一定時間內，過了一會兒可能會不一樣，這給變化留下了空間；後者認爲這種狀態持續的時間是永久的。一旦把一件事情永久化，人就看不到變化的希望，自然就會悲觀沮喪。

時間上的永久化，也體現在我們對自己的評價和判斷上。假如經常加班導致你這段時間很疲憊，你既可以覺得自己狀態不好有些累，也可以覺得自己很沒用完蛋了。「累壞了」是一種暫時的狀態，其實隱含著解決方案，比如休息一下；「完蛋了」則是一個永久性的判斷，就沒有變化的可能了。

永久化還會體現在我們對他人的判斷上。

在我的諮商室裡，吵架的夫妻常說：「你總是這樣，你總是那樣。」比如妻子會指責丈夫：「你總是只想著自己，總是不回家。」丈夫會回擊：「我只是偶爾一、兩天有應酬，而妳總是大驚小怪、無理取鬧。」

「總是」就是一種時間上永久化的說法。遇到這種狀況時，我會問他們：「你說丈夫總是不回家，你說妻子總是大驚小怪，有沒有例外呢？」

如果丈夫有早回家的時候，如果妻子有體貼丈夫的時候，就不能說「總是」了。我會糾正他們的語言習慣，用「有時候」代替「總是」。相比「你總是不回家」，「你有時候不回家」的指責意味是不是少了很多？

絕對化思維的另一種加工方式是普遍化。所謂普遍化，就是從一隻烏鴉黑，推廣到天下烏鴉一般黑；從一個男人不可靠，推廣到天下男人都不可靠。如果有人對我不公平，那整個世界對我都不公平。小A從這間新創公司的工作不好，推廣到所有工作都不好，就是一個普遍化的例子。

除了永久化和普遍化，絕對化思維還會做一種加工——人格化。所謂人格化，就是覺得所有不好的事情都是因爲某個特定的人而發生。一件事的發生，其實有很多因素，如果我們把事情絕對化爲都是別人的錯，就會有很多憤怒和指責。如果絕對化成都是自己的錯，就會有很多的內疚和自責，憂鬱就常常因此而起。

有個朋友因爲工作的事情找我諮商。他在金融行業做銷售，每天要打電話給很多高淨值客戶，推薦公司的理財產品。這些客戶對電話銷售當然不是很熱情，有些人會客氣地說不需要，有些則直接掛了。他有點憂鬱，認定是自己很討人厭才會遭到拒絕，覺得自己很沒用。這就是一種人格化。

我問他：「那些接到電話的人知道你是誰嗎？」他說：「不知道，有些剛聽了『你好』就掛了。」我又問起其他同事的情況，他說跟自己差不多。

我說：「既然他們都不知道你是誰、既然其他同事的遭遇也差不多，爲什麼你覺得那些客戶就是針對你呢？那些人有自己的需要，他們不想被打擾，這是能夠理解的。覺得他們針對你，覺得自己有錯，是你想太多了。」

他想了想，覺得有道理。爲了提醒自己，他做了一張卡片，上面寫著：不是我的錯。再被拒絕，他就不會那麼鬱悶了。

出現問題的時候，覺得一切都在針對自己、都是自己的錯，是人們常有的心理反應。也許你看過這樣的電影片段，主角遇到了倒楣的事，對天大喊：「老天爺！爲什麼要針對我？我究竟犯了什麼錯！」這就是一種人格化。我們經常會對壞事產生一種奇怪的內疚，有時候明明自己是受害者，卻覺得這是自己的錯。這種擴大的防禦範圍，讓我們陷入不必要的內疚和自責中。

回過頭來看，絕對化思維的問題出在哪裡？人生在世，會經歷很多失去、疾病、拒絕、失敗，這些痛苦的經歷就是我們生活的組成部分。如果我們願意接納這些痛苦，它們就會慢慢過去。如果我陷入對這些痛苦無休止的防禦，不僅無法消除痛苦，還會遠離當下的生活，在思維的陷阱裡備受折磨。

絕對化思維最大的問題，是爲了防禦可能的危險，把生活封閉在眞空裡，不敢接觸現實，從而失去了從生活中獲得療癒的機會。就像那群得了憂鬱症的狗，明明輕輕一躍就能跳出籠子，卻再也不敢嘗試。如果生活是條河，絕對化思維便讓生活變成了無源之水。

防禦型心智模式讓我們停止自我探索

總結一下，我們可以看到，三種防禦型心智模式都有自己防禦的東西：僵固型思維，防禦的是我們內心完美的自我形象；應該思維，防禦的是我們內心已有的規則；絕對化思維，防禦的是可能產生的傷害。同時，這三者又有很緊密的內在聯繫。

假設父母誇孩子聰明，這是一種抽象的評價，會讓孩子陷入自我證明的陷阱中，孩子會努力維護聰明的形象，從而迴避挑戰。這就是僵固型思維。孩子接著會發展出這樣的思考方式：我應該表現得聰明，否則就沒有人喜歡我。這就是應該思維。

接下來，如果孩子在某件事上沒有做好，比如一次考試考差了，那他就會想：我連考試都考不過，這就證明我不夠聰明，再做什麼都沒有用。這就是絕對化思維。

所以，僵固型思維、應該思維和絕對化思維通常是同時出現的。它們的核心特點，就是用抽象的思維方式阻止我們跟現實有所聯繫，並讓我們與世界的互動逐漸停止。

我曾讀過《有限與無限的遊戲》（*Finite and Infinite Game: A Vision of Life as Play and Possibility*），書裡介紹了兩種遊戲。一種是有限遊戲，它有明確的規則，也有明確的起點和終點。玩家的任務就是盡快結束遊戲，並成爲贏家。它假設了一個明確的終點，在這個終點處，玩家要不是贏就是輸。可是，還存在另一種無限遊戲。它沒有明確的勝負，玩家最重要的目標是讓遊戲繼續下去。

我覺得，防禦型心智模式是把人生看做有限遊戲，將一時的挫折當成最終的結果，因而想盡辦法避免失敗或犯錯。但我們的人生更像是無限遊戲，錯誤和挫折並不是遊戲的終點，而是遊戲的一部分。無論我們遇到什麼，遊戲總還在繼續。而我們所能做的，是想想從暫時的挫折和失敗中積攢了什麼樣的遊戲經驗，然後給自己加滿血點，整理裝備，重新出發。

自我發展之問

想一想，最近所發生、讓你感覺不好的事情是什麼？如果用絕對化思維思考這件事情，你會怎麼想？

如果不用絕對化的思維呢？什麼樣的想法會讓你感覺更好？

創造性思維：找到持續行動的張力

防禦型心智模式會讓人無法與現實有效互動，從而失去了成長的機會。與此相反，成長型心智模式則推動人們不斷創造，與現實發生互動，從而實現心智的自我進化。那麼，如何發展成長型心智模式呢？

我會在下文分別介紹發展成長型心智模式的三種方法——目標導向的創造性思維、思考行動的控制兩分法，以及正視現實的近思維，並探討思維的進化規律。

目標和張力

一條河要流動，需要三個條件：河流源頭和終點的落差產生的張力、控制河流走向的河道、不斷補充的源頭活水。如果沒有落差，河水就會停止流動；沒有河道，河水就會失去方向；沒有源頭活水，河水很快就會枯竭。

其實，成長型心智模式也是如此，它會讓我們的自我不斷發展。具體地說，河流的落差就是目標與現實的差距，它推動我們去執行；河道就是行動的方法；源頭活水就是與現實的接觸。如果沒有目標，就不會引發行動；如果沒有方法，行爲就會變得盲目無效；如果沒有跟現實的接觸，思維就會變成頭腦中僵固的規則，不會有什麼發展。

對改變而言，我們遇到的第一個問題就是關於張力——很難有持久改變的動力。

曾有讀者跟我交流自己的改變歷程。她說：「決定改變當天，我就訂了滿滿的計畫，並且高效率地一項項完成了。第一天，我很開心。第二天下午，我覺得有點累，沒有完成當天的任務，很沮喪。第三天，我開始拖延，一項任務都沒有完成。第四天，我開始思考這麼做有什麼意義。我的生活就是不斷完成任務的過程嗎？這些無趣的任務有什麼意義呢？看來我缺少一點價值感，一點奮鬥的理由和夢想。於是，我花很長的時間思考諸如『我的夢想是什麼？』『我活著是爲了什麼？』的問題，開始關心人生的意義。」

可以預見，對人生意義的尋求不會幫她找到可持續改變的動力，只會變成又一輪頹廢、拖延、沮喪和振作的開始。或許你也經歷過這樣的循環：打滿雞血（用來形容一個人特別興奮），一鼓作氣，再而衰，三而竭，最後回到頹廢的狀態，等著下一次再打滿雞血。這樣的循環多了，就算有了動力，我們也會懷疑：改變是否有可能？

這名讀者的問題在哪裡？可能有人覺得她需要一個目標。其實，她是有目標的——不想讓自己頹廢。可是這個目標爲什麼沒能帶給她持續行動的動力呢？

創造的思維結構

我很喜歡的一本書《最小阻力之路：以創造力修練取代「不斷解決問題」的人生結構革命》，作者是羅勃．弗利慈。他原來是名作曲家，後來根據自己的創作經驗，開發創造力課程。在這本書裡，他區分了兩種產生張力的思維結構：「創造」和「解決問題」。他說，只有前者才能產生持續的張力，而後者是沒有持續張力的。

創造的思維結構是什麼樣的呢？就像畫家想畫幅畫，作曲家想譜首曲，他們都有一個確切的、想要做出來的東西，這就是創造的思維結構。反之，如果用解決問題的思維結構創作，就會陷入那位讀者面臨的困境。

她的目標是「別這麼頹廢了」，與之對應的行動張力是緩解問題帶來的焦慮，而不是類似完成一幅畫這樣確切的東西。只要努力一有成效，焦慮就會緩解，焦慮帶來的張力就會消失。張力一消失，她的行動就會減少，直到問題重新讓她變得焦慮，這種張力才會再次積聚起來。所以才會出現從亢奮到頹喪的不斷循環。

那麼，該如何才能打破這種循環呢？一些人想到的策略是拚命誇大問題的嚴重性，透過譴責自己製造焦慮，以獲得行動的張力——只要問題在，張力就在。所以有的人稍有懈怠，就會惡狠狠地對自己說「問題已經很嚴重了，再不改變就完蛋了」之類的話。可是，他們在強化行動張力的同時，也強化了問題本身。爲了保留這種張力，不敢讓問題好轉的做法，只能讓自己變得悲觀。

所以，有些人雖然取得了外人看來挺成功的學業或事業，但在內心裡，他們自己並不認同、並不享受那些成功。他們需要以「問題」和「挫折」做爲行動張力，持續鞭笞自己向前。這樣的思維結構顯然並不奏效。

創造性思維製造張力的方式與解決問題非常不同。以我自己爲例。有一段時間，我一直有拖延的毛病，而我很不喜歡這種拖拖拉拉的感覺。爲了治好自己的毛病，我專門寫了一本《拖延症再見》。前段時間，我打算寫《拖延症再見2》，因爲我發現自己的問題還沒治好。可當我要動筆的時候，拖延症忽然不藥而癒了。

是我找到了治療拖延症的祕方嗎？不是。是因爲我開始準備得到APP「自我發展心理學」的課程了。從構思這門課開始，它就變成我心裡一個很重要的未完成事件。讀書、收集資料時，我的腦子裡都在想它，這讓我的生活變得緊張而有效率。反之，如果讓我憑空努力，哪怕我知道再多克服拖延症的方法，都不會有效。

爲什麼創造性思維會產生足夠的張力？《最小阻力之路》的作者給了一個既在意料之外，又在情理之中的答案——因爲愛。

「自我發展心理學」這門課的內容，就脫胎於愛。當這門課還只是我腦子裡的一個構思、一個念頭時，我就很愛它。因爲這門課裡有我關心的問題、我想講給聽衆聽的東西。想把它從一個理念變成現實的衝動，變成一種持續激發行動的張力。

後來，課程的內容經過擴充和整理後，變成了這本書。寫書的過程同樣如此：有時當我想到某一個點會讓書變得更精彩，我就會激動不已；有時我甚至會想像拿起這本書的你會怎麼讀它。這種張力不會讓我三天打魚兩天曬網，只要這本書還沒完成，張力就會持續存在。我越愛它、越希望它問世，張力就越大，就越會推動我持續行動，直到它最終完成。

這就是創造性思維。它就像生孩子，過程中並不需要我們強迫自己努力，只需要愛這個孩子就可以了。

如果擴展一下這種思維方式，我們也可以把人生看做是一個創造的過程、一個把心裡鍾愛的理念變成現實的歷程，而不是解決問題的經過。當然，這並不意味著我們不需要解決問題，但是解決問題不應該成爲行動的動力，我們熱愛的、想要實現的東西才是。

行動的持續張力

創造性思維把事情分成簡單的兩部分：一部分是我們想要完成的作品，另一部分是我們面臨的現實。這兩者之間，有一種永恆的張力，激發著我們的行動。因此要想成事，只有想完成的作品還不夠，還要能夠面對現實。

我有個朋友，他想從事研究工作，可是經濟上暫時有些困難，無法繼續讀書深造，只能做一份他不那麼想做的工作。他爲此很苦惱，覺得自己爲錢放棄了理想，問我該怎麼辦。其實，很多人都有這種疑問：我有自己的目標，想去實現自己的夢想，可是現實不允許，怎麼辦？

生活不是美好的烏托邦。暫時沒錢追求夢想，這就是一個現實。創造性思維並不是讓我們忽略現實，相反的，它讓我們承認現實的無奈，用一種不同的目光去看待現實——把現實看成創造的條件限制。而解決問題的思維，卻會把限制看成目標是否成立的前提。

創造性思維的人可能會想：我想讀書深造，可是現在沒錢，怎麼才能實現目標呢？如果錢是創造的前提條件，那我要先去賺錢。這樣一來，當他在賺錢的時候，就知道自己爲什麼這麼做。可是，解決問題思維的人會想：我連錢都沒有，還談什麼讀書深造，這壓根不現實。於是，他會放棄自己的目標。

這就是「創造性思維」和「解決問題思維」的根本區別。

創造性思維是以目標來思考現實，先想我要什麼，再想現實是怎樣的、環境能夠提供什麼，想辦法去彌補目標和現實之間的鴻溝；解決問題的思維是以現實來思考目標，先想環境能夠提供什麼，再想自己的目標是不是現實、該樹立怎樣的目標。

曾有名年輕人問中國萬通集團創辦人馮侖：「我想創業，可是沒有錢怎麼辦？」馮侖說：「創業的人都是先有夢想，再去找錢，想辦法實現夢想的。有了錢才去創業，那就不叫創業了。」

自我發展之問

你有沒有想過要創造一個作品？你愛這個作品嗎？它跟現實的鴻溝是什麼？你能做哪些事去跨越這條鴻溝呢？

控制兩分法：把目標變爲行動

控制兩分法

創造性思維能夠製造張力，可是要讓思維這條河持續流動，光有張力還不夠，因爲並不是所有張力都能變成眞正的行動力。有時候，我們會用幻想來緩解這種張力，但也還需要一些踏實的、能夠引發有效行爲的思維方式，把張力變成眞正的行動力。

不知道你有沒有這樣的體驗，當你爲自己的碌碌無爲感到內疚時，自然就會下決心改變。而下了決心或者做了計畫以後，你的自我感覺就好了很多。當然，只是感覺好而已。大腦分不清什麼是計畫和決心、什麼是眞正的行動。有時候我們下了決心、做了計畫，大腦就誤以爲我們已經做過了，行動的張力就被消減了。

所以我們看到，人們買了很多書，卻從來不讀；上了很多課，卻不好好聽；辦了健身房會員，卻從來不運動。人是會自我欺騙的。在一個人幻想讀完這些書、聽完這些課、做完這些健身運動的時候，書、課、卡已經完成了它們的功效。它們都是完成幻想的素材，人們會買下來，本來就只是爲了減輕目標帶來的張力。

這就需要我們在高遠的目標之外，尋找現實的思維，來爲此時此地的行動提供指導。

有次我到學校辦講座，有位同學對我說：「我有一個遠大目標，就是成爲像我的老師那樣的科學家。可是當科學家需要先考GRE、要去國外讀博士、要讀很多文獻、發表論文，還要組建自己的實驗室。其中任何一個環節稍有差錯，就會功虧一簣。一想到這些，我就很焦慮，覺得眼前的事很沒意義，什麼都不想做。」

看起來，他有遠大的目標，也似乎提供了足夠的張力，可是這個目標的容錯率非常低。就像一架儀器，看起來設計精密，其實很容易壞。更大的問題是，這個目標並沒有和當前的計畫相聯繫。這讓這位同學變得非常心浮氣躁。

那麼，我們如何把目標轉化爲行動的動力呢？

還真有一種增加動力的思維方式，我稱之爲「控制的兩分法」。有句祈禱詞是這樣說的：「上帝啊，請賜予我勇氣，讓我改變能夠改變的事情；請賜予我胸懷，讓我接納不能改變的事情；請賜予我智慧，讓我分辨這兩者。」

如果把這句祈禱詞精簡一下，就是**控制的兩分法：努力控制我們能控制的事情，而不要妄想控制自己無法控制的事情**。前半句的意思是專注精進，後半句的意思是順其自然。只有把這兩句話結合起來，才是既保持積極上進，又保持內心平靜的方法。

身爲一名心理諮商師，我發現多數人的煩惱都在於妄想掌控自己不能控制的事情，卻不對自己能夠操控的事情行使控制權。

生活中有太多我們控制不了的事情。我們掌握不了自己的過去、生活的環境；操縱不了原生家庭；支配不了別人對我們的評價，主宰不了別人是怎麼想、怎麼做的，更無法把握別人是否會喜歡自己。我們還控制不了一個基本的事實：所有人都會死，而且我們不知道自己什麼時候會死。只要不承認某些東西是我們控制不了的，我們的腦子裡就一直會有一個「它應該是這樣」的圖景。某種意義上，前面介紹的應該思維，就是我們對無法控制之事的執著。

什麼是我們能控制的部分呢？如果你想鍛鍊身體，你可以控制自己是否早起、晚上是否去社區散步，還可以調整自己的飲食。就算沒有把握自己能每天都鍛鍊身體，每週至少可以保證運動一天。可是我們並不願意控制這些，因爲這些事情看起來太微小了，不能馬上改變結局，我們寧可由著性子去想那些自己控制不了的事情。

所以，**控制兩分法的第一步，是思考擔心的事情裡，哪些是自己能控制的，哪些不行，並把注意力轉移到自己能控制的部分。**

認識到很多事情是自己控制不了的，是一種心智上的成熟。精神分析裡有個專有名詞是「全能自戀」，意思是嬰兒覺得自己是無所不能的，只要一動念，母親就會來餵奶，只要一哭，就有人來安撫自己。隨著心智的發展，我們會逐漸認識到，這個世界不是圍繞我們的想法運行。只有認識到自己無法控制很多事情，才能把注意力集中到能控制的事情上去。

控制不是妄想

但是，很多事情不是非此即彼的。有些事既有能控制的部分，又有不能掌控的部分，該怎麼辦呢？比如，留給同事好印象這件事。同事怎麼想雖然不能控制，可是勤快一些，多幫些忙，留下好印象的機會似乎多一些。

對於沒辦法完全控制的事情，可以使用**控制兩分法的第二步：找出能控制的部分制訂計畫，努力把它做好。**

我遇過一名博士生，他還需要發表一篇《科學引文索引》的文章才能畢業。他很焦慮，來找我諮商，我們就談到怎麼訂目標、計畫。他說：「老師，你說得似乎很有道理，但發表文章不是我能決定的。我既不知道實驗資料是否理想，也不知道指導教授是否有空幫我改文章，更不知道編輯會持何種態度，我訂計畫有什麼用呢？」

他說的是實情。這種不確定、不可控的感覺很糟糕，很多人因此陷入拖延的泥沼。可是仔細思考就會發現，每個不可控的事情背後，都有可控的成分。比如，他雖然不知道這次實驗的資料是否理想，但知道多做幾次實驗，獲得理想資料的機率更高；他不知道指導教授是否有時間修改文章，但知道多催幾次，教授更可能給出回饋。這些「知道」的部分，都是他能做的工作。所以，如果把事情背後可控的部分找出來，並制訂計畫，就不會陷入焦慮的虛無當中，因爲其實一直有事可做。

聽完我的建議，博士生點點頭，但接著說：「可是，老師，按時畢業對我來說眞的很重要，我連工作都找好了，萬一畢不了業該怎麼辦？」他焦急地看著我，似乎等著我給他一個保證，保證他這麼做，就一定能夠畢業。

他的話讓我想起另一個例子。

有次，我到一間公司分享拖延症。有位聽衆站起來問：「我想好好利用自己的空閒時間，就替自己制訂了很多目標：身體很重要，所以我計畫每週至少跑步三次，更爲此辦了健身房會員；公司經常有外派出國交流的機會，所以我計畫好好學英語，爲此報了培訓班。同時，我還想讀很多經管和商業領域的書，來擴展視野。可是我每天一回到家，還是滑手機、瀏覽網站、玩遊戲，時間不知不覺就過去了。我覺得自己有拖延症，請問怎麼才能有所改進？」

我問他：「既然做不到，爲什麼還要制訂這麼多目標呢？」

他的回答跟那名博士生一模一樣：「可是我能放棄哪個呢？這些目標對我來說都很重要

啊！」

這是一個很有趣的現象。在我的實踐中，大部分人都會覺得，控制兩分法對掌管他們的焦慮是有用的，可是很少有人能眞的做到。因爲他們的思維會被另一個問題帶走：這件事對我重要嗎？

這是人類自然分配注意力的原則：人的習慣是思考一件事重不重要，而不是思考這件事能不能受控制。而這種思考方式，會把他們的目光引到對最終結果的擔憂上，而不是此時此地的行動上。

從直覺上來看，這樣的想法似乎有道理。可是再仔細想想，就會發現這種思考方式的漏洞。就算一件事很重要，那又怎樣？因爲它很重要，我們就能控制它嗎？還是因爲它很重要，我們就應該擔心它？如果是前者，就是一種典型的「應該思維」。如果是後者，我們任由擔心引發焦慮，就等於放棄了自己的控制權。明明能夠透過控制兩分法讓自己變得專心一點，卻一定要任由焦慮破壞自己的行動力，結果不僅重要的事沒做成，很可能連眼前的事也沒做好。

如果仔細思考，你會發現「僵固型思維」「應該思維」和「絕對化思維」的問題都在於：沒有好好區分哪些地方是我們能夠控制的，進而失去了行動的能力。

比如，僵固型思維把注意力放到我們不能控制的聰明上，而不是我們能夠掌握的努力；

應該思維則是試圖用頭腦中已有的規則去支配世界、自己和他人，如果我們掌控不了，就會變得焦慮、沮喪或怨恨；絕對化思維先用絕對化的要求把我們的控制範圍無限擴大，又讓我們因爲受到挫折，放棄自己能夠把握的因素。所以控制兩分法，是幫助我們走出防禦型心智模式的有效思考方式。

自我發展之問

回想一個讓你焦慮的問題。在這個問題裡，你能控制的部分是什麼，不能控制的部分是什麼？從你能控制的部分裡找一件事情，試著做一下。

近思維：如何走出焦慮

近思維和遠思維

一條河流要流動，有三個條件：張力、河道和源頭活水。

創造性思維可以製造張力，控制兩分法能讓張力變成行動力。而找到河流流動的第三個條件——源頭活水——的方法，就是與現實接觸。

爲什麼現實是源頭活水？在構思這一部分內容的時候，我到運河邊散了會兒步。當時，運河邊的花都開了，桃花、櫻花、梨花，五顏六色，很多蜜蜂正忙著採蜜。清風拂面，水波蕩漾，孩子們繞著廣場跑來跑去。一名父親懶洋洋地坐在椅子上，偶爾瞟一眼不遠處的孩子。旁邊有一對情侶，正相互偎依，說著悄悄話。

現實就是一部永不落幕的戲劇，隨時隨地都有新鮮事發生。唯一不同的是，你是否願意走近看它、能否敞開心靈感受。

控制兩分法要求我們控制能掌握的事情，就是要我們走近，去感受眼前正在發生的事實。它要求我們用一種近思維來看事情、想事情。

所謂**「近思維」，就是關注眞實的、正在發生的、近的事情**。這些事情是流動的，在特定的情境裡，會不斷發生變化。**與它相對應的就是「遠思維」，是指關注想像中的、抽象的、遠的事情。這些事情是靜止的、僵固的，是我們頭腦中已有的東西，與現實情境無關。**

近思維會不斷跟現實接觸，讓現實改變自己的思維方式。而遠思維僅注重頭腦中的規則，只能看到自己想看到的東西，拒絕改變。

在某種意義上，僵固型思維、應該思維和絕對化思維都是「遠思維」方式。僵固型思維不看重當下正在做的事情、不看重我們付出的努力，而是評價我們這個人怎麼樣、聰明不聰明，是遠的思維；應該思維只執著於頭腦中原有的規則，而不關注正在發生的事情，也是遠的思維；絕對化思維把一件現在發生的壞事，用永久化、普遍化和人格化的方式進行概括、推演，還是遠的思維。正因爲這些思維比較遠，所以很難帶來改變。

其實，遠思維會存在是有一定道理的。我們面對的資訊無窮無盡，必須封裝起一些資訊放到頭腦裡，讓它們變成頭腦中的概念、觀點、評價，變成一些刻板印象，幫助我們快速做決定、解決問題。遠思維能說明我們省略加工需要的認知資源，同時也因爲抽象和簡略，而具有確定的性質。

但是，遠思維限制了我們的成長。如果固守這樣的思維方式，就看不到正在發生的事情，新東西就不會進入頭腦，我們的思維就不會變化。打個比方，遠思維像是看電視。我們覺得自己能看得很清楚，但那些畫面都是導演想讓我們看的。而近思維則像是在拍攝現場，也許細節太多，無法看全，但是我們會看到更多、更眞實的東西，因爲我們在那裡。

學習正念的時候，老師對我說過：「很多時候，我們的心都是浮的，產生很多念頭，把我們帶離此時此地。爲了讓心安頓下來，你需要有一個焦點。如果你在這個焦點上保持得夠久，就會變得專注。一專注，你就在這件事裡面了。」

近思維會把我們帶到此時此地發生的事情裡。而用遠思維去想一件事的時候，我們其實沒在事情裡面。正念很強調專注當下、此時此刻，這跟近思維是一樣的。所以，我把近思維叫做「正念思維」。

掌握近思維方式的三個原則

如何才能掌握近思維方式呢？

思維是以語言爲載體的，學習一種新的思維方式，就是學習一種新的語言。經常有焦慮的來訪者對我說「這一切有什麼用」「我爲什麼總是這麼糟糕」「我根本做不到」。「一切」「總是」「根本」，這些關鍵字就是遠語言的特徵，它們是非常概括和抽象的。當我們這麼想的時候，基本上沒有能夠控制的事情了。相反的，近思維是生動的、豐富的，總是充滿變化的可能性。

有三個原則，可以幫助我們掌握近思維方式。

第一個原則：用描述性語言，而不用評價性語言。

描述性語言就是不加評價、不用形容詞，只用動詞描述正在發生的事情。它有點像鏡頭語言。在電影裡，導演不會告訴觀衆他是怎麼想的，或者角色是怎麼思考的，電影只會如實呈現演員的表情、動作和對話，讓觀衆自己感受。而觀衆感受到的，都是很近、很鮮活的東西。

爲什麼要用描述性語言而不用評價性語言呢？因爲評價性語言已經用我們頭腦中的觀點、想法對資訊進行了封裝和加工，資訊一旦被評價性的語言封裝起來，就有了確定的模樣。這個確定的模樣會代替本來發生的事，這樣，我們曾經看到的東西就很難在頭腦中留下痕跡。

我和幾個朋友看過一場《勇者之劍》的舞臺劇表演，有一群舞者在臺上打鼓。看完以後，我們聚在一起聊感受。朋友們大都會說：「這個鼓打得太好了。」「演員的基本功很扎實。」「這個鼓打得有禪意，眞是太感人了。」

而我會跟他們講：第二場和第三場轉場時如泣如訴的女聲；第一場，主角上場時戴的青面獠牙面具；劇中唯一的三句臺詞是「蛇」「那天我看見了我，好多的我」「如意是如意，金剛是金剛」。

他們都覺得很奇怪，問我爲什麼會記得這麼清楚。其實以前我也會迫不及待地用自己的評價和想法把看到的東西封裝起來，但慢慢地，我養成了一個習慣，不刻意評價事物，只是認眞去「看」舞臺上發生的事。結果，我看見的反而多了。

用描述性語言描述諮商室裡發生的事情，也是心理諮商師的基本功。假如他說：「這媽媽控制欲很強」或「這女兒很聽話」，他就已經不自覺地把來訪者放到一個很難改變的位置上。所以，諮商師只會說：「這媽媽在諮商室裡指著女兒說：『我不允許妳這樣做。』女兒則低著頭一言不發。」在後一種語言裡，我們會好奇發生了什麼事情、接下來會發生什麼、她們心裡是怎麼想的。而在前一種語言裡，如果只是說「這媽媽控制欲很強」，就很難有探索的空間了，也很難有什麼變化。

第二條原則：問具體的問題，而不是抽象的問題。

身爲一名心理諮商師，經常有人拿生活中遇到的困惑，向我詢問解決的辦法。這些問題往往是這樣的：老師，我很內向怎麼辦？老師，我容易緊張怎麼辦？老師，我有拖延症該怎麼辦？

他們在使用很遠的語言描述自己的問題。

我有時候會提醒他們：問得具體一些，抽象的問題只能得到抽象的答案。可是，下一次提問，他們還是這樣。慢慢地，我明白了，提問的方式正反映了他們的思維方式。他們就是用抽象的、概括化的方式思考問題。他們以爲自己在尋找答案，而實際上，這種思考方式本身就是他們的問題。

如果在諮商室裡，有人問「我很內向，每次遇到人都有些緊張，怎麼辦？」我就會問：「你遇到哪些人容易緊張，遇到哪些人不會呢？你在什麼場合容易緊張，什麼場合不會呢？你在與人相識的哪些階段容易緊張，哪些階段不會呢？最近你在跟誰交往呢？感覺怎麼樣呢？」

我這麼問，是希望他們用近的語言描述生活，以及他們在生活中的關係。我想告訴他們，緊張不是因爲他們內向——不是這個原因不對，而是這個原因太遠了。只有眞的看到相處的過程中發生了什麼，才能發現我們能夠控制的部分，才能找到可能的出路。

第三個原則：關注現在能做的，而不是事情的結果。

在用遠的語言時，我們總是先判斷事情的結果，評價一件事有沒有用，再決定要不要做。好像我們需要某種承諾，才能夠有所行動。可是，很多時候，一件事有沒有用，只有做完才會知道。如果我們不能投入做事，事情通常也做不成。大部分的人希望先看見，才能相信。而有時候，我們需要先相信、先投入，才能看見想看到的東西。如果我們一定要在頭腦中預想出行動的結果，反而會失去行動的能力。

我有一位來訪者因未來的事情焦慮，覺得做什麼都沒有用。這是一種習得性無助。我讓他在每次焦慮的時候，問自己兩個問題：我現在能做什麼？我願意做嗎？

我希望這兩個問題把他的注意力引到此時此地，讓他關注最近發生的事。

可是他說：「我現在想這個有什麼用？」

我說：「你已經熟悉了遠的語言，稍不注意，這種語言就會擠進來。現在，不如讓我們來試試另一種語言。你能否回答自己現在能做什麼，即使在這麼沒有動力的狀態下。」

把來訪者從遠處拉回現在並不容易。他愣了一會兒說：「我可以去散步、找朋友聊天、品嘗美食……」每說完一個項目，我就跟他確認一下，這是不是他能做的，他也都點頭稱是。等他說完，我問他：「哪一件是你願意做的呢？」

他說：「我都不願意。」他想跟我解釋原因，我說：「沒關係，你不願意，就停在這裡。」

相較於一個人的「不願意」，「爲什麼不願意」又是遠的思維了。他的解釋只會固化他的「不願意」。我希望來訪者能把注意力放到近的地方，所以我打斷他。而且我想給他這樣的暗示：你能控制自己的行爲，也需要對自己的行爲負責。

他想了一下接著說：「我並非不想試。可是我擔心，自己會不會眞的去做。」

「那麼，爲了眞的去試，你現在能做的是什麼呢？」

他想了想：「我可以做個筆記，把那兩個問題濃縮成一、兩句話背下來。當我焦慮的時候，我可以翻出來提醒自己。」

「好的。那你願意嗎？」

「我願意試試。」

於是，這段諮商被濃縮成兩個問題：我現在能做什麼？我願意做嗎？

在接下來的一星期裡，他不斷用這兩個問題，提醒自己不要想太遠的事情。這兩句話像是兩個時間的錨點，當他的思維飄向焦慮，這兩句話能把他拉回此時此地，並讓他有所行動。他的焦慮，也因此減輕了。

其實，心理諮商是很注重說話的語言的。用什麼樣的語言，就有什麼樣的思維方式。馬歇爾．盧森堡在《非暴力溝通》中引用了語義學家溫德爾．約翰遜（Wendell Johnson）的一段話：

我們的語言年代久遠，但先天不足，是一種有缺陷的工具。它反映了萬物有靈論的思想，讓我們談論穩定性和持久性，談論相似之處、常態和種類，談論神奇的轉變、迅速的痊癒、簡單的問題以及終極的解決辦法。然而，我們的世界包含著無窮無盡的過程、變化、差別、層面、功能、關係、問題以及複雜性。靜態的語言與動態的世界並不匹配，這是我們面臨的挑戰之一。

近思維就是發展一種能容納變化的語言。而學習用近語言說話，就意味著我們開始向「無窮無盡的過程、變化、差別、層面、功能、關係、問題以及複雜性」開放。我們會因此失去一些確定性，也會因此獲得很多可能性。

自我發展之問

有什麼事情，是你一直想做，卻從來沒有行動過的？

如果用「我現在能做什麼？我願意做嗎？」這兩句話來提醒自己，你願意嗎？如果你願意，那你現在能做什麼？

思維彈性：思維是怎樣進化的

傾聽的重要性

在本章前面幾節，我介紹了建立成長型思維的工具：創造性思維、控制兩分法和近思維。它們就像落差產生的張力、河道和源頭活水，讓河水流動起來。

在本章最後一節，我想討論一個重要的問題：思維究竟是怎麼進化的？

在我最開始學心理諮商的時候，我的老師說：「在心理諮商裡，傾聽是一件很重要的事情，甚至可能是最重要的事。」雖然我不斷點頭，心裡想的卻是，老師只是提醒一個我早就知道的常識罷了。那時候我對傾聽的理解，還停留在不能只顧自己喋喋不休，不能別人沒說完就搶話，要有耐心之類的理解上。我覺得自己是個溫和的人，我願意傾聽，這是我的強項。

幸虧我並沒有固守自己對傾聽的理解。心理諮商是關於對話的藝術，研究對話久了，我才慢慢理解，傾聽是一件多麼難的事情。最開始，我以為自己聽懂了別人在說什麼，後來發現，我只是在用自己的想法套別人說的話。當我放下自己的想法後，我一點都聽不懂別人在講什麼。直到最近，我才慢慢能聽懂別人的一些話。

比如，有一天我在餐廳吃飯，聽到一對夫妻在說話。

妻子說：「這幾天沒睡好。」

丈夫回她：「這幾天天氣熱，人就是容易早醒。」

妻子接著說：「我有點擔心女兒上托兒所不能適應。」

丈夫回她：「小孩子嘛，不都這樣，過一段時間就好了。」

於是，妻子就沉默了。

在這段對話裡，妻子一直跟丈夫說，她覺得生活的某些方面出了問題，而丈夫一直強調一切正常。丈夫聽到妻子的話了嗎？並沒有，他只是用自己的想像來理解妻子說的話。也許對丈夫來說，妻子的焦慮是一種新的經驗（也可能不新了）。他一直在努力把這些新經驗納入自己原有的認知框架裡，還沒來得及聽妻子說什麼，就急著提供解釋，好像他很需要「一切正常」的感覺。如果這時候妻子告訴丈夫「你沒聽我說話」，丈夫也許會不理解，甚至反駁：「我不是一直在聽嗎？」

到底是什麼讓丈夫不願意傾聽呢？是他對妻子的狀況不感興趣？是他擔心妻子透過「告訴你我不好」來責怪他？還是他很需要一切盡在掌握的感覺呢？

傾聽的要訣，就是明白很多事其實你並不知道。

一名好的傾聽者，心裡會有很多問題。他知道這些問題的答案不在自己心裡，而在別人心裡，所以才需要提問；一名不好的傾聽者，他心裡會有很多答案。他覺得自己早就知道別人要說的東西，所以聽到的永遠都是自己心裡想的，沒什麼意外。

現在，我也會告訴我的學生，傾聽是很重要的，甚至可能是心理諮商裡最重要的事情，我的學生也會點點頭。也許他們心裡也會想，老師不過是在提醒一個我早就知道的常識罷了，但是我不會多說什麼，說是沒有用的。如果他們能用心體會，也許很多年後，他們對這句話也會有更深的理解。

思維發展的過程

談思維的進化，為什麼要提到傾聽呢？因為它和思維發展的規律非常像。

佛教禪宗有一種說法，可以用來形容思維的不同境界。第一重境界叫「看山是山，看水是水」；第二重境界是「看山不是山，看水不是水」；第三重境界為「看山還是山，看水還是水」。人的思維就是這樣一個從簡單到複雜，再重新回歸簡單的過程。在這個過程中，我們對某件事的理解會呈現螺旋式的深入，最後簡單歸納出某件事情的本質。如果人認識世界和自我的方式，也能以這種螺旋深入的形式發展，就會具備一種有彈性的思維。掌握這種思維的要訣跟傾聽很像，就是不要太快確定自己知道的東西是什麼，從而爲探索其他的可能性留下空間。

到此，我想問一個奇怪的問題：我前面寫的東西，都是對的嗎？

比如：誇孩子聰明，會讓孩子陷入僵固型思維，會讓孩子因爲擔心自己不夠聰明而不願意接受挑戰，但事實是這樣嗎？有段時間我出了幾天差，回到家一敲門，女兒便扔下手中的數獨遊戲，飛奔過來抱我。接下來的一段時間裡，在她玩數獨遊戲的時候，我圍著她誇了好多次「寶寶乖、寶寶聰明」。這樣的誇獎會讓她陷入僵固型思維嗎？我並不覺得。而且誇她時，我分明看到她開心的神情。

我想表達的是，就像心理諮商做的只是局部的工作一樣，知識也只是局部的眞理。因爲所有知識都是局部的，要找出它不夠完善的部分是很容易的。而要找到它對的地方，卻並不簡單。我們要先接受知識都是錯的，才能找到知識對的地方在哪裡。如果套用禪宗三種境界的說法：第一重境界就是「把知識當絕對眞理來學習」；第二重境界就是「明白知識是有錯的，所以批判它、排斥它」；第三重境界就是「重新學習知識，結合知識產生和應用的背景，既知道它有局限，也知道它有用的地方在哪裡」。

我在青春期的時候，一直因爲自己是敏感內向的人而苦惱。那時候，我不知道該怎麼跟人交往，見到陌生人總是有些緊張，不知道該說什麼。我對「敏感內向」這個標籤毫不懷疑，這是「見山是山」的第一重境界。

學了心理學以後，我會努力尋找一些例外，發現自己並不是跟所有人打交道都有困難。跟熟悉的朋友在一起時，我很放鬆，也很享受有人聽我說話。所以在那段時間，我會有意識地不用敏感內向來形容自己，這是「見山不是山」的第二重境界。

可是有一天我開始這樣想：自己爲什麼要這麼累？錢鍾書先生說「偏見就是一種思維的休息」，我爲什麼不能讓自己休息一下呢？於是我又開始跟人說，我是個比較敏感內向的人。有意思的是，我的讀者很接受這個標籤，每次舉辦見面會，都會有讀者說：「老師，我也是敏感內向的人，所以看到你覺得特別親近。」有時候我會主動跟人說：「我比較敏感內向，萬一我不知道該說什麼，還請多關照。」這時候，我不再因爲敏感內向的標籤而有心理壓力，相反的，我認同了敏感內向。這是「見山又是山」的第三重境界。

所以，認識到我們能夠了解的永遠只是局部的知識，這一點非常重要。正因爲知識都是局部的，局部以外的部分才會變得分外迷人。我們才會想，剩下的部分是什麼呢？這就爲進一步探索留下了空間。而這個探索的區塊，就是思維發展的空間，也是自我發展的空間。

爲什麼探討思維發展的過程，要提到局部的知識呢？因爲，我們關於世界、自己和他人的所有看法，其實也是一種知識。只不過，我們既是這類知識的生產者，也是接受者；既是老師，也是學生。如果你覺得這個世界糟透了，這就是你的知識。如果你覺得自己應該顯得聰明一點，否則別人不會喜歡你，這也是你的知識。覺得自己是敏感內向的人、活潑開朗的人，都是你的知識。

問題是，你是把它們當局部知識，還是絕對眞理？你覺得在這些知識以外，有沒有其他空間？

我在前文寫了很多限定我們思考的「應該思維」，有的人可能會想：這本書是不是提供了另外一些規則，會不會塑造另一種應該思維呢？我知道很多所謂的心理學家其實就在做這樣的事情——用他的應該去代替別人原有的應該。這樣可能會讓你的想法改變，可是「應該怎麼樣」的思維不會變。

還有一些人跟我說：「老師，我聽你的課很有感觸。我知道自己不該有應該思維，卻總是做不到，所以很焦慮。」

他們沒有想過，「不應該有應該思維」本身，何嘗不是另一種形式的應該思維。「應該思維」的問題無法透過「不要有應該思維」這樣的想法來解決，而是得靠局部思維。你要試著理解任何一種看法都是局部的，包括這本書。如果你能明白這本書提供的只是局部的知識，還有很多未知的空間，就不會被這些知識限制。

別讓「不應該」變成另一種「應該」，而要比照著現實思考：我現在面對怎樣的情況？

除了現在的這種判斷，還有其他可能性嗎？

這是本書想給你的，是最重要的思考。

同化與順應

心理學大師米紐慶說過，確定是改變的大敵人。有彈性的思維，總會有不確定的部分，這也爲改變留下了空間。

心理學家尙·皮亞傑提出，思維對環境有兩種基本的適應方式。一種叫同化，就是用我們頭腦中已有的東西，去理解新發生的事情。把新發生的事情加以裁剪，使之符合我們頭腦中原有的認知模式。當你同化一件事的時候，會發現自己已經知道所有事情了，它們只是在重複你頭腦中已經發生過的事情。

我曾在學校教了一學期的正向心理學，結束後我問同學們從這學期的課裡收穫了什麼。其中一名同學說：「老師，你講的東西其實我早就知道了。你就是教我們要積極樂觀嘛！」

我講了整整一學期的課，而他只聽到我說要積極樂觀。這不是我講的東西，是他頭腦裡已經有的東西。他把一學期課程的資訊都塞到「要積極樂觀」這個框裡，然後說自己早就知道了。

圖2-1

這麼說來，知道自己不知道，真是一件了不起的事。就像圖2-1，你看到了什麼？也許看到了一個三角形。我也看到了。可是，這個三角形其實是不存在的。你看到的這個三角形，只反映了你頭腦中固有的認知加工傾向。

就像這個不存在的三角形，一個人看到新事物的時候，思維會傾向很快給出一個答案，讓它完結和閉合，而不願意讓它保持開放。這樣，世界就會變得已知和可控。這是一個下意識的過程，我們甚至很難覺察到。這就是同化。

我自己也會犯這個錯誤。大學時我讀過一些哲學書。哲學關心的都是大問題，所以我後來學心理諮商流派的時候，經常會不自覺地想：這就是斯多噶學派的思想嘛！這就是犬儒主義嘛！我覺得大部分諮商流派都沒什麼特別，不過是某些哲學思想的改頭換面。

有次，我跟一起參加家庭治療培訓的朋友聊天，他興奮地說起家庭治療的種種精妙之處。我聽完後卻淡淡地說：「它的背後就是一些建構主義的哲學思想，這思想我了解的。」

我正有些小得意，那位朋友卻跟我說：「我是在學習一些新東西，可是我覺得你沒有。你只是在找一些材料，來強化自己原有的東西。」

這眞是當頭棒喝。可是仔細想想，我不得不承認他說得對。之後每次學習新東西，我都會努力把原有的東西放下。就算要聯繫已有的知識，我也會努力看到其中的差異。這就是另一種適應方式，順應。

如果「同化」是改變事物來符合頭腦的認知結構，那「順應」就是改變自己的認知模式來適應新事物。局部的知識、流淌的知識、不確定的知識，會不斷讓新的東西進來，不斷改變我們的認知。

順應很痛苦，因爲相較於固守某些絕對眞理，我們的思維要經歷太多變化和不確定性。可是，有彈性的思維會不斷迎接這種不確定性，讓它來改變我們自己。這樣，思維才會發展得快，我們才會不斷發現原來沒有發現的東西。無論是知識演進、技能學習，還是人與人之間的傾聽和對話，都是如此。

所以，你一直有兩種選擇。一種是固守原有的東西，不斷重複自己，這樣是安全的，可是很無聊。另一種是承認自己所知的是局部知識，對自己的無知保持敏感，給自己很多問題，而不是很多答案。這些問題會逼著你去探索、去體驗、去發現新的東西。這樣會經歷很多痛苦，因爲你會發現原有的東西總是不對的。但你會一直進化，會變得有趣、深刻而複雜。

那最大的新發現是什麼呢？是別人的想法。因爲每個人都有不同的經歷、知識、情感，所以每個人的想法都會千奇百怪。當我們這麼想的時候，心智的發展就和關係的發展聯繫在一起。從認知的角度來看，對新東西的開放和封閉，分別代表順應和同化的認知傾向。從關係的角度來看，這可能代表我們對其他人的態度，究竟是愛、關心和認同，還是冷漠、戒備和拒絕。在下一章裡，我們會開始關係的旅程。

自我發展之問

如果用三個詞來形容自己，你覺得自己是一個什麼樣的人？如果你對自己的看法是一種「局部知識」，你覺得還有哪些未探索的可能性？

關於「局部知識」的說法本身是一種局部知識嗎？如果它也是局部知識，你覺得它沒有講的東西是什麼？

第三章

發展關係中的自我

十七世紀的英國詩人約翰·多恩曾經寫過：
「沒有人是座孤島，可以自全。
每個人都是大陸的一片，整體的一部分。」

人總是生活在關係中。
關係塑造著自我，影響著自我的所思、所想、所感、所行。
既然自我是關係的產物，那麼自我發展的核心問題，
就從「如何塑造新經驗」變成「如何塑造有利於自我發展的新關係」。

關係中的自我：從個體視角到關係視角

思維進化的關鍵是，你需要知道所有知識都是局部的知識。只有這樣，你才能爲探索更多可能性留下空間。這種可能性不是簡單地羅列出更多不同的東西，而是對同樣的東西有更多更深的理解。

這個規律同樣適用於對自我發展的理解。在第一章，我們把自我的發展理解成推動行爲的改變。第二章則探討了行爲背後的心智模型。在本章，將試圖從一個更廣的視角——關係的視角來探討自我發展之道。

自我存在於關係中

寫這段話的時候，我正在書房裡，一個人對著電腦，周圍很安靜。看起來，寫書這件事是我一個人在做的，可是我會想像有你在另一邊看書。可以說，我寫書是在你看書之前；但也可以說，從你看到這本書開始，我才眞正開始「寫書」。因爲，如果沒有讀者，就沒有作者；如果沒有你的閱讀，那我的書寫就毫無意義。這就是關係。

沒有人是完全獨立的個體。關係裡的人總是一起出現、相互定義、相互成就。比如，我們通常認為是父母生了孩子，但是從關係的角度看待這件事，可以看做是孩子生出了父母。因為如果沒有孩子，人們怎麼能自稱父母呢？

這並不是文字遊戲，而是關係到我們怎麼理解「人」這種獨特的存在。我們是把人看成一個個獨立的、偶爾產生聯繫的自我，還是把人完完全全當成關係中的存在？

當我們從個體的角度來思考自我時，會假設存在一個穩定的、獨立於他人的自我，這個自我決定我們的想法和行為，構成我們的個性。如果我們做出自己不想要的行為，那一定是這個「自我」有問題，比如意志不堅定、情緒不穩定，甚至心理有問題。這時候，自我所在的關係只是一種背景。

但是，如果我們用關係的視角來思考，就會發現關係對自我的影響，遠比「背景」要複雜和有力量得多。我們的行為和思維，很多時候就是在關係中被塑造的，就是適應關係的產物。並沒有一個單獨的自我，因為每段關係裡都有一個不同的自我。不是個性，而是我們所處的關係，決定我們的想法和行為。如果我們表現出自己不想要的行為，那不是我們個人的問題，而是我們所處的關係出現了問題。

這時候，關係就是自我。

關係中自我的四個層次

我們爲什麼要從關係的視角來看待自我、發展自我呢?我想用四個遞進的層次來解釋。

第一個層次:人無時無刻不在關係中。

家庭裡有家庭關係,工作上有工作關係。就算你在捷運,旁邊都是陌生人,那也是一種關係。有的人會想,我獨處的時候,總不在關係裡了吧!當然不是。獨處的時候,獨處的空間是由關係來界定的。比如,你一個人在家,家裡有一扇門。你知道,就算有陌生人走過,他也不會隨意從這扇門闖進來。這是你們在關係中達成的共識。你一人在家,可以打赤膊穿短褲,想幹什麼就幹什麼,看起來很自由。可是,你知道自己不能穿成這樣走出這扇門,走到大街上去,這也是一種關係的共識。是關係界定了一個人獨處的空間在哪裡。

再往更深一層思考,雖然你在獨處,但你仍然在關係裡。因爲你的獨處並不意味著地球上或宇宙中只有你一人,你仍然會想家人在哪裡,約誰去吃飯,明天要交給老闆的報告怎麼完成,老闆又會怎麼評價你……你想的這些都是關係。所以,關係是無時無刻不在的。

第二個層次:在不同的關係中,自我是不同的。

有的人跟陌生人說話時,可能會臉紅、害羞,可是在很熟悉的朋友面前,卻玩得很瘋;有人在辦公室會努力工作,可是回到家,就會往沙發上一躺,想著反正家務活有人做。

內向的自我、外向的自我、勤快的自我、懶惰的自我，這些都是自我，只是處於不同關係中的自我。有些人覺得自卑，可是假設在某段關係中，有人眞誠地相信他們、讚賞他們，他們也會很有自信。

美國有位傳奇教師瑪法．柯林斯。她在犯罪和毒品橫行的芝加哥貧民區附近，創立了名爲「西城預備學校」的教育機構。就讀這所學校的，都是從公立學校裡退學、被認爲有問題的學生。可是，在她的教育下，原來的街頭混混、被認爲有學習障礙的學生好像都變聰明了。他們很早就能夠閱讀文獻和哲學類經典著作，很多也都考進大學，成了律師、醫師、法官、教師等受人尊敬的社會棟梁。

她是怎麼做到的呢？

和其他學校裡的批評教育不同，她很眞誠地相信那些孩子是聰明的、是獨一無二的，並不斷激勵他們：「我相信你，你可以做得更好。」這種教育的本質，其實就是塑造一種新關係。關係變了，學生的表現自然就變了。

第三個層次：決定我們行爲的是我們所處的關係，不是我們的個性。

假設媽媽正大聲責備兒子：「你怎麼又沒做功課？你這孩子怎麼這樣不聽話！」你可能覺得，這是一名暴躁易怒的媽媽，暴躁易怒好像是她個性的一部分。忽然間，電話響了，這位媽媽接起電話，立刻滿臉笑容：「是老師啊！您說要來家訪？好啊！歡迎歡迎。哪裡……

孩子在學校裡讓您費心了……」這時你又會覺得，這是一名熱情有禮的媽媽。

媽媽的表現爲什麼會不一樣？不是她的個性變了，而是她所處的關係不同。

有的人可能會懷疑，媽媽對老師的反應是不是僞裝的？對兒子的反應會不會更接近眞實的她？我們不是在親近的人面前，才更容易表現出眞實的自己嗎？

可是從關係的視角來看，這剛好表明，在「親近」和「疏遠」這兩種不同關係中，媽媽的行爲和情緒反應是不同的。媽媽的兩種表現都是眞實的，都是她的自我，並不存在什麼「眞實自我」和「虛假自我」的差異。

也許你會想，這只是一時的反應，如果我們能看到她長久的表現，就能了解她的個性。可是，所謂長久的表現又是什麼呢？很多時候，那不過是在另一段長期關係中的表現而已。

從關係的視角出發，所謂的人格或個性，不過就是人在某一段特定關係中的行爲、語言和情緒表達方式。是所處的關係，而不是個性，決定了人的行爲。

第四個層次：從關係的視角出發，我們思考問題的維度會發生重大轉化。一些看起來似乎無解的問題，用關係的視角考慮，就有了合理的答案。

前段時間，我有位編輯朋友覺得自己有拖延症，問我怎麼辦？

拖延症這個標籤，就是典型的個體視角產物，被看做是個人的「病」。我問他爲什麼這麼想，他說自己在編一篇稿子，覺得稿子很難，經常不想碰。我就問他：「難在哪裡呢？如果做得不好，誰會評價你呢？」他想了想：「這份稿子的作者。」

原來，這位作者是很有名的學者，我朋友很擔心作者會反駁他的修改意見。可是他爲什麼要擔心呢？原來，這位作者並不是那麼容易說話的人，我朋友一提意見，作者就會很生氣。所以從關係的視角來看，拖延症就不是我朋友一個人的問題，而是他和作者關係的產物。

不知道你有沒有這樣的經驗：如果是你很認同的老闆所交代的工作，你的工作效率會很高；如果是你不認同的老闆分配的工作，你就會拖拖拉拉，不想去做。這也說明，不是你自己，而是關係決定你會不會拖延。

關係的視角拓展改變的空間

那麼，從關係的視角來看自我到底有什麼好處呢？

如果你從個體的角度看待自我，覺得自己有穩定的個性，就意味著自我很難改變。有時候，妨礙改變的正是我們頭腦裡那個頑固的「自我概念」。

可是，如果從關係的視角來理解，你在不同關係中的自我是不一樣的，那你就可以在不同的關係中發現不一樣的自己。你不再需要給自己貼類似「敏感內向」「自卑」「自信」這樣的個性標籤，而是去審視，究竟是什麼樣的關係導致現在的行爲。你還可以尋求一種能讓自己表現更好的關係。同樣的，你也不會輕易指責別人爲什麼有那麼古怪的個性，而去理解什麼樣的關係讓他表現出這樣的行爲。這既增加了自我發展的潛力，也拓展了改變的空間。

頭腦裡根深蒂固的自我，其實就是一種抽象思維的產物。我們有很多關係，每一種都有一個自我。把這些自我的共同性抽象出來，就變成頭腦中那個固有的自我。這種思考方式會增強控制感，卻也會讓自我變得固定，很難改變。而從關係看自我是一種正念思維，也就是近思維，是把每個自我放到具體關係和情境中，從每段關係去看自我的表現，這自然會增加改變的空間。

自我發展之問

選擇一個你想實現的改變，比如，想在工作中變得更有效率、在生活中更懂得控制自己的脾氣，或者在朋友面前表現得更有自信。然後思考：

什麼樣的關係中，你會表現出拖延、易怒、沒自信？

什麼樣的關係中，你又會表現出高效率、耐心、自信？關係如何影響你的行為？

關係中的角色：解鎖更多自我可能

角色影響我們的行為

從關係的角度來看自我時，涉及一個非常重要的概念：角色。

「角色」一詞最初來自戲劇，指的是演員扮演的某種具典型性格的劇中人物。但是，我在這裡提到的角色，不是正反派這樣的道德角色，也不是員警、囚徒或經理、主管這樣的社會角色，而是一種行爲期待。

角色的本質，是人和人在關係中產生的一種行爲期待，是關係裡的人共同達成的隱性契約。這種契約是很隱密的，如果不留心，經常看不到。

在一段關係裡，我們隨時隨地都在面臨一些行爲的期待，因此無時無刻都在扮演某個角色，而這個角色決定我們會怎麼想、怎麼感受、說什麼話、怎麼行動。人生如戲，只不過有時候我們扮演一個角色的時間太長，入戲太深，就把這個角色當做唯一的自我。

有個剛畢業的學弟向我請教該不該加入一間公司。該公司在國內發展得不錯，但是與身心靈運動相關。無論是宣傳策略，還是課程內容，都有些神神道道。我想了想跟他說：「如果從賺錢的角度考慮，也許可以去，但從專業發展的角度考慮，還是不要。那間公司賺錢的方式，是透過兜售虛構的別處世界，來讓我們逃離生活中眞實的困難。」

巧的是，過了一段時間，有位記者問我：「現在社會上有很多類似身心靈的培訓班，用很誇張的宣傳來斂財，有很多人受騙上當，你怎麼看呢？」我想了想這樣回答：「我不知道。」

同樣都是關於身心靈的問題，爲什麼我的說法會不一樣？因爲在這兩段關係中，我的角色和位置是不同的。在第一段關係中，是學弟問我職業規畫，他期待我以資深的心理諮商從業人員身分，給他一些個人發展的建議。我接受了這樣的期待，自然就會強調心理諮商的專業性。對他，我很難說出「我不知道」的回答，這不符合他對我的期待。最後我說出來的，可能就是他想要的答案。

而當那位記者問我的時候，她對我也是有角色期待的，期待我扮演正統的科學心理學代言人。如果我接受了這個角色，那我要說的自然是身心靈運動如何不可靠。事實上，這些話幾乎就要脫口而出了。可是想想，我要扮演這樣的角色嗎？好像並不想。相較於當一名嚴苛的衛道之士，我倒更願意扮演一個開放、包容的角色。

神奇的是，當我知道自己不想扮演這個角色時，忽然就沒有表達的欲望了。我馬上想到，我真的了解身心靈運動嗎？也許並沒有。我對身心靈的印象，也是道聽塗說的。

「要求」和「期待」的矛盾

當別人跟我們說一件事時，他對我們是有角色期待的，這提供了行為線索，讓我們不自覺地順應，做出符合別人期待的行為。

我有一名來訪者，她來找我是因為覺得自己太沒主見了，希望能夠多多發表自己的看法。她已經在公司待了一年，開會討論時，經常不知道自己要說什麼。有時候好不容易鼓起勇氣想發言，結果主管卻宣布散會了。

本來她沒太把這件事放在心上，可是前陣子，她在公司裡遇到一位非常熱心的大姐，講了一大堆職場規則、人生道理以後對她說：「我覺得妳什麼都好，人也很聰明，就是太不願意表現自己。人前還是要學學說話的。」

她聽了自然說：「是是是，感謝大姐點撥。」

過了幾天，這大姐又來了，又是一頓指點江山，走之前又說：「妳什麼都好，就是太不願意表現自己了。」

她又說：「對對對。」

慢慢地，她也覺得不太會表現是個問題，就來找我諮商。我說：「我覺得妳挺成功的啊！」她一臉奇怪地看我，問我她哪裡成功了。

我說：「妳成功扮演了一個需要指導的職場新人角色。如果妳改變了，那大姐對著誰指點江山呢？」

她想了想：「對，那位大姐雖然這麼說，還是很喜歡我，每次都來跟我說話。我旁邊有位同事，很能幹也很會表現自己，大姐卻非常不喜歡她，從來不跟她說話。」

這是一個很有趣的現象。在語言上，大姐希望她能夠變得更成熟，更加善於表現自己；但是在關係中、在角色的期待上，大姐卻把她固定在一個「不會表現，需要指導」的新人角色上。顯然，她接受了大姐對自己這個角色的期待，甚至還享受大姐對她的照顧。正是這個角色不知不覺間規定了她的言行思想，讓她很難做出改變。

這種語言要求和角色期待上的矛盾，在日常生活中經常會發生。我經常碰到一些很焦慮的媽媽，一邊說：「老師，我的孩子就是太不自動自發了，我希望他能主動做事。」另一邊卻幫孩子把所有事情都做好了。她們沒有意識到，在角色的期待裡，她們已經把孩子放到一個「沒有主動性」的位置上。當然，孩子也把自己放到一個「什麼事都有我媽」的位置上。因此，無論她們在語言上怎麼要求，孩子都不會發展出自主性。這並不是孩子有問題，而是他們所在的角色和位置被限制了。

調整角色的三個方法

那麼，我們怎麼才能調整自己的角色呢？

首先，在回應前要先想想，對方把我們放到一個什麼樣的位置和角色上？我們是否接受這個位置和角色？

有時候我會遇到這樣的來訪者，他會對我說：「老師，遇到你眞是太好了，我總算有救了！」他那熱切期盼的眼神，對我而言是很受用的。但這時候我要想一想，我能做他的救星嗎？如果我承擔了這個角色，他會不會覺得改變是我的責任，自己反而變得更無能了呢？所以，我會簡單地回應：「我可當不了救星，但很願意跟你一起看看，我是不是能幫你一些。」當我這麼說的時候，我就把解決問題的責任交給了他，這也是一種角色期待。

其次，如果我們和別人相處時感到有點不舒服，就要思考是不是我們自己的位置或者角色有問題。

通常這種位置、角色的錯位，是我們沒有待在自己的位置上，試圖替別人負責。

小艾已經畢業好幾年了，一直在北京工作。她有個好朋友叫小月，是剛畢業的研究生，對自己的未來感到迷茫。她就問小艾：「妳覺得我應該留在北京，還是回家鄉找工作？」

小艾想都沒想就直接回答：「當然應該留在北京，這裡機會多，同學間還可以相互照顧。妳可以先住我這裡，正好有間房空著，之後再慢慢找房子。」

小月很高興，就留下來開始找工作。可是過程並不順利，兩個月過去了，她接到的面試通知寥寥無幾。兩人之間的關係便開始發生微妙的變化，摩擦越來越多。

小月有時候會說：「看來眞不該在北京找工作。早知這樣，當初不如回家。當時農業局在招人，現在都已經招完了。」

小艾聽了很不舒服，覺得小月是在抱怨她。但她無法直接反駁，只能生氣地說：「妳要再努力一點。生活是很殘酷的，妳這麼懶怎麼行，要多去跟畢業的學長姐打聽。」

小艾的說法，其實是把自己的角色搞錯了——把自己從「指導者」變成了「批評者」。指導者只會在別人需要的時候給建議，而批評者常常會把別人的事當自己的事。小艾批評小月時，說的並非「這不是我的責任」，而是「妳自己沒做好，不然我就是對的」——這就是批評者會說的話。她們兩人都沒有看到這背後的角色錯位，因此矛盾越來越深。

最後，如果我們對一個人有期待，不要以語言要求，而要像我們期待他的樣子那樣對他。當然，前提是我們要眞誠地相信這個人有值得期待的一面。

期待的力量是很大的。我在前面提到的柯林斯，就透過相信孩子，把一些街頭混混變成了好學生。我跟女兒看過一部動畫片《大壞狐狸的故事》，講的是狐狸從雞舍裡偷了三顆雞蛋，本意是要等小雞孵出來以後再吃掉，結果三隻小雞一出生，就跑到狐狸面前喊媽媽。

「媽媽」這種巨大的角色期待，讓狐狸根本無法吃下小雞。後來，狐狸就眞的承擔起保護小雞的角色，變成牠們的媽媽。這就是角色期待的神奇力量。

我們經常說，人有很多面、要發現未知的自己。這句話從關係的角度來看，很容易理解。因爲如果我們能在關係中扮演很多角色，我們的自我就有很多可能性。

「很多面」（即個性）就是我們在關係中習慣扮演的各種角色。角色既是限制，也是改變的方法。如果我們總是把自己固定在某個角色中，把這個角色規定的言行舉止當成自己的個性，久而久之，就忘了自己還有其他可能性，而我們的自我也很難有進一步的改變和發展。反之，如果能嘗試很多不同的角色，發現自己的更多面，自我就能得到更好的發展。

自我發展之問

請回想你很在乎的一段關係，如和另一半、父母，或某個重要的朋友。然後思考：

在這段關係中，你和對方都對彼此有什麼樣的角色期待？

如果你希望自己或者對方改變，你們的角色應該有什麼樣的變化？

關係的語言：人際關係的密碼

人際關係的密碼

前面我寫過，角色的本質是人與人之間的行爲期待。決定我們言行舉止的，不是個性，而是我們在關係中的角色。從這個角度來看，所有關係的溝通都是一個隱性的角色分配過程。可是，既然它是隱性的，我們怎麼知道別人對自己的角色期待是什麼呢？怎麼從別人的言行中看到他們所扮演的角色呢？如果別人的角色期待和我們自己的發生衝突，又該怎麼解決呢？

最直接的答案，也許就是「聽」和「說」。語言是人與人之間溝通的工具，理想的狀況下，我們可以透過聽和說理解角色期待。但是實際上，人們在溝通裡很少直接說關係，一般只會說遇到的各種事情。如果你不懂得聽，就只能聽到人們在討論一些表面的事情。如果會聽，你就會知道，人們說的每句話都是在說關係。這就是關係的語言。

曾有位來訪者跟我訴苦：他有個朋友老周，因爲買房需要一筆錢周轉，要和他借二十萬，十天後歸還。他們家跟老周交往多年，知道這朋友很可靠就借了。十天後，老周也如約把錢還給他。

收到錢後，他就跟妻子說：「老周買房子，跟我借了二十萬周轉，現在已經還給我了。」沒想到，妻子聽了以後很生氣，責怪他把錢借給別人。

丈夫說：「妳氣什麼，老周妳是知道的，而且人家已經還錢了呀！」

妻子問：「那你爲什麼不告訴我？」

丈夫說：「我這不是告訴妳了嗎？」

妻子就不說話了，在旁邊生悶氣。丈夫也很鬱悶，就來跟我吐槽，說早知道這樣就不告訴妻子了，覺得妻子太小氣。

表面上，妻子氣他不該把錢借給別人，但實際上妻子氣的是，他把錢借給朋友之前沒跟她商量。借錢之前跟不跟妻子商量，這在關係上的涵義是不一樣的：一個是家裡的重要決定需要經過妻子同意，另一個意思是不需要。也就是說，妻子是在生他們關係的氣。

可是丈夫爲什麼不在借錢前跟妻子商量呢？也許那時他心裡閃過一個微妙的念頭：萬一妻子不同意，我該怎麼跟朋友交代？

那他爲什麼要在事後告訴妻子呢？不說不就沒事了！也許他又閃過另一個微妙的念頭：這樣瞞著妻子是不是不太好？

當誠實收穫的是妻子的怒氣時，他心裡又滿是委屈。

這些微妙的心態都發生在關係層面，只不過很難用語言的溝通來表達。人和人之間的互動，都可以從兩個層面來理解。表面上，我們在討論很多內容，比如丈夫和妻子討論要不要借錢，但其實重要的是內容背後暗流湧動的關係。如果我們只顧著回應表面的內容資訊，看不到背後眞正牽動我們情緒的關係資訊，就會造成很多誤解。可以說，關係的語言，就是說話者透過討論的內容，來理解他們之間的關係。如果你能理解關係的語言，就掌握了理解人際關係的密碼。

有一次我經過少年宮（社會主義國家提供少年兒童課外活動、技能培訓、文藝活動的公共建築），聽到一對夫妻在爭論，兒子垂頭喪氣地站在媽媽旁邊。

媽媽說：「別的孩子都學習奧數（奧林匹克數學競賽，近年成爲名校擇生的重要參考依據），我們家的孩子當然也要報名！」

爸爸說：「孩子這麼小，現在就學這個，讓他這麼累幹嘛？」

媽媽說：「他明明有天賦，認字都比別的孩子早，當然應該報名。」

爸爸說：「小孩子的學習盯這麼緊，別到時候放棄了！」

這段對話表達的關係語言是什麼？從內容上來看，這對父母是在討論孩子要不要報名學習奧數，兩人的教育理念有分歧。可是從關係上來看，他們其實都在跟對方說：「我比你更懂孩子，所以在這件事上，我比你更有發言權。」

這就是關係的語言。一旦關係的問題沒有解決，我相信不只是報名學習奧數，他們對於孩子的很多問題都會有類似的爭論。

如果是在諮商室裡遇到這樣的夫妻，我會跳過他們吵架的內容，直接問：「爲什麼你會覺得自己比另一半更懂孩子呢？」

通常，我這樣問的時候，父母們會愣一下，然後也許會開始思考他們的關係。

媽媽也許會說：「我老公成天加班，很少參與孩子的生活，他怎麼會知道孩子的需要？」

而爸爸也許會說：「我老婆跟孩子黏得太緊了，有時候我想插話都插不上，我眞擔心她把孩子教壞了。」

內容背後，關於關係的話題就開始慢慢浮現了。

現在，心理學已經成爲社會的顯學，很多人都希望學點心理學知識「傍身」，來解決一些關係的矛盾。可是，也有一些夫妻學了心理學以後，關係反而變糟了。

在一次沙龍聚會上，有位女士問我：「我想學心理諮商，用相關知識來經營我自己的家庭，變得更幸福，你覺得怎麼樣？」

我告訴她：「妳要非常小心。就像人應該有邊界一樣，知識其實也是有邊界的。也許妳的本意是想好好溝通，可是當妳學了心理學知識以後，會很容易覺得自己擁有一項特權——比家人更懂得你們應該如何相處。同時，你還多了一個位置——從家庭生活的參與者變成了研究者和旁觀者。可是，你的家人並不一定願意承認這個特權，這本身就會影響你們的關係。有時候，他們說不喜歡心理學，其實眞正想說的是他們不喜歡這種關係的變化。」

當我回答完這個問題，她旁邊有個男人使勁鼓掌，我猜就是她先生。

關係的語言是對人不對事

我們經常說，要對事不對人。可是**關係的語言正好相反，是對人不對事**。我們可以這樣理解：如果關係好了，什麼事都可以談；如果關係不好，談什麼事，其實都是在談關係。談論的內容是表，談論雙方的關係是裡。

一些公司努力培養「對事不對人」的氛圍，但這並不能說明關係不重要，反而恰恰說明關係很重要。要讓員工暢所欲言，就要形成這樣的關係：主管和員工之間是平等的、相互配合的。如果沒有這種關係的共識，上司無論說多少次「我希望你們表達眞實的想法，希望你們多提意見」，員工都只會配合演出開明主管的角色。

而且，關係的溝通比內容的溝通更加廣泛、普遍。有一個經典的溝通橋段，是一對情侶吵架。

男朋友對女朋友說：「好了好了，我錯了。」

女朋友不依不饒地說：「那你說說看自己錯在哪裡？」

有時候我們會吐槽這個女朋友，覺得她咄咄逼人。可是從關係的語言來看，男朋友說「我錯了」的時候，其實是在說「我不想跟妳說了」。而女朋友講出「說說看自己錯在哪裡」，其實是在說「我不想要你這麼敷衍我」。這樣看來，女朋友並沒什麼錯。

既然多說多錯，那選擇沉默行不行？不行。從內容的溝通上看，這是沒有內容的。可是就關係的溝通上而言，沉默卻可以表達很多內容。有人的沉默是在表達「我覺得你不可理喻，所以不想跟你說話了。」

那選擇岔開話題行不行？還是不行。因爲在關係的溝通上，這其實還是在說：「我不想聽你說了，你說的話不重要。」

如何解決角色期待上的矛盾

從關係的語言來看角色的期待，我們就能了解，無論人們表面上爭論什麼，哪怕是一個很大的主題，他們都希望能在角色期待上達成共識。那麼，怎麼解決角色期待上的矛盾呢？

我認為有三點。

第一，只有直接面對關係、討論關係，才有解決關係問題的機會。關係的矛盾是很激烈的，裡面有我們最深層的愛和怕。所以，人會本能地迴避直接討論關係，而透過溝通各種表面上的內容來做隱晦的表達。可是，關係是躲不開的，關係的溝通隨時隨地都在發生。只要兩人有接觸，他們之間就一定有關係。只要有關係，就一定存在關係的溝通。只要熟悉關係的語言，我們就能從兩人的隻字片語中讀出誰在支持誰、誰在反對誰、誰在貶低誰、誰在生誰的氣……就算不討論關係，就算沉默，就算轉移話題，內容的討論也會變成關係的一面鏡子。矛盾不僅沒有被迴避，反而會進一步被激化，誤解也會被加深，我們甚至會失去解決衝突和矛盾的機會。

第二，在理解了關係的語言後，我們要學著從關係的角度理解別人在說什麼，並從關係的角度來回應別人說的話。當妻子說「你怎麼老把我們家的錢借給別人」的時候，如果丈夫知道她顧慮的是關係，也許就可以說：「老婆，不是這樣的，我很想告訴妳，但是有點擔心妳不同意，我會沒面子。」這就是對關係的回應。

第三，討論事情之前，要先思考怎樣才能在角色上達成共識。如果我們感受到一段關係出現了緊張的氣息，那麼可以組織關係中的人一起展開討論，努力就每個人的角色達成共識。即使最後沒有形成共識，這樣的討論也是有益的，因為我們會知道矛盾出在哪裡，而不必再為胡亂的猜疑痛苦。

自我發展之問

你和另一半或朋友之間有尚未解決的問題嗎？試著跟他／她討論這個問題。可以的話，錄下一段你們的對話，試著從關係的語言來分析這段對話中，你們向彼此傳遞的關係資訊是什麼？

關係的互補：系統如何塑造你我

角色是在系統中逐漸生成的

我的老師曾講過她的老師——心理諮商大師米紐慶的故事。有一天，米紐慶帶太太去和同事們聚會。他看到太太在一群同事裡談笑風生，妙語連珠，講了很多有趣的笑話，這些笑話連他自己都沒聽過。他很吃驚，以前從沒看到太太居然還有這樣的才能。之後，米紐慶反省自己為什麼從沒看過太太的這一面。他發現原因其實很簡單：太太從沒在家裡表現出這一面；實際上，她是沒有機會表現。那麼多年，太太輔佐他的事業、相夫教子，實際上是埋沒了自己的一些才能，為婚姻犧牲。

每個人都需要在婚姻中扮演不同的角色，才能讓家庭順利運轉下去，這就是一種互補。和婚姻一樣，我們每個人總是屬於某個系統的一部分。這個系統可以是公司、家庭，也可以是社會。系統為了運作，會逐漸替系統裡的人分配不同的角色，系統裡的人也會慢慢習慣這個被分配的角色，角色就變得固定了。有時候，哪怕系統裡的人覺得不愉快，想要改變，也不容易，因爲他要面臨來自系統的種種阻力。

舉個例子。在某個家庭裡，妻子非常勞累，因爲家裡就算亂七八糟的，丈夫和兒子也都很懶，不會去收拾。她下班回到家已經很晚，卻不得不整理。也許妻子心裡有很多怨氣，但如果你問她爲什麼要清理，她可能會說：「那能怎麼辦，難道家裡就這樣亂著嗎？總得有人收拾。」

妻子覺得是兒子和丈夫不收拾，所以她不得不做；但正是由於她會做，兒子和丈夫就可以忍著不用清理。這就是妻子在家庭這個系統裡扮演的角色，是家裡三個人共謀的結果。

這個故事還有另一面。妻子總是幹活，心裡有怨氣，因此生出了很多的抱怨和控制欲。這種抱怨可能會讓兒子變得叛逆、老公和她疏離。這時候，他們更想不到自己能爲妻子／母親做點什麼。而兒子與老公的叛逆和疏離會讓妻子抱怨得更厲害，覺得自己爲家付出這麼多，不僅沒有回報，老公和孩子還不體諒自己。

從個體的角度出發，你可能覺得這是一個愛抱怨的妻子和母親；可是從系統的角度出發，你能看到無論是妻子的勞累，還是她的抱怨和控制，都是系統運作的結果。家庭這個系統讓她承擔了這樣的角色，這個角色又限制了她的行爲。身處關係中的人雖然很痛苦、很想改變，但因爲系統運作的需要，他們很難有所變革。這就是系統中關係的互補性。

我的老師在上課時，用東方的陰陽哲學來幫助我們理解關係的互補性。她說，**在關係**

中，人與人之間的行爲和角色就像一幅拼圖，是他們把彼此塑造成現在的樣子，共同完成系統這幅大拼圖。這種互補性很像東方哲學中的陰陽，它們看起來彼此對立，但又是矛盾統一的。就像老子說的：「天下皆知美之爲美，斯惡已；皆知善之爲善，斯不善已。」翻譯成白話就是：「如果你說什麼是美的，那你同時確立了什麼是醜的；如果你說這個世界上有什麼是好的，就同時確立了什麼是不好的。」

系統裡所謂的角色好壞，都是相互造就的。

三種不健康的互補關係

在生活中，我觀察到有三種典型的不健康互補關係。

第一種，在家裡或者團隊裡，有些人會變得特別能幹，另一些人則變得特別笨拙。有一種愛，叫做「我要照顧到讓你生活不能自理」。這是一句玩笑話，但在關係中是眞實存在的。我遇過一位焦慮的母親，她要我想辦法幫幫她兒子。原來，兒子大學剛畢業，她就靠關係替他找了一份工作。可是兒子嫌工作地點太遠，上了幾天班就不去了，每天窩在家裡打電動。她擔心這樣下去兒子就要廢了，到處幫兒子找工作。這是他們家長久以來一直採取的模式：母親總是操心兒子的事，久而久之，兒子就不操心自己的事了。

可是，兩個人都不喜歡這樣的角色。母親覺得自己太累，嫌兒子沒出息；而兒子一方面享受著母親的操心，另一方面嫌母親管得太多。

在這樣的關係裡，兒子和母親有一個潛在的共識：兒子就是沒什麼能力，所以才需要母親這麼操心。

我把這個道理告訴了母親，可是她說：「那我能怎麼辦，總不能不管吧？」

我告訴她：「當然要管了。妳跟兒子說，如果他有什麼需要幫忙的，妳會在能力所及的範圍裡幫他。如果他不說，妳就假設他不需要幫忙。這對妳來說並不容易，但妳要克制自己幫兒子做事的衝動，克制自己對兒子的擔心。只有這樣，妳才能把主動權還給他。」那位母親聽了我的話，眞的這樣去跟兒子說了。過了段時間，兒子就自己出去找工作了。

第二種，系統透過把某人變成有問題的人，來維持平衡。

我有個朋友，原本在公共機構工作。這個單位不大，只有五、六個人。主管是位焦慮的中年女性，控制欲很強，罵起人來毫不留情，員工都對她唯唯諾諾的。我朋友是個很有能力的人，覺得自己把事做好就行了，沒有太在意。結果，單位的人好像都針對他，做什麼事都會被挑剔指責，這讓他產生了很多自我懷疑。後來，他就離開了。之後，單位又聘了一個人，新來的人還是做什麼都不對。過了一段時間，這位員工也離職了。

爲什麼會這樣呢？原來，主管的焦慮深深地影響著其他員工，但他們不敢反抗。每當有新員工進來，他們都會把這種焦慮投射到新員工身上，他因此成了系統焦慮的代罪羔羊。

可是，新員工離職後，系統就能好好運作了嗎？也不行。要不是系統裡原來的某個員工讓大家看不慣，成為焦慮的發洩出口；就是這種強烈的焦慮最終指向主管，形成員工與主管的對抗。這時候，系統就會重新分配角色，來達到新的平衡。

我經常遇到一些孩子，好端端地就忽然不想去上學了，或者沉迷於網路遊戲，家長都很著急。表面上來看，這是孩子自己的問題，是他們抗壓能力差，或者不聽話。實際上，這經常是父母關係不好，孩子突然出現反常的問題。父母一著急，就不爭吵了，開始為孩子奔波。如果他們的關係需要靠孩子出現問題來維持，那孩子就很難好起來。

我有名來訪者是高三的學生，在準備考大學的階段忽然有了憂鬱的問題。父母很著急，四處為她奔波，後來找到我。

有一天，她對我說：「如果不是我生病了，我就看不到已經分居的爸媽一起為我奔波。為了看到他們在一起，我寧可自己病著。」

孩子對家是很忠誠的。如果家庭這個系統運轉不靈了，孩子就會透過自己的病來讓系統繼續運作。這也是一種互補，無奈的互補。

第三種是角色錯亂，即系統中的某些人承擔了其他人該承擔的角色，並把所有人都固定在錯誤的角色上。這種不健康的互補關係常常發生在家庭成員之間。

我觀摩過一件個案，兒子有注意力不足過動症，爸媽都很著急，所以從很遠的地方來找心理諮商師。在諮商室裡，諮商師問爸媽發生了什麼事。爸爸開始指責媽媽，說自己在外面做生意，家裡比較忙，讓媽媽專職帶孩子，誰知道媽媽沒有帶好……媽媽在一旁看著兒子不說話。可是過了一會兒，兒子忽然對媽媽說：「媽媽不哭，媽媽不哭。」並跑過去抱住媽媽。這時候，諮商師和爸爸才發現媽媽哭了。

這是一個簡單的場景，卻深刻揭示了這個家庭在角色上的互補性。爸爸指責媽媽，媽媽會傷心；而媽媽一傷心，這種情緒就會影響兒子，讓兒子的問題加重。然後，爸爸更火大，更容易指責媽媽。這樣的互動模式固定了三個角色——指責者、安慰者和受害者，讓三個人都無法動彈。

這種不健康的互補關係要怎麼改變呢？從個體的角度出發，人們容易從出問題的那個人身上去思考改變之道。也許爸爸會覺得，只要能治好兒子的病，自己家就沒有問題了。

可是，系統的改變，從來不是一個人的事，而是系統裡每個人的事。這個爸爸沒有發現，治好兒子的藥，就在他自己身上。

但他不能直接治療兒子，而是需要重新靠近媽媽、安慰她、減輕她的焦慮。這樣，媽媽才不會緊緊抱著兒子不放，把自己的焦慮傳遞給兒子；而兒子只有不再擔心媽媽，注意力不足過動的症狀才會減輕。這就是系統的互補。

互補關係最大的特點，是透過固定角色抹煞人的更多可能性。這會讓關係中的每個人都失去改變和成長的機會，甚至就算想要改變，也總是無能爲力。

從系統的角度理解，改變不僅意味著變革某種行爲，更是從轉化某種行爲開始，重塑一個系統。當你有所改變的時候，系統會產生一定的混亂，你也會遇到很多阻力。但是，這個系統最終會從混亂達到一個新的平衡——一種有更多可能性的平衡，一種更利於系統中每個人自我發展的平衡。

自我發展之問

試著觀察你所在的一個系統，可以是公司，也可以是家庭。然後思考：這個系統分配什麼角色給你？這個角色是如何形成的？如果你想改變，有哪些來自系統的阻力？

不安全依戀：愛爲何會變成牢籠

既然自我不再是穩定的實體，而是關係的產物，那麼自我發展的核心問題，就從一個孤立的個體如何創造新經驗，轉變成一個身處關係中的人如何構建有利於自我發展的新關係。

那麼，什麼樣的關係最有利於自我發展？我的答案是，一種自主的、有選擇的，但能對自我負責的關係。這樣的關係有兩個特徵：第一，不會輕易受他人情緒影響，能自由做出選擇；第二，能不斷探索新關係，發現更多可能的自己，而不是被綁在某段關係或固定在某個角色中無法動彈。

可是在現實生活中，我們經常會受到他人情緒的影響，會活在別人的目光中，會在一段不健康的關係中糾纏不清。接下來，我會探討兩種自我和他人的感覺混淆——不安全依戀和關係的三角化，以及兩種自我和他人的責任混淆——「都是你的錯」和「都是我的錯」。最後，我會介紹這些混淆造成的一種關係困難——關係糾纏。

不安全依戀導致感覺混淆

先來看感覺的混淆，就是我們過於沉浸在別人的感受中，無法發展自己的感覺。為什麼會這樣呢？

我四歲那年，媽媽去照顧剛生產完的阿姨，讓我在外婆家待了一星期。據外婆說，那幾天我經常失魂落魄地望著院子的大門，等著媽媽回來，一望就是半天。有天，一位鄰居路過院子門口說：「我看到你媽媽回來，已經下公車了。」我便拋下外婆，飛快地跑了出去。跑到一處斜坡的時候，我看到遠處的一個影子，覺得那就是媽媽。結果，身體沒有跟上靈魂的步伐，狠狠地摔了一跤，磕斷了兩顆門牙。

雖然你並不認識我，可是當我這樣描述的時候，就很容易理解一個孩子迫切想要回到媽媽懷抱的心情。孩子撲向媽媽的懷抱，這飽含情感的一幕，是人類共同的經驗。人和人之間是緊密相連的，所以形成了各種關係。可是，把人連在一起的底層動力是什麼呢？不是利益，是情感。當我們和他人的情感過於緊密時，他人的感覺就會變成我們的感覺，這時候，就會產生感覺的混淆。

依戀，是人最強烈、最基本的情感。很多感覺的混淆，就發生在不安全依戀的兩個人之間。

什麼是依戀呢？依戀就是孩子和母親之間強烈而又緊密的情感聯繫。我四歲的女兒現在還和媽媽睡在一起。睡覺的時候，兩個人呼吸連著呼吸，心跳連著心跳，好像成了不可分離的一個人。在日常生活中，母親和孩子之間也有很多親密的互動。比如，孩子看媽媽，媽媽回看孩子；孩子對媽媽笑，媽媽也朝孩子笑。這時候，孩子和媽媽都會覺得溫馨。

但是，如果父母本身有很強烈的不安全感，也會讓孩子沒有安全感，形成不安全依戀。

北歐的心理學家曾做過一個研究，觀察嬰兒對父母的反應，發現了三個典型的場景。第一個場景是，父母逗嬰兒玩，嬰兒會很開心，很享受。這是一種安全型的依戀；第二個場景是，父母在談話，討論工作的事情，沒有把注意力放在孩子身上。這時候嬰兒也很安心，因為他知道父母在，就會東看看、西看看，探索他的世界。這是孩子有了安全感以後，發展社交能力的基礎；第三個場景是，父母有了爭執，吵架了。這時候，媽媽雖然很想掩飾壞心情，努力逗嬰兒笑，可是嬰兒感受到媽媽的不安，就會很緊張地盯著媽媽，還會用目光尋找爸爸，好像是想找一個能安慰媽媽的人。

所以，依戀其實是一條情感通道，它既能把安全感傳遞給孩子，也能把不安全感轉達給孩子。在依戀的關係中，孩子就像一塊海綿，吸收媽媽的感覺。如果孩子吸收了太多媽媽的焦慮，就不會有探索世界的興趣。再長大一些，他會把媽媽的焦慮當成自己的問題，並因為自己沒有辦法解決媽媽的焦慮，而深深地感到苦惱和自責。

有人說，女兒是媽媽的小棉襖，如果媽媽過得不開心，小棉襖可就不好當了。我有名來訪者，某段時間心情不好。當她去幼稚園接五歲的女兒，還來不及說什麼，女兒就憂心忡忡地問：「媽媽，妳今天不開心嗎？」

媽媽說：「沒有啊！」

女兒仍舊著急地問：「媽媽妳爲什麼不開心啊？」

可見，無論媽媽多想掩飾自己的心事，年幼的女兒都會敏銳地感覺到。在緊密的依戀關係中，媽媽的不開心會變成孩子的不開心。這會給孩子帶來很深的不安全感，直到他們成年。

我也有名來訪者，受過很好的教育，也有不錯的工作，卻經常不開心。

我問她原因，她說：「一想到我媽媽過得不快樂，我就開心不起來。我也想去旅遊，想給自己買好東西，可是只要我對自己好一點，媽媽憂鬱的表情就會在我眼前浮現。」

原來，她的爸爸和媽媽關係不好。小時候，媽媽經常跟她吐苦水，留給她很深的印象。有一天，我請她媽媽到諮商室：「妳需要女兒爲妳擔心嗎？」

媽媽說：「不需要。這麼多年，我已經習慣了。而且，現在我和她爸爸關係還不錯。」

我又問女兒：「妳怎麼看媽媽的話呢？」

女兒說：「不是這樣的！她明明不開心，她只是在騙自己。」

女兒想表達什麼？她其實想說：我比媽媽更懂。這麼多年，媽媽的痛苦已經深深地嵌入她的感覺裡。以至於有些感覺媽媽都忘記了，她還幫媽媽記著。當媽媽的情感占據她的頭腦時，就分不清什麼是自己的情感，什麼是媽媽的情感。她沉浸在媽媽的情感裡，沒辦法發展自我。這就是過於緊密的依戀帶來的不安全感。

不安全依戀會影響自我發展

那麼，這種不安全依戀會怎麼影響自我的發展呢？主要有三點。

第一，如果父母的問題，尤其是母親的煩惱占據孩子太多注意力，他們就很難再有好奇心去探索世界，也很難發展出自己的技能。

有名來訪者對我說，有段時間他在準備一項重要的考試，一邊複習還一邊想著吵架的父母有沒有和好。因此，他很難集中注意力複習。那時候，他已經是名大學生了。有些研究表明，不安全的依戀會導致拖延。這可能是因為拖延症患者需要思考太多不安全的關係，以至於無法專注在自己的工作中。

第二，如果因為沒安全感而習慣觀察別人的情緒，會很容易對別人的情緒過於敏感，無論那些人是家人還是同事。

我發現，很多人際關係過於敏感的來訪者，小時候都曾經歷過不安全的依戀關係。他們很容易把自己放到這樣的位置上：我要為別人的情緒負責，如果別人不高興，那就是我的錯。

所以他們很會察言觀色，對別人的情緒也總是小心翼翼。這帶給他們很大的負擔，也讓他們的人際關係變得很複雜。

第三，不安全的依戀會讓我們和母親的關係變得更加緊密，從而很難發展自我。越是不安，人越是會相互靠近。這樣，孩子就會和母親變得非常緊密，缺少自己成長的空間。孩子的成長過程，也是一個逐漸離家的過程。可是因為跟母親過於緊密的關係，孩子會變得很難離開，去跟其他人建立友情和愛情。

自我是在關係裡發展出來的，如果沒有更豐富的關係，我們就很難發展出豐富的自我。同時，如果我們心裡裝著太多別人的感受，就很容易忽略自己的感覺、情緒、需要、欲望，把它們當成不重要的東西。

雖然隨著成長，我們和父母的依戀關係不再那麼重要，但它是人際關係的一個範本，決定我們怎麼看他人、怎麼跟他人相處，以及如何在靠近的渴望和被拋棄的焦慮之間尋找一種平衡。這種平衡，就變成我們的人際關係風格。

如果一個人已經在依戀關係中很沒有安全感，該怎麼辦呢？雖然修復沒安全感的過程並不容易，但是對這個問題，我倒是有個簡單的解決辦法。

既然舊的經驗來自以往的關係，那我們需要嘗試新的關係，建立新的經驗。對於沒安全感，我們只能帶著依戀的焦慮，一點點接近和信任別人，在安全的關係中，慢慢地塑造新經驗。

這一點，我在後文會具體展開。

自我發展之問

你和原生家庭之間的依戀關係是什麼樣的？在童年的時候，你能信任和依賴父母嗎？他們是否給了你足夠的安全感？這種依戀關係，如何影響你和其他人的關係？

關係的三角化：痛苦的「夾心人」

人際交往中的「三角關係」很普遍

除了不安全依戀，還有一種造成我們感覺混淆的不健康關係模式。身處這種關係模式中的人，會感覺到沉重的痛苦，但很難看清它的結構和根源，往往會陷在其中無法抽身。這種模式就是關係的三角化。

你有沒有注意到，比較穩定的關係都是三個人組成的。我們學生時代的死黨密友經常是三個人，連《哈利波特》裡都是三個人組成「小團體」。伍迪·艾倫的電影《情遇巴塞隆納》裡有一對藝術家夫妻，兩人經常吵架。可是，當女主角加入，組成奇特的三人關係後，夫妻倆就不再吵架了。

這並不是偶然，而是一種常見的人際現象。爲什麼三人關係比兩人關係穩定？因爲兩個人發生矛盾和分歧的時候，很容易起衝突。如果有第三人存在，兩個人會各自透過跟第三個人的聯繫，減弱兩人之間的情感張力，三人的關係就會重新變得平衡。

身爲心理諮商師，我經常在諮商室裡看到，夫妻原本在講他們自己的問題，正要講到矛盾之處就各自避開，去跟孩子說話：「兒子你說說該怎麼辦？」「兒子你說說是不是這樣？」

他們這麼做，既能避免彼此發生直接衝突，還能透過跟孩子說話，向對方傳遞一些資訊。所謂三角關係，就是當兩人關係出現問題時，其中一人或者兩人透過引入第三者，來消減兩人之間的情感張力、淡化矛盾，從而讓關係變得更穩定。

三角關係本身不是問題，而是一種正常的人際現象。但是，如果三角關係中的某個人一直是另外兩人解決衝突的工具，那這個人就會被三角化，產生很多困惑。別人的矛盾和情緒會變成他的問題，而他會被卡在這段關係中，無法出來。家庭治療大師、發明三角化概念的莫瑞·包溫甚至說過，所有的精神疾病，究其本質，都是三角化的問題。

其實，三角化的關係是很普遍的。以家庭關係爲例，有些夫妻發生了矛盾，會透過貶低孩子來挖苦對方。比如妻子跟丈夫說：「看看你家孩子，今天又惹什麼禍了！」丈夫會跟妻子說：「看看妳教的兒子，成績這麼差！」當夫妻這麼說的時候，看起來是在指責兒子，其實是在責怪對方對孩子的教育不用心、對家庭不夠投入。但是孩子並不知道，會以爲是自己犯了錯，才讓父母這麼生氣。

還有一種情況，父母都很愛孩子，一方經常會以孩子的名義向另一方提出要求：孩子說了要怎麼樣、這樣對孩子才是好的……另一方還無法反駁。這時候，孩子就被拉到一個很高的位置，成了父母權力的來源。處在這個位置的孩子會非常小心，擔心自己的話變成父母衝突的來源。這還是一種三角化。

不止父母和孩子之間會有三角化，夫妻和婆婆之間也有。婆婆和媳婦意見不合，婆婆會跟自己的兒子數落媳婦的不是，媳婦也會跟老公數落婆婆的不對。這時候，夾在中間的老公就會變得非常苦惱，只要稍微偏向一方，另一方就會指責他不理解、不支持自己。

職場中也有這種情形，很多辦公室政治就是這種三角化的產物。我有名來訪者，本來在公司好好做自己的事，跟部門主管的關係也不錯，可是公司空降一名大主管。這位大主管對他沒什麼意見，但跟部門主管的關係特別差。有次他報告時出現一個紕漏，部門主管也在，大主管就冷笑著說：「你們部門就是這種水準嗎？」看起來是在批評他，其實是藉著他嘲諷部門主管。部門主管臉色鐵青，當時就把他訓一頓：「你怎麼搞的，這點事都做不好！」

他說：「自從大主管和部門主管發生衝突以後，我每天上班就跟上墳一樣。明明是他倆不對盤，我卻比他們還累。」眞是神仙打架，小鬼遭殃。這也是一種三角化。

也許你沒有察覺到身邊的這種關係，但三角化的關係或輕或重、或多或少都存在於生活裡。你也許是三角化別人的人，也許是被三角化的人。如果是後者，就需要特別警惕了。

被三角化的人，很容易產生龐大的情感壓力。有個被三角化的孩子說：「我就像父母的拳擊手套，他們看起來是在打對方，其實都打在我身上。」這也是被三角化的人經常會有的感覺。

三角化阻礙真實情感的表達

三角化會帶來哪些問題呢？

第一個問題是，三角化容易讓我們產生防禦性的隔離。被三角化的人可能會想，雖然我跟另外兩人沒有問題，但他們利用我，把我捲入他們的角力當中，那我乾脆離他們都遠一點。可是這並非眞的遠離，而是爲了迴避衝突，不得不壓抑對雙方的情感。這時候，被三角化的人就開始疏遠自己的眞實情感了。

我的來訪者說過一個故事。讀大學的時候，父親去看她。兩人坐計程車去西湖，路上一句話都沒有說。連計程車司機都很小心翼翼地問：「你們是什麼關係？」下車以後，她爸爸很傷心，怪她爲什麼不跟他溝通。她自己也很難過。她心裡是很愛爸爸的，也很想接近爸爸，可是想起媽媽對爸爸的怨恨，她就不知道該說什麼。好像跟爸爸說話，就是背叛了媽媽。那她跟媽媽關係親近嗎？兩人其實也沒什麼話說。防禦性的隔離，是對自己無奈的保護，但讓三個人都陷入孤獨當中。

第二個問題是，三角化會扭曲我們的情感。

在三角化關係裡，如果我們要選邊站，就要順從站邊的那個人，壓抑對另一個人的感情。這樣一來，情感就不再是我們自己的了，而被關係裡的某一方給挾持，成了他的工具。這同樣會讓我們無法自由發展自己的情感。

我們家沒什麼太大的矛盾，可是也存在三角化的情況。有天我正在沙發上跟另一半和女兒玩，我太太開玩笑地踢了我一下。女兒本來跟我玩得好好的，見媽媽踢我，以爲我們吵架了，就在我的臉上狠狠地抓了一把。眞是抓在臉上，疼在心裡。我太太看到了趕緊說：「妳爲什麼抓爸爸啊？媽媽是開玩笑的。」女兒露出一副很不好意思的神情。

我們以爲這件事過去了，誰知道晚上要睡覺的時候，女兒還問媽媽：「媽媽，妳剛剛是在跟爸爸開玩笑嗎？」我太太說：「是啊。妳怎麼抓爸爸呀？」女兒說：「我是眞的生氣。」

我女兒今年四歲，不是很懂什麼關係，可是她知道要對媽媽忠心。如果我跟太太眞的起衝突，這種忠心會讓她否定對我的感情。這時候，她就沒辦法自由地表達自己的感情了。

第三個問題是，它讓我們感到內疚和自責。

被三角化的人會覺得，都是自己的錯，是因爲自己沒做好，才導致另外兩個人有矛盾。

如果我們長期處於這樣的關係中，就會生病。這也是爲什麼包溫說，大部分精神疾病的本質都是三角化的問題。

告別痛苦的「夾心人」

我們都知道，父母吵架常常會影響孩子的心理健康，但造成影響的根本原因不是吵架本身，而是這種三角化的關係。

我有名來訪者一直充當父母之間的傳話筒。媽媽如果有問題，就會對她說：「妳去跟妳爸爸說說……」她覺得自己就像是爸媽之間的橋梁，他們有什麼問題，都要透過她來溝通。可是，她只覺得很壓抑、很無奈，從來沒有懷疑過自己的這個角色是否正常，而理所當然地承擔下來了。

我就對她說：「你知道橋梁最大的問題是什麼嗎？它是被固定的，沒有辦法找自己的路。因爲它知道如果自己離開了，橋梁兩端就會變成兩座孤島。」

可是如果我們再想得深一些，眞是這樣嗎？也許，正是因爲有橋梁存在，這兩座島才不會去尋找新的溝通方法。如果沒有橋梁，兩個人必須面對彼此的問題，反而能夠找到一種解決衝突的辦法——無論是和好，還是最終決定遠離。

如果你是正在把別人三角化的一方，就要注意不要把別人當緩解衝突的工具，有些衝突和矛盾需要你自己好好面對；如果你是被三角化的一方，則需要重新回到關係，告別痛苦的「夾心人」角色。你可以跟關係中的每一方講：「我很想跟你們保持好關係，可是我不想捲入你們之間的戰爭，讓我們回到單純的、我和你之間的關係。」記住，無論他們是怎麼解決衝突的，也無論你多關心戰爭的雙方，這都不是你的戰爭。

自我發展之問

你是否有過這樣的經歷：被夾在兩個有衝突的人中間，而這兩人都跟你有關係，比如父母、婆媳，或公司裡兩個有衝突的上司？在這段經歷中，你的感受是怎麼樣的？在這樣的關係裡，你為難的地方在哪裡？你有哪些解決三角化問題的辦法？

都是你的錯：我們為何互相指責

「都是你的錯」思維源頭

除了不安全依戀和三角化，在關係裡，我們還常常產生一種混淆，就是不自覺地逃避自己的責任，覺得所有問題都是別人主導關係的結果。這樣一來，我們就會試圖透過控制別人來解決關係的難題。

我替這種典型的責任混淆取名爲「都是你的錯」。

這種思維很常見。在關係中，很多憤怒、抱怨的背後都有這些指責的影子。可是，對於這種思維的源頭，很多人就沒那麼熟悉了。這個源頭就是：從個體的視角看自我。

爲什麼這麼說呢？

如果兩人的關係出現問題，從個體的視角來看，我們會覺得是某人的個性造成這種關係的問題。比如，我們會認爲：媽媽控制欲強，所以老公和孩子都對她有意見；主管太軟弱，所以員工都不聽他的。

這其實是一種「因果思維」：一人做錯了什麼事，才讓另一人有某種反應。既然有因有果，我們就難免會去追究對錯、追究誰是不美滿結果的第一因、追究誰該爲結果負責。這又造成了「對錯思維」。

所以，個體視角導致因果思維，因果思維引發對錯思維——衝突就是從這裡開始的。通常，那個被認爲是罪魁禍首的人並不認爲自己是原因，他覺得別人才是緣由，自己只是結果。於是，兩人就起了爭執，人與人的關係模式就這樣形成了。

而眞實的情況是，在關係裡，每個人都是彼此的原因，每個人又都構成彼此的結果。關係中的雙方是以一種「迴圈因果」的方式相互加強，並在最終成爲這種互動關係模式的受害者。比如說，以關係的視角來看，我們不僅會思考媽媽做了什麼，讓老公和孩子都對她有意見；還會關注老公和孩子做了什麼，讓媽媽這麼愛控制他們。

關係裡的應該思維

我在前文舉過一個例子，一對情侶吵架，男朋友對女朋友說：「好了好了，我錯了。」女朋友不依不饒地說：「那你說說看自己錯在哪！」他們的溝通方式就是在討論對錯，這讓兩個人就像拳擊臺上的對手，誰都不敢輕易把自己防禦的拳頭放下。否則，對方很有可能會窮追猛打。這樣一來，誰都不敢認錯，誰都在指責對方錯了。兩人的關係，就在對錯的討論中對立起來，陷入僵局。

可是仔細想想，關係中對與錯的標準是什麼呢？常常是「你沒有順我的意」。當然，在這之前還有一句話：「你對我很重要。否則，我們就不會這麼糾結對錯了。」可是，正因爲「你對我很重要」，所以我更難接受「你沒順我的意」。

我在第二章提到「應該思維」的本質是：我們不去改變自己的想法，而要世界、他人，甚至自己按我們的想法運行。糾結對錯，就是關係裡的應該思維。

我有名來訪者，經常抱怨老公不負責任、孩子拖拖拉拉；老公和孩子對她也有意見，一家人出現了矛盾和衝突。我問她老公哪裡不負責，她說孩子成績不好，最初她不想多管，放手讓老公去教，可是老公的做法就是每天對兒子念叨三遍：「你要好好念書！」

過了一陣子，她去檢查兒子的作業，發現全做錯了。沒辦法，她只能自己來。接手以後，孩子的成績突飛猛進，可是她卻很鬱悶，覺得是老公不負責任，自己才會被孩子困住。

我就問她：「是誰把妳逼成這樣的？」她想了想：「是現實把我逼成這樣的，因爲老公就是不會教孩子啊！」我說：「可是我覺得，妳是爲了達成理想，接過了老公的工作，把自己燃燒成了光和熱啊！」她聽完笑了。

我和她的說法是有區別的。她說的是，老公和孩子把她逼成這樣，她沒有選擇。可我說的是，她爲了自己的理想，自己選擇這麼做。

來訪者並不完全同意我的說法：「難道不應該讓孩子的成績變好嗎？孩子成績好，老公也開心啊！」

我說：「是。可是孩子成績沒那麼好時，老公也能容忍，孩子好像也能容忍。所以，成績好不是他們的理想，而是妳的理想啊！」

她嘆了口氣說：「唉，就是老公和兒子的理想跟我不一樣。」

別人的想法跟我們不一樣，這就是關係中的現實。我們腦中有再多的應該——成績好應該很重要、孩子應該聽話、老公應該關心我——都不一定能改變這個事實。對錯就是維護應該思維的工具，是讓別人的想法屈服於我們自己想法的企圖。如果我們能夠容忍理想和事實的差異，就會變得更靈活，有更多處理的空間。反之，我們就會在對錯的爭論中拚命防禦，最終受傷的只會是關係。

承擔自己能承擔的責任

那麼，我們該怎麼用關係的思維看待責任問題呢？其實這非常簡單，就是意識到：關係裡，人的行爲是相互塑造的，根本沒什麼明確的因果，也沒什麼明確的對錯。

這不是一種容易被人接受的思考方式。沒了對錯，我們身處的關係如果出現了問題，該怎麼辦？誰來改變？我的回答是：唯一的辦法，就是把注意力放回自己身上，做自己能做的事，承擔起自己在關係中應該承擔的責任，而不去管別人怎麼樣，也不管最終結果如何。

我經常在諮商室裡遇到關係出問題的夫妻或伴侶。妻子會責怪丈夫不思進取，丈夫會指責妻子不夠體貼關心，吵得不可開交。其實他們反反覆覆說的就是一句話：「都是你的錯！」

有時候，我會讓他們停下來，對他們說：「你們已經羅列出太多對方的錯誤、嘗試太多讓對方改變的事情，看起來都不怎麼奏效。現在你們能不能回到自身，想一想，自己能做什麼來讓關係有所改變？」

有時候，妻子或丈夫會露出一副無辜的表情對我說：「爲什麼要我改？我有什麼錯呢？明明是他（她）的錯！」

我會對他們說：「關係裡並沒有對錯，也沒有好人、壞人，只有相互影響。如果你一直在考慮對方應該怎麼做，就是試圖控制自己掌握不了的事情。現在，你能否回到自己能控制的事情上，想想你能做什麼，來讓你們的關係有所改善呢？」

這時候，他們雖然不再直接說「都是你的錯」了，可是會用各種形式、各種奇怪的說法繼續表達「都是你的錯」。比如，有些人會說：「我覺得我們是要改變，可是經常我改變了，他（她）卻不改。」這是在說「都是你的錯」。

有些人說：「我早就說了，遇到事情要先從自己身上找原因。」這句話的意思是，我能從自己身上找原因，但是你不能。這還是在說「都是你的錯」。

有些人會說：「我跟別人溝通時都好好的，就是跟他（她）講不通。」這還是在說「都是你的錯」。

還有些人會說：「我可以改，只要他（她）變得更加溫柔體貼一點。這也是在說「都是你的錯」。因爲你沒改，所以我改不了。

遇到這些狀況時，我就會說：「他（她）改不改是他（她）的事，你能不能把目光放到自己身上。你怎麼做，是你唯一能控制的事情。」

回到自身，承擔自己能承擔的責任，這是突破對錯思維最直接的辦法。因爲你是系統的一部分，通常你有了改變，對方也會做出相應的調整。

你也許心裡感到委屈或不暢快：「憑什麼要我改！」確實，你並不是非改不可。關係是可以破裂的。如果一段關係眞的讓你不舒服，你可以離開。但是，如果你願意改變自己去修復這段關係，就代表這段關係對你很重要，你很珍惜。如果面對一段重要的關係，你一邊說自己珍惜它，一邊卻又不願意改變自己，反而一次次試圖讓對方改變，哪怕你的經驗早就證明這樣做沒有效果，那這就是你的錯。

自我發展之問

你曾經歷過哪些關係的煩惱？在這段關係裡，你做過哪些讓對方改變的嘗試？對方又做過哪些希望你改變的嘗試？這些嘗試有效嗎？

試著從自己的角度思考：不管對方的反應，你能做的是什麼？你願意做嗎？

都是我的錯：我們為何會自責

人與人需要保持邊界

和「都是你的錯」對應的責任混淆，叫做「都是我的錯」。前者是要求別人為我們的感受負責，逃避我們在人際關係中的責任；後者是我們想要為別人的感受負責，承擔我們不該承擔的責任，令自己生活在不必要的內疚當中。

有的人可能覺得很難理解：怎麼會有這麼傻的人，用別人的問題增加自己的負擔？其實，這種思維偏差很普遍，只是很多人沒有意識到。

有次我參加一場心理諮商的沙龍聚會，現場有聽衆提問：「我有個朋友，最近一直不開心，我懷疑他得了憂鬱症。我勸他很多次，他都不肯去做心理諮商。請問遇到這樣的情況，我該怎麼辦呢？」

我說：「你已經做了你能做的事情。你勸他去諮商，他覺得不需要，這就是他的選擇和決定，你只能尊重他的選擇。」

聽眾對這個答案不太滿意：「可是，我身爲朋友，看著他一天天消沉下去，我是很內疚的。如果你有這樣的朋友，自己又不做些什麼，不會內疚嗎？」

我說：「會內疚。可是我知道，內疚是我自己的情緒，我需要自己處理好它。」

這位聽眾對他朋友的憂鬱是感到內疚。如果他朋友眞的出了狀況，這種內疚也許會轉化成自責：都是我的錯，是我沒有好好勸他，他才不去做心理諮商的。

這裡面既有一種同情，也有一個隱含的假設：覺得自己很重要，重要到能夠影響朋友的決定，甚至能夠爲朋友的人生負起責任來。

他的提問讓我想起心理學中的「流浪貓效應」。這個名詞說的是，有位善良的女士，散步時看到一隻流浪貓，覺得牠很可憐就帶回家餵養。過了幾天，她去散步又遇到一隻野貓，覺得牠也很可憐，只好又帶回家。第三隻、第四隻……附近的野貓好像都被她遇到了。很快地，她家變成貓窩。她一邊在家養貓，一邊怨氣沖天，覺得自己的生活被這些貓給毀了，可是要扔下這些野貓又於心不忍。於是，她就成了貓奴。

這個故事提醒我們，無論出於什麼樣的善心，助人者和求助者之間都應該有邊界。在幫助別人的時候，要警惕好心突破了邊界，最終損害彼此的關係。

在心理諮商裡，「邊界」是一個挺重要的詞，它的意思是：**我們需要承認和尊重彼此的獨立性，我爲我的生命負責，你爲你的生命負責，絕不輕易越界**。就像兩顆雞蛋，都帶著自己的殼，無論你多想跟別的雞蛋親近，也只能期望成爲「籃子裡的雞蛋」，而不能冀望成爲「同一顆雞蛋」。如果挨得太近，容易雞飛蛋打。

人總是有親近別人的渴望。因爲這種嚮往，我們總是希望能夠承擔別人的痛苦。可是，有時候我們需要承認自己的限度。不是我們的愛心不夠，而是我們的能力不足。邊界就在那裡，很客觀，我們只能承認和遵守。

和家人的邊界更難堅守

最難堅守的邊界，算得上是家人之間的邊界。

我觀摩過一位老師的個案。有對夫妻，丈夫忙著掙錢，妻子在家帶孩子。妻子怨丈夫沒有顧家，丈夫覺得自己爲了家人拚命，妻子卻不理解自己。因此，兩人經常爭吵。而他們上國中的女兒，有些憂鬱。

這是常見的家庭模式，夫妻都抱著「都是你的錯」的思維。膠著了很久。在一次諮商中，妻子又開始抱怨丈夫，說他有一段時間，一從公司回來就往床上躺，完全不理家中的事。丈夫辯解說，那段時間他扭傷腿才會這樣。妻子不僅沒照顧他，還責怪他。

這時候，旁邊的女兒插話了。她說：「我記得不是這樣的。我那段時間考試沒考好，心情不好，每次回家，都往床上一躺。爸爸可能是學我。」

當時，整間諮商室的氛圍還處在夫妻倆的劍拔弩張中，甚至沒人仔細聽女兒說了什麼。這時候，這位老師卻停了下來問妻子：「妳知道妳女兒在說什麼嗎？」

妻子愣了一下，就說女兒也許是替爸爸辯解。看得出來，她並不覺得女兒的話有什麼重要的。

老師繼續說：「如果這樣，妳就對女兒的話太不敏感了。她其實是在說，不要怪爸爸了，要怪就怪我，都是我的錯！」

所有人都安靜了，氣氛一下子變得悲傷而凝重。妻子哭了出來。過了一會兒，她說：「老公，我們不要這樣了，我們要改。」父母不能解決自己的矛盾，子女就會把他們的衝突當成自己的問題；有些子女會覺得，是自己不夠乖巧，父母才吵架，所以拚命表現得乖巧來討好父母；有些子女覺得，父母吵架是因為自己成績不夠好，所以拚命努力學習。長大一些以後，他們也許能分得清這是父母的問題，可心裡還是會抱有這樣的幻想：如果我再多做點什麼，也許爸媽之間的矛盾就能解決了。

這種內疚，有時候會成為一種思考習慣。在其他人際關係中，每當別人生氣，具有這種思考習慣的人都會覺得是自己做錯了什麼。

「都是我的錯」的根源

我遇過一名來訪者，是位年輕有爲的女士。她一直覺得自己對不起父母。原因是她很小的時候，爸爸很想要個兒子，但媽媽不是很想要，就去問她的意見。她惡狠狠地說：「如果你們生了個弟弟，我就掐死他。」於是，媽媽聽了她的話，沒有要弟弟。後來父母的關係一直不太好，她覺得跟自己當時的決定有關。

我問她：「妳那時候多大？」

「四、五歲吧。」

「我覺得，與其說是妳媽媽聽了妳的話，不如說是妳幫媽媽說出她想說的話。要知道，在和諧的家庭裡，這麼重要的事情，是不會讓四、五歲的孩子決定的。妳只是對媽媽的想法比較敏感而已。」

她想了想：「也許是吧，但是我仍然覺得自己做得不夠。要不是我國中就到外地上學，也許他們的關係不會那麼差。他們就是從那時候開始吵架的。」

「這一點我也不是很理解。如果妳在家，也許妳跟媽媽的關係會更好，跟爸爸的關係也會好一些。但妳怎麼能改變他們對彼此的感覺呢？夫妻關係不就是他倆之間的關係嗎？」

「你是說，我改變不了他們的關係嗎？」

「妳覺得能嗎？」

她想了想，嘆了口氣說：「也許眞的不能。可是你這麼說讓我非常難過，因爲我原本還想說是自己做得不好，他們的關係才會這麼差。可是我很不想承認，這麼重要的事，我居然什麼都做不了。相比之下，我寧可覺得他們的關係不好，只是因爲我沒做好。」

她是很聰明的女士，自己說出了「都是我的錯」產生的根源。爲什麼我們要把明明不是自己的責任，扛到自己肩上呢？原因就在於，我們寧可忍受內疚和自責，也不想承認在一段重要的關係中，我們居然是無能爲力的。相較於內疚和自責，無力感更讓人難以忍受。

我發現，很多習慣自我苛責的來訪者，都曾經面對一段難以處理的關係。自我苛責也許就是他們適應這種關係的應對機制。

還有名來訪者，她念國中的時候父母關係不好，總是吵架。她不可避免地陷入了三角關係，經常像裁判一樣評判父母的對錯。但是，這樣也沒辦法讓他們停止爭吵。而且，裁判可以置身事外，她卻不能。有時父母吵完架已經晚上兩、三點了，她還在床上難過到睡不著。

父母雖然關係不好，卻是心疼孩子的。這時候，爸爸常常會跑去跟她說：「沒關係，我和妳媽媽的衝突是我們自己的事，跟妳沒有關係。」她只好扮演乖女兒的角色說：「嗯，我知道。我會處理好自己的事。」

爲了不讓父母擔心，她每天早上六、七點就起床去學校自習。她當然不會跟同學說自己心裡的苦惱——對每個孩子來說，家裡的糾紛都是天大的祕密。在教室裡，她常常打瞌睡，可是爲了不讓老師和同學看出自己有什麼異樣，她甚至不敢在課堂上趴著睡一下。每當這時候，她就會有一種抽離的感覺，覺得一切像是在做夢，在夢裡特別孤獨。

那段時間，她的成績退步，便開始不停責怪自己。

我問她：「妳怎麼不怪父母，而一直怪自己呢？」

她想了想，嘆了口氣說：「怪他們有用嗎？如果要怪他們，那我寧願怪自己。」

「都是我的錯」是被三角化的人經常會產生的典型心理。他們沒有辦法解決別人的衝突，就把別人的矛盾變成自己的問題，以此告訴自己，我是有辦法的，只是我沒做好而已。

這不是你的錯

「都是你的錯」，它的攻擊是向外的，是指向別人的，引發的情緒是憤怒；「都是我的錯」，它的攻擊是向內的，是指向自己的，引發的情緒是內疚、自責和憂鬱。

有時候，「都是你的錯」和「都是我的錯」是成對出現的。比如，有些母親會對孩子說：「要不是你，我早就離婚了。」這是一種「都是你的錯」的形式。孩子自然會認同媽媽的說法，覺得都是因爲自己，媽媽才過得這麼不好。這是一種「都是我的錯」的形式。

當「都是你的錯」和「都是我的錯」形成互補關係，關係的一方常常會變得越來越憤怒，另一方變得越來越憂鬱。雖然關係裡的兩個人都不舒服，卻常常無法改變。

這種狀況不僅會出現在家庭裡，職場中也很常見。老闆總是指責某位員工，員工覺得都是自己的錯。慢慢地，他就會習慣做個「背鍋俠」。在感情裡也是，如果一方總是指責另一方，而另一方總覺得都是自己的錯，總有一天，這樣的關係會崩壞。

所以，邊界的涵義是，即使是最親近的人，我們都需要承認，我們跟對方是不同的人。有些困難，只能他自己去面對和解決；有些決定，只能他自己來做，無論他的決定在我們看來有多糟糕。因爲，每個人都只能對自己的生活負責。如果你總是把關係的錯誤歸在自己身上，經常覺得內疚和自責，也許你該提醒自己：這不是我的錯。

自我發展之問

你上次為他人的情緒感到內疚或自責是什麼時候？

從哪種意義上看，你需要為此承擔責任？從哪種意義上看，你並不需要？

如果你有內疚和自責的習慣，這種習慣是在怎樣的關係中產生的？它在關係中的「好處」是什麼？

關係的糾纏：親密關係如何傷害人

關係糾纏的兩個特點

在前文，我分析了人們如何混淆自我和他人的感覺與責任。這些混淆會造成什麼樣的後果呢？最常見的是讓我們陷入一種奇怪的關係之中：在這種關係裡的人，彼此緊密聯繫又相互折磨，想要脫離卻又無法改變。

有人說：「人與人之間的關係，就像一群刺蝟，離得遠會覺得寒冷，離得近又會相互傷害。」想靠近又靠近不了，想離開又離開不了。這就是「關係的糾纏」。

關係的糾纏，經常發生在和我們關係很近的人身上。自我發展需要獨立的空間，因此要有邊界，要區分你我。但在糾纏的關係中，因爲對方太重要了，我們希望對方能想我們所想。如果對方想的跟我們不一樣，對我們就是一種傷害。如果對方有任何離開的舉動，哪怕只是需要有個人的空間喘口氣，都是對我們的背叛。這些都是糾纏。

關係的糾纏通常有兩個特點。

第一，所有糾纏都包含相互加強的迴圈。

我見過一對父子，兒子剛上小學六年級。爸爸說兒子脾氣很倔，希望我能幫忙改。怎麼倔呢？爸爸要兒子繫鞋帶，他就故意繫得鬆鬆垮垮，過一會兒就散了。要他做作業，他磨磨蹭蹭不做。爸爸有時候忍不住會打罵兒子。兒子卻一揚頭說：「只要爸爸打我罵我，我就故意不繫鞋帶、故意磨蹭。」爸爸很生氣地說：「看我還打不打你！」這種對抗就變成一種不斷加強的迴圈，變成一種糾纏。

第二，所有糾纏都有形式上的對稱。

我收過一封郵件，一位女士跟我訴苦自己的爸爸和媽媽關係一直不好，她是在媽媽的抱怨中長大的。後來她出國了，在國外找了男朋友，可是媽媽並不認可，想讓他們分手。她覺得媽媽不理解自己而很傷心，對媽媽有很多抱怨。

我告訴她：「妳媽媽在期待一個『聽話懂事』的女兒，妳讓她失望了。沒能滿足她的期待讓妳痛苦，所以妳埋怨她爲什麼要有這樣的期待。可是妳又何嘗不是在期待一個『通情達理』的媽媽呢？這樣的期待，到底誰比誰更正義呢？」

媽媽盼望女兒「聽話懂事」和女兒希望媽媽「通情達理」，就是一種形式上的對稱。媽媽因爲女兒不聽話而生氣，女兒因爲媽媽不通情達理而抱怨，也是一種形式上的對稱。這樣的對稱，在所有糾纏的關係中都是存在的。

任何親近的關係，家人、朋友、情侶、上司下屬，都可能出現這樣的糾纏。這些最初都是從對彼此很深的好感和很高的期待開始的。慢慢地，這種好感和期待就變成了對於對方的要求，而對方並不總能滿足要求。於是，兩個人之間開始有怨氣，互相指責。最後，一段良好的關係，因爲靠得太近，變成了相互傷害。

從「我」的環節入手，打破糾纏

怎樣才能不陷入這樣的糾纏呢？

理論上來說，從迴圈中任何關於「我」的環節入手，都可以打破這種糾纏。以媽媽跟女兒的糾纏爲例，媽媽希望女兒聽話懂事，找個她認可的男朋友。女兒可以這樣想：媽媽有這樣的期待，可是我無法滿足。如果女兒到此爲止，不再期待媽媽會通情達理，不再試圖改變媽媽，那這個迴圈就結束了。

也許你會問：如果我停在這裡，不去滿足媽媽的期待，是不是很自私？

如果你認爲這是一種自私，那你只能自私一點。對媽媽的內疚，是孩子獨立的代價。

也許你會問：如果媽媽不符合我的期待，而我停在這裡，承認她不夠通情達理，那我豈不是很失望？

是的，你會很失望，可是我們只能自己處理這種失望。有時候，別人就是不會按我們的想法行事，哪怕是我們最親近的人。

在關係的糾纏中，我們眞正害怕的是什麼呢？也許不是內疚，也不是失望，而是情感上的遠離。我們最害怕的是，原來最親近的人也會和我們有矛盾和衝突；原來，我們只能過好自己的生活。這就是關係中的事實。我們就是不願意承認這個事實，才會讓關係中的彼此那麼糾纏，那麼痛苦。

所有的糾纏，究其本質，就是我們既不願承認對方跟自己有差異，也不願就此放手。既不願意承認我們滿足不了對方的期待，也不認定對方滿足不了我們的期待。拚命想把對方改造成自己想要的樣子，並因爲改造失敗而責怪對方不配合。

擺脫糾纏帶來的傷害

關係的糾纏，常常伴隨著相互傷害。而對傷害的處理，很容易變成一種新的糾纏。

二〇一七年春節時，網路上流傳著一篇聲討父母的檄文，是個男生寫的。他從北大畢業以後到美國留學就沒再回家，可是心裡嚥不下一口氣，就寫了篇長文，歷數父母以前對自己的種種傷害。我看到這篇文章時，心裡想的是，他已經好多年不回家，爲什麼還是放不下這種傷害，要用寫文章聲討的方式，跟父母再次糾纏在一起呢？其實，他期待父母能意識到對他的傷害，給他一個道歉。很多憤怒、控訴、攻擊，最終都是希望對方看到我們所受的傷害，向我們道歉而已。可是期待對方道歉，是另一種形式的糾纏。也許有一天他的父母會醒悟，會向他說對不起，也許永遠不會。可是，這男生要花多少時間守在這段關係裡，等待這個道歉呢？

如果我們一直等著某個道歉，就等於一直把自己放在受害者的位置，不停暴露自己的傷口，來強化對方需要道歉的理由。

那麼，該怎麼擺脫糾纏帶來的傷害呢？

在諮商室裡，有時候我會跟來訪者談談原諒的可能性。談原諒是很難的，因爲談得不好的話，來訪者就會覺得我是站著說話不腰疼（譬喻不了解實情，只管口頭講述，脫離實際），甚至覺得我是在幫那個傷害他的人說話。是啊，一個人心裡的委屈，怎麼能輕易放下呢？

可是，我說的原諒，並不是要求他們強行寬恕傷害他們的人，也不是要求他們不要憤怒和抱怨——畢竟我們都不是聖人，無法控制自己的感覺。我會跟他們講原諒的另一種涵義。

「原諒」的英文是forgive。我曾聽一位教授說過，其中的give不是給對方的，而是給我們自己的。也就是說，原諒不是給對方寬恕，而是給自己空間，擺脫關係的糾纏，發展自己。也許，這就是所有糾纏最終的解決之道。

自我發展之問

你是否陷入過糾纏的關係中，比如和父母、伴侶或者同事之間？

這段糾纏關係的源頭是什麼？你們雙方各自做了什麼事，讓這種糾纏維持，甚至擴大？

在情感上，這段糾纏背後有你們如何複雜且矛盾的情感？在行為上，這段糾纏包含了什麼樣相互加強的迴圈和對稱？

課題分離：如何解決關係問題

課題分離解決人際難題

在前文裡，我介紹了感覺的混淆、責任的混淆以及關係混淆帶來的後果——關係的糾纏。知道了不健康關係帶來的危害後，我們該怎麼建立健康的關係呢？不妨先來思考一下，爲什麼會有人際關係的煩惱？

其實，**這類煩惱的主要根源是：分不清什麼是別人的事，什麼是自己的事**。這會讓一個人很容易變得敏感內向，受他人情緒的影響，活在別人的評價和期待中。甚至把別人的期待變成自己的期待，把別人的情感當成自己的情感。而自我發展成熟的標誌，就是越來越能分清楚別人的事和自己的事、別人的情感和自己的情感。自我的邊界，就是透過這種區分確立起來的。

這就是**課題分離，它是處理人際關係的基本原則，也是建立健康關係的基礎**。

「課題分離」是著名心理學家阿德勒提出的理論，大意是要想解決人際關係的煩惱，就要區分什麼是你的課題，什麼是我的課題。我只負責把自己的課題做好，而你只負責把你的課題完成。至於判斷一件事是誰的課題，有一個簡單的準則：看行動的直接後果由誰承擔，誰承擔，誰就該負責。

很多讓人頭疼的人際關係難題，都能用課題分離的思路解決，如以下三種典型難題。

第一種難題：很多人不知道怎麼表達自己的需要。

比如，室友太吵了，我們不知道該怎麼說；朋友借了幾百塊錢忘了還，我們不知道該不該討；同事搶了我們的功勞，我們不知道該怎麼表達不滿。這些事如此困難，是因爲我們總是依據想像中別人的回應和看法，來決定自己應不應該表達自己眞實的需要。如果我們在以往的人際關係中被拒絕很多次，那會讓表達需要變得更加困難。

可是，從課題分離的角度思考，「表達需要」是我們自己的課題，而別人接受或拒絕，那是他們的課題。我們不能把自己變成探測他人需要的敏感雷達，而看不到自己的需要。

第二種難題：很多人不知道該怎麼拒絕別人。

我有個朋友是老好人，同事總是找他幫忙。有些事他並不願意做，卻總不好意思拒絕。結果，他就成了公司裡的「救火隊員」。但是他內心又有很多抱怨，經常覺得同事利用自己。於是我問他：「如果你拒絕別人，你會擔心什麼？」

他說：「擔心別人說我小氣，這麼點忙都不肯幫。」

用課題分離的思路來理解，別人遇到困難，提出請求，那是別人的事；可是接受還是拒絕，那是我們自己的事。不能因爲自己拒絕起來有困難，就抱怨同事不該提請求。如果我們選擇拒絕，別人怎麼評價，那又是別人的事了。它既不是我們能控制的，也不是我們能剝奪的。因此，別人怎麼評價我們，不應該成爲我們的行事準則。

第三種難題，很多人因爲害怕失敗而不敢嘗試。

在害怕失敗的背後，很多人眞正怕的是什麼呢？歸根結柢，是害怕別人的評價。我有個朋友，經常擔心自己在公司表現不好，擔心人力資源專員會給他的績效打不合格，因爲他的公司實行的是末位淘汰制。爲此，他很焦慮，甚至無法好好工作。我跟他開玩笑說：「我覺得人資應該分一份工資給你。你一直在操心人資的事情，卻沒有好好做自己的工作。」

我的一些來訪者還會擔心人資看不上他們的履歷，因此不敢投履歷找工作。我會對他們說：「你其實不是覺得自己不行，而是覺得自己很行，至少比人資專業，因爲你相信自己的判斷比他們更準確。如果你想找一份工作，就應該去投履歷。投出去，你的課題就已經完成了。判斷你合格不合格，那是人資的課題。如果他們覺得你資歷不夠，你也別太難過，畢竟這是他的工作；如果他們覺得你還不錯，也別質疑對方的決定，哪怕你覺得自己很糟。」

家人間更需要課題分離

解決普通的人際關係交往難題可以遵循課題分離的原則，那家人之間呢？其實也可以遵循相似的原則。只不過，因爲我們和家人之間的情感聯繫更加緊密，對家人的感受更加敏感，以課題分離的原則來處理會更加困難。

在諮商室裡，我經常遇到的一個難題是父母和成年子女的情感糾纏。我曾遇到一對母女，因爲爸爸出門在外做生意，很少回家，媽媽一直把女兒的成材當成唯一的人生目標。爲了陪女兒讀書，媽媽把房子賣了，在女兒的高中附近租房子。後來女兒長大了，要出國讀書，她就對女兒進行各種控制。比如跟著女兒參加同學會；女兒回家稍晚一些，就打很多通電話。女兒對此很抗拒，母女倆經常吵架。

我問這位媽媽：「妳爲什麼把女兒看得那麼緊？」她說了一堆理由，比如自我管理能力不行、心智還不夠成熟……歸根結柢，她其實想說：「女兒還小，還需要我」。我就問女兒：「妳還這麼需要媽媽管嗎？」她在旁邊使勁搖頭。看到女兒搖頭，媽媽有些黯然神傷。

我對媽媽說：「我看過一部電影，有名女子出生在一個非常守舊的家庭裡。她愛上了一名男子，但沒能力突破家庭的束縛，最後嫁給一個自己完全不愛的男人。結婚後，他們有了個兒子，她就把所有注意力放到兒子身上。慢慢地，兒子長大要離家了。臨走時，兒子問媽媽：『媽媽，我走了，妳會孤單嗎？會寂寞嗎？我走了，孤單的時候，誰來安慰你呢？』媽媽說：『你走了，我會孤單、會寂寞，也找不到人安慰。可是我不要把我自己的困難，變成你不能出去的理由。』」

我對這位媽媽說：「現在，妳也面臨這樣的狀況，妳會怎麼選擇呢？」

她沉默了很久才說：「我一直覺得，我已經把自己最好的東西都給了女兒。現在我知道了，原來我自己變成一個負擔。我當然選擇退一步了。」

她說這話的時候，有很多心酸。這些心酸，也是女兒不忍離開的理由。但就是兩人過於緊密的牽絆，讓她們都不快樂。

這是講給父母聽的故事，但是如果我的來訪者是成年子女，我就會講另外一個故事。

我有名來訪者，他媽媽靠關係在自己的單位替他找了一份工作。現在他已經工作兩、三年了，還和父母住一起。媽媽自然很照顧他，每天做早飯、關心他的日常起居。如果晚一點回家，媽媽都會打電話問。其實他想換個城市工作，可是不知道該怎麼面對媽媽的失望。

有一天他說：「老師，我怎麼就沒有一個懂得放手的媽媽呢？」

我問：「是媽媽不讓你走嗎？」

「她倒是沒說什麼，可是我一看她的眼神，就知道她是不可能安安心心讓我走的。」

「如果是這樣，那你其實不是討厭她照顧你，而是在要求一個更大的照顧。你要她放棄對你的關照，自己主動離開。可是，媽媽總是很愛子女的，這並不是什麼錯。離家是你的課題，不是你媽媽的課題。你應該自己去爭取，而不是埋怨她沒有主動讓你離開。」

他想了一會兒說：「是的，這是我自己的事。」

這兩個對稱的故事看起來矛盾，但說的都是同樣的道理：怎麼在情感的糾纏中，分清楚什麼是我們自己的事情，並把自己的事情做好。課題分離是沒有條件的。如果我們一定要別人先做什麼，自己才能做什麼，那就不是課題分離了。

還記得第二章介紹過的「控制兩分法」嗎？控制我們能控制的事情，而不妄圖掌控我們不能控制的事情。課題分離，就是人際關係中的控制兩分法。因爲歸根結柢，每個人都只能做好自己的事情。如果我們眞的把自己的事情做好了，把別人的事情留給別人操心，我們也許就不會擔心別人的評價。那些來自人際關係的煩惱和羈絆，就不會那麼困擾著我們。

自我發展之問

你是否曾陷入這樣的關係：別人的需要和你自己的需要之間存在衝突，你想拒絕，卻擔心別人不高興，想接受卻又不甘心。

試著用課題分離的原則來分析：在這個矛盾裡，什麼是你的事？什麼是別人的事？

自我發展的三個階段：如何變得更成熟

自我中心階段和他人階段

處理複雜人際關係的原則，是能夠分清什麼是自己的事，什麼是別人的事。可是分清之後呢？在處理人際關係的時候，我們怎麼才能眞正變得成熟呢？我們怎麼才能擺脫人際關係的影響，變得自由呢？

自我在人際關係中的發展，通常會經歷三個階段，即自我中心階段、他人階段和獨立階段。只有進入獨立階段，我們在關係中才能實現自由。

第一個階段是，自我中心階段。在這個階段，我們會自然地覺得世界和他人是圍繞自己的需要來運轉，把自己的需要和願望當成別人的需要和願望，把自己關注的中心當成他人關注的中心。在這個階段，每個人都覺得自己站在舞臺的中央，別人只是觀衆。別人照顧我們、對我們好，是理所當然的。

可是慢慢的，我們就會發現，事情不是這樣的。其他人也有自己的需要、期待和意見，他們並不總是關心我們，很多時候他們只關心自己。這個發現會讓我們感到驚奇，也會讓我們有挫折感。

慢慢地，我們就進入了第二個階段——他人階段。在這個階段，我們逐漸意識到自我和他人之間的差異，並將之理解爲一種衝突，進而想要解決這種差異。在這個階段，有兩個典型的標誌。

標誌一：讓他人決定我們的行為

第一個標誌，是把自己放到被動的位置，讓他人來決定我們的行爲。

這個階段的人往往會有兩種不同的態度。一種是順從，即爲了別人委屈自己。我們會生活在別人的目光和期待中，覺得別人的評價、贊許、關心、憤怒都是最重要的事情。我們會因爲無法滿足別人的願望而深深地內疚和自責，卻忽視了自己的需要和價値。

這背後潛藏著一種隱密的交易期待：如果我特別聽話，如果我順從你，你就應該給我需要的東西——安全感和愛。

但這種期待有時只是一廂情願。它沒能實現時，我們就會選擇另一種態度——反抗。

很多青春期的孩子都有這樣的反抗：父母、老師覺得孩子應該好好學習，孩子偏不學；

父母、老師要孩子循規蹈矩，孩子偏不聽話。孩子的這些反抗是把自己當工具，透過自己來表達憤怒，就好像在抗議其他人違背了隱密的契約。

可是這種反抗只是另一種形式的順從。因爲它沒有自己的價值標準，只能透過反抗別人來彰顯自己與衆不同。

無論順從還是反抗，都是把自己放到被動的位置，並讓他人來決定自我的行爲。

很久以前，我在一所大學實習，擔任新生班的班導師。班裡有個男生吊兒郎當的，不守紀律，成績也不好。但是這樣的男生常常能量巨大。在班級選舉中，他讓班裡的男同學都選他當班長，還說了很多類似「你不選我就不夠有義氣」的話，給了同學很大的壓力。結果很多人迫於壓力眞的選了他。我身爲實習班導師，考慮再三，最後推翻了這個選舉結果。

那個男生非常生氣，發了一條簡訊給我：「陳老師，你知道嗎，我原來打算到大學以後洗心革面好好做人的，所以才努力讓大家選我當班長。現在你堵死了我進步的路，那我只好繼續墮落。」

在收到簡訊的那一瞬間，我有些內疚，覺得自己耽誤了一個大好青年的前途。可是後來仔細一想，這種內疚是從哪裡來的呢？是這個男生給我的。

這男生有個目標，他因爲沒實現而感到生氣，甚至憤怒，這一點我能夠理解。但他表達生氣的方式是說：我之所以維持這麼糟糕的狀態，都是你的錯。

這種方式雖然能洩憤，卻讓他把自己放到一個讓別人來決定人生的被動位置：我是想要變好的，可是你沒有爲我的好創造條件，所以我的糟糕狀態應該由你來負責，這都是你的錯。這並不是成熟和獨立的表現，因爲他沒意識到，最終爲結果買單的人還是他自己。

「我不好」有時不僅是種語言上的攻擊，還會變成一種尋求幫助和安慰的生活策略。

有位很資深的諮商師遇到一名總是把事情搞砸的來訪者。好好的工作，他故意犯了一個錯，結果被開除了；找了個女朋友，故意說了一些話，把她給氣走了。每當發生這類事情的時候，他媽媽就會很著急，幫他想辦法。這讓他覺得內疚，覺得自己讓媽媽擔心了。

聽了他的故事，諮商師就跟他說：「你不讓自己擁有一點點好東西，是因爲哪怕自己擁有一點點好東西，就沒有人願意幫助你、照顧你。」

無論是用「我不好」來表達反抗，還是用「我不好」來博取同情，都是把自己放到被動的位置上。這背後的假設都是：我的人生應該由別人負責。

標誌二：難以容忍差異

他人階段的第二個標誌是，我們很難容忍和別人的差異。

處於他人階段的人，很難容忍自我和他人的差異。有時候我們會被別人影響，有時候我們很想去影響別人、改造別人，讓他們跟自己一樣。

越親近的人，越難容忍他們跟自己不同。我猜這主要是因為，有時候我們需要透過確認自己和其他人一樣，從而獲得「我們是站在一起的」，甚至「我們是一體的」這種感覺，來消除孤獨感。有時候，我們會覺得這種差異威脅到自我，於是選擇用否認、抹殺、攻擊的方式來保衛自己。更多時候，我們是希望透過其他人為自己改變，來確認他們在乎我們、認同我們，進而評定自己在他人心裡是重要的。

這很容易造成關係的糾纏，讓自我在過於緊密的關係中失去發展的空間。

不能容忍差異，還會造成各種人際關係的衝突和煩惱。我在諮商室裡經常遇到爭吵的夫妻，他們因為不能容忍彼此的差異，關係變得特別緊張。

比如妻子會跟丈夫說：「你看別人家孩子都在報名學習奧數，如果我們家不報名，不會落後嗎？」

丈夫跟妻子說：「小孩子就這麼焦慮，長大了心理素質就不好，更沒有長久的學習動力，這叫涸澤而漁。」

他們都覺得自己堅持的是重要的事情，所以一點都不肯妥協，兩人因此吵得不可開交。

當然，夫妻之間的差異不是容忍就可以了，還需要達成一致，才能有進一步的行動。

成熟的夫妻會怎麼辦呢？

妻子會說：「我覺得應該報名學習奧數！」

丈夫會說：「我覺得孩子應該多休息！」

兩人會一起商量，雖然還是會有爭執，甚至吵架，但最後他們會以一種創造性的方式達成協議。比如丈夫可能會說：「好，那就先試試看，萬一孩子不愛學，就不學了。」妻子可能會說：「那先買些書讓他接觸接觸，要是他有興趣就去報名。」

他們在觀念上是有差異，可是在更高的層次上達成了某種一致：無論我們有什麼樣的爭執，不要讓這種衝突影響我們的關係。因爲有這種共識，反而更能夠容忍彼此的矛盾和差異。

獨立階段

我們有了自我負責和容忍差異的能力以後，就不會在人際關係中輕易掉入順從或反抗的陷阱，而是會進入人際關係的第三個階段——獨立階段。

在這個階段，我們不僅能夠在一定程度上分清楚什麼是別人的課題，把自己和他人分開，還能夠理解他人，同時尊重自己。

我有個朋友，孔武有力，有八塊腹肌，年輕時經常在街頭跟人打架。後來慢慢「棄武從文」，變成辦公室裡的高級白領。有天我們一起聊天，我問他什麼時候覺得自己成熟了。他說：「年輕的時候如果有街頭混混來惹我，我是一定要跟他幹一架的。可是現在有街頭混混來惹我的話，我拍拍屁股就走了。」

爲什麼他會把逃避視爲一種成熟？因爲以前打架的時候，雖然英勇，但他行爲的來源還是混混。可是現在不同了，他有了選擇的權利。他既可以選擇跟混混打架，也可以選擇離開。這種選擇的自由，就是成熟。

當時我跟他開玩笑：「你是變懦弱了，爲自己的懦弱找藉口。你的血性呢？這可眞是人到中年的悲哀啊！」

他一點都不生氣，只是笑笑說不值得而已。

這時候，我覺得他眞的成熟了。混混的挑釁不能影響他，連我「懦弱」的評價也無法影響他。他有自己的行事原則，他知道怎麼做對自己好。

羅曼．羅蘭說過：「眞正的英勇是認清現實以後還能熱愛現實。」這句話也適用於人際關係的準則。當我們內心的信念（而不是他人的態度）變成我們行爲的主導時，我們就獲得了一種主動的、對自己負責的姿態。這時候，我們就開始成熟起來。孔子說：「君子求諸己，小人求諸人。」就是指君子遵循內心的規則行事，說的正是這個道理。

自我發展之問

你是否陷入過這種情境：為了反抗他人的要求，或者表達對他人的不滿而做出行動，卻忘了自己真正想要的是什麼？在這種情境下，反抗是否為擺脫這種限制的唯一方式？你真正想要的東西又是什麼？如何才能得到它？

新關係：關係是如何進化的

獨立意味著孤獨

我看過一部關於生命的紀錄片，述說所有生命在很久很久以前，都是從同一個細胞演化來的。細胞不斷分化、分離，變成各種動物、植物、微生物，地球才有了豐富多采多姿的生命圈。

在某種意義上，人也在不斷經歷這樣的分化和分離。從生理上看，這種分離從我們自娘胎出來，呱呱墜地開始，就已經完成了。可是關係上的分離，就不那麼容易了。無論在家庭、組織還是其他群體中，如果我們總是對他人抱有天眞的幻想、總是惦記著他人的目光、總是讓別人的情緒影響自己的情緒、總是因爲內疚不能維護自己的邊界，或者利用內疚去控制別人，那我們並沒有和他人分離，我們和他人還是一體的。

只有當我們慢慢地走過自我階段、他人階段，到達獨立階段，我們才能在人際關係中變得遊刃有餘。這時候，別人再也無法限制我們，除非我們想要接受限制。我們變得自由了，同時不會去侵犯別人的自由。我們在關係中所做的事，才能更發乎本心。

可是，獨立並不是容易的事。在一定程度上，它也意味著孤獨。**一個獨立的人，是在心理上眞正斷奶的人。**當他遇到麻煩或心情不好時，不再對親人、朋友、同事懷有「理所當然」的期待。他可以求助，這是他自己的課題。同時他知道，別人幫不幫，是別人的課題。從獨立的那天開始，他就失去了抱怨的理由和資格。當然，他也不需要對別人的情緒懷有什麼理所當然的責任，因爲這是別人的課題。去掉了人與人之間習以爲常、透過控制和期待來維持聯繫的方式，一個獨立的人怎麼能不孤獨呢？

孤獨，也許正是人生的某種眞相。畢竟，在這個世界上，沒有人能夠完全理解另一人，也沒有人能完全爲另一人的生活負責。我們總說，這是「我的」家人、「我的」戀人、「我的」孩子、「我」最好的朋友，好像我們擁有某個人一樣。**擁有是人際關係中最大的幻覺，沒有人能夠擁有另一人，我們只是在各自的旅程相遇，彼此同行。**這種相遇又長又短，最終我們還是會分開，各走各的路。

但正是因爲別人沒有必要一定得對我們好，才有了感恩的理由。正是因爲我們不知道對方會不會欺騙自己，才會有信任。正是因爲我們能夠離開，堅守才顯得可貴。**自由是美德的前提，所有人際關係中美好的東西，只有出於自願的選擇，才會變成一種美德。**否則，它們就會變成一種「不得不」的被迫，關係裡的兩人則會充滿怨念地相互糾纏。

獨立不會加劇人與人的隔離

那麼，獨立跟我們在關係上的親近矛盾嗎？未必。獨立之後，大部分人還是會投入和他人的關係中，只是這是自己主動選擇的。

曾有位爸爸聽了我的講座後問：「如果說爸爸的事是爸爸的事，兒子的事是兒子的事，我兒子有困難的話，我是不是就不用幫他了？這是不是太自私了？」那時，他的兒子剛結束大學考試，正在糾結要去哪裡讀、要學什麼專業。我說：「不是。如果你覺得幫兒子僅僅是出於爸爸的義務，是被迫的，那你就可以不去幫他，畢竟那是他自己的事。可是很多時候，就算沒有爸爸這個身分和義務，我們仍然願意去幫兒子。這時候，這就是我們自己的事情，是我們想幫他。這樣，你給了自己自由，也給了兒子自由。」

獨立不會加劇人與人之間的隔離。這是因爲，一個人信奉獨立和自由，同時也相信人性的善。如果你認定人的本心是自私自利、冷酷無情，那麼人的獨立和自由必然會加劇人與人之間的隔絕。可是如果你相信，即使沒有被脅迫，沒有「必須」和「應該」，人仍然願意對他人表現出善意，那獨立和分離只會讓人與人之間的相互支持和幫助，回歸到自發自願的本心。我們這麼做的時候，不再是因爲害怕別人失望，也不是爲了別人的感激或回報，只是出於對另一人本能的愛和同情——儘管我們知道，自己不必這麼做。

分離不是人際關係的終點

在前文，我舉了很多成年子女和父母分離的例子。也許你會有個疑問：我是不是一定要和自己的原生家庭分離？

如果從家庭發展的理論來看，孩子長大離家是自我發展的基本規律。可是我想強調的重點，是自發自願。

曾有個大學畢業不久的男生聽了課題分離的理論後，跟我說他的父母很想要他回老家。他知道父母的困難是他們的事情，但他還是選擇回家鄉的小城市照顧父母，因爲他覺得這就是他想做的事。我說：「好的，祝福你。」

家庭治療師莫妮卡．麥戈德里克曾經寫了《你能再次回家：和你的家庭重新連結》（*You Can Go Home Again: Reconnecting with Your Family*），這本書表示，只有離開過家庭的人才能選擇回家。同樣的，只有在關係中獨立了，我們才能以成熟的姿態眞正自主地投入一段關係。

分離從來不是人際關係的終點，自發自願的選擇才是。

很多年以前，我看過一個節目，介紹了東北的一對母子。母親已經八十多歲了，兒子六十多歲，退休在家。母親住在城市的公寓裡，每天都很無聊。兒子就改裝了一輛三輪車，裝上行李家當，帶著母親周遊全國。老太太年紀實在太大了，神智都有些不清楚，居然在節目現場睡著，打起鼾來。當她醒來，說起旅程上的趣事時，雖然說得不清楚，卻笑顏逐開。主持人問她：「妳怎麼看兒子騎三輪車陪妳周遊全國呢？」

主持人想讓老太太說些感激兒子的話，可是老太太挺直脖子，很不客氣地說：「這有什麼，不都是一代頂一代的嗎？」

兒子陪著她在那兒嘿嘿笑。他在節目裡說：「我們就準備這樣一直走在路上了，萬一哪天我娘沒了，我覺得她也算去得安心。」

這節目是十幾年前播出的，也許這位老太太現在已經過世了，可是我一直記著母子倆單純的笑。這個笑裡，有最樸素、最深情的關係在。

沒有什麼關係是絕對的，只要別讓自己過得那麼苦就好，更不要明明是自己讓自己過得那麼苦，還要去怨別人。

關係讓我們迷失，也讓我們找回自己

最後，我想用一個故事來結束關於人際關係的這一章。

有位挺有名的畫家從小就教兒子畫畫，希望能子承父業。他對兒子很嚴格，兒子的童年都泡在畫畫裡，還經受很多批評和指責。高中的時候，兒子開始叛逆，不想畫畫了，但畫家還是逼著兒子報考一所藝術院校。結果，兒子四年都沒再拿起畫筆，輟學做生意去了。畫家各種威逼利誘，兒子就是不聽。父子之間發生過很多衝突和爭吵，但都沒有結果。最後畫家只好遺憾地放棄了。

過了幾年，畫家病重去世了，臨走前對兒子說：「是爸爸不對，爸爸不該逼你做自己不想做的事情，你就原諒爸爸吧，去做你自己想做的事情。」

畫家去世後，兒子去了另一座城市重新拿起畫筆。四十多歲時，成了小有名氣的畫家。關係就是這麼神奇，它讓我們迷失，也讓我們重新找回自己。也許只有放下對關係的糾纏，我們才知道自己真正想要的是什麼。

自我發展之問

回想一段對你重要的關係。在哪些時候，你覺得自己和對方的相處是出於自發自願的選擇？在哪些時候，你覺得是因為身分、責任、義務而「不得不」這樣做？

如果能拋開身分、責任、義務來自由選擇，你會選擇什麼樣的相處方式？為什麼？

第四章

走出人生的瓶頸

人從來不是靜止的，總是在不停地發展和變化。
如果說關係的視角讓我們把自我跟他人相連，
那變化的視角就會讓我們把現在跟過去、未來相連。

我會把人放到變化的進程中，
從變化的視角幫你重新理解自我和自我的發展。
理解人是如何抗拒變化的，又是如何艱難地適應變化，
並從這些變化中發展出嶄新的自我，成就了不起的自我。

轉折期：逆境也是新機會

轉折期是自我發展的重要部分

我在上一章提到，每個人都不是獨立的。只有把自我放到關係中，我們才能好好地認識自我和自我發展。而這一章，我要介紹的是，每個人都不是靜止的。只有把自我放到改變的歷程中，我們才能好好地認識自我和自我發展。

在本章開始前，我想先問一個問題：「你還記不記得自己上一次人生的重要轉變，發生在什麼時候？」

那時候你是剛走出校園，到一間陌生的公司上班，還是放棄了別人覺得不錯的工作，開始了新的職業探索？你是結束了單身，開始經營自己的婚姻和家庭，還是離開了相愛已久的戀人，重新開始一個人的生活？你是找到了一個讓你激動的夢想，還是放棄了奮鬥已久的理想？

你還記不記得，你是怎麼經歷這些轉變，才變成今天的自己？

記憶總是輕易地把過去整理成一條平順的、符合邏輯的曲線，讓我們誤以爲自我的轉變是一個連續的、緩慢的、漸進的過程——其實並不是。在現實生活中，自我發展常常需要經歷很多跨越式的轉變，這個過程伴隨著劇烈的變動和強烈的不安。就好像在某些時刻，你忽然發現自己已經越過了生命中一條神祕的紅線，到了某個從未去過的新領域。熟悉的舊生活已經過去，想要的新生活還沒到來，你被留在新舊交替的關口，茫然無措。這就是「轉折期」。

爲什麼一本關於自我發展的書，要寫到人生重要的轉折期呢？當然是因爲它很重要。一個人經歷了什麼樣的轉折期，又是如何度過，很大程度上決定了他是什麼樣的人。如果有個人一生都發展平順，從未經歷過掙扎和困難，這種平順本身會變成另一種形式的挫折，把他變成一個格外平面和膚淺的人。每一個轉折期，都在更新我們對世界和自我的認識，都在考驗我們的意志和精神，都在給我們的自我增添新的內容。如果沒有這些，自我就會變得寡淡無味。

自我的發展需要一些特別的張力，才能幫我們跨過某些階段。而轉折期就能提供這樣的張力。所以，人需要轉折期。而怎麼經歷和度過，也是自我形成和發展的重要組成部分。

轉折期的意義

轉折期對自我發展有兩個意義。第一個是，它會更新我們對自我的理解。

在日常生活中，我們習慣用各種固定的個性標籤來形容自己，比如敏感、內向、自卑等，這是一種靜止的視角。而發展的視角，就是意識到人是會變化的。在轉變的不同階段，人的心理狀態並不一樣。在某些重要的轉折期，心理的變化會格外劇烈。所以，消極的心理狀態很可能是變化的特性，而不是自我的特性。

舉個例子。經常有朋友跟我說，他被醫院診斷出憂鬱症，這帶給他很大的心理壓力。憂鬱症帶來的困擾，除了情緒問題本身，還有「憂鬱症」這個標籤包含的沉重涵義：我病了，從此不是一個正常人了。這是一種靜止的視角。

如果用發展的視角看會怎麼樣呢？

當我看到一個人憂鬱的時候，我會想，這個人一定在經歷人生的某些重要轉變，才會心情低落。如果他的憂鬱很嚴重，我就會想，也許是這個轉變的過程特別重要，對他來說特別艱難。如果他的憂鬱情緒持續了很久，也許是他在這個轉變過程中被卡在某個地方了，讓轉變無法順利完成。這就是發展的視角：不是人有問題，而是轉變的過程出了問題。比如，人被卡住了，才有了憂鬱的情緒。

這樣的視角會帶來很多好處。心理學大師米紐慶曾講過這樣一個案例。

有位年近七旬的老太太，在一間公寓裡住了二十五年。有一天，她發現家裡失竊了，就找了一間搬家公司搬家。可是搬完家後，她總覺得那些搬東西的工人試圖監控她。他們故意把貴重的東西放錯地方、弄丟，還在她的新家具上留下邪惡的密碼標記（其實那是搬家公司替家具做的標記）。當她外出時，搬家工人就會跟蹤她，並且相互發暗號。

她去醫院看了精神科，醫生當然覺得她精神有問題，出現了妄想，於是開給她一些藥。但她不想吃，覺得醫生故意用藥害她。於是，她找到一位心理諮商師。這位諮商師沒提精神問題的事，只是跟她解釋：「妳現在處於一個特殊的時期，妳失去了原先的殼——妳以前的家、熟悉的物件、熟悉的街區和鄰居。現在，妳就像脫殼的甲殼類動物一樣很容易受傷。只有長出新殼來，才會好轉。」

諮商師跟她討論，怎麼縮短長出新殼所須花費的時間，比如，把新房子裝飾得跟原來的公寓相似、讓她的生活變得更規律些。諮商師還說，她不應該期望兩個星期內就能在新地方交到朋友，這不符合新殼的生長週期。她應該去拜訪老朋友。但爲了不給朋友和家人造成負擔，她最好不要敘述疑神疑鬼的經歷。如果有人打聽，就說那些只是糊塗且容易害怕的老年人問題。

精神科醫生的診斷自然有他的依據，有些情況下，思覺失調確實需要吃藥。可是，在這位老太太的案例中，心理諮商師用新殼的比喻，把老太太的情緒放到自我發展的進程中。孤獨的老太太需要的不是一個類似「妄想」的標籤，而是希望和出路。而換殼這個比喻，幫助她找到了出路。這就是用發展眼光看自我的好處。

這個換殼比喻的作用，正是轉折期的第二個意義——更新我們對自我發展的理解。

在諮商中，我常會這樣對來訪者說：「人就像某些動物一樣，長大到一定程度後，需要把原有的殼脫掉。這個脫殼的過程是很痛苦的，但必不可少。因爲舊殼限制了動物。如果牠們一直背著舊殼，就沒辦法繼續生長。你可以把這個舊殼理解爲是舊的工作、舊的關係、舊的習慣。自我的發展也需要經歷很多次脫殼，這同樣會帶給我們痛苦和迷茫。但這不是自我的問題，恰恰是自我發展需要經歷的道路。」

以經驗的視角看，自我發展是透過新行爲創造新經驗的過程；用思維進化的視角看，自我發展是透過接觸現實創造新思維的過程；從關係的視角看，自我發展是透過釐清「你的」和「我的」，來構建新關係的過程。

而**用變化的視角看，自我發展是透過自我的打碎和重構，從舊階段過渡到新階段的過程**。這個階段的變化，常常孕育著新經驗、新思維、新關係的產生，它是轉變的綜合，常常伴隨著更劇烈的情緒波動，會持續更長的時間。它不是一種發展的量變，而是一種發展的質變。

蝌蚪會慢慢長大，這是一種量變。可是有一天，蝌蚪脫去了尾巴，變成了青蛙，這就是一種質變了。雖然青蛙是從蝌蚪發展過來的，但青蛙不是長大了的蝌蚪。同樣，也許你在工作中每天都在接觸新的東西，偶爾會想創業是不是更好；或者你在關係中會跟另一半鬧鬧情緒，有時候會懷疑彼此是否合適。可當你眞正決定辭職創業或者分手的時候，感受還是會很不一樣，之後的經歷更是不同。生活的轉折期，就是這樣一種質變。

有人說，從舊階段向新階段過渡的過程，很像死亡和重生。自我中那些受限制的、老朽的部分在轉變中慢慢死去，但是新的自我在這種變動中生長起來。自我就是這樣，在一個個轉變的過程中不斷成長更新，逐漸變得豐富。

但是，轉變並不一定帶來世俗意義上更好的生活。

有些人會這樣安慰朋友：失戀了，你會找到更好的伴侶；離職了，你會找到更好的事業。如果一個人運氣好，這種事也許經常發生。但是從這個角度來理解轉變，就太功利了。**轉變的本質，不是外在的新舊更替，而是內在自我的重構**。如果我們順利地度過了這個階段，完成了自我的重構，我們心裡會生出一些深沉的智慧，我們會對自己有更多了解、會理順和自己的關係、會變得更加堅定而無所畏懼。

據說在原始部落裡存在著一些神祕儀式，用來幫助人們度過轉變的過程。其中有一個儀式是這樣的。

晚上，原始部落的村民們聚在篝火旁，圍著一個將要成年的青年唱歌跳舞。部族的長老會爲青年唱部落的聖歌，用鐮刀在青年臉上留下兩道傷疤，象徵著生活的殘酷。然後，這名青年就要離開部落，去森林裡流浪。他沒有身分、沒有家人、沒有部落，有的只是他自己，獨自面對存在本身。

兩個月後，他會以新的身分重新回到村莊，臉上的刀疤會變爲成人的標記。當他回來的時候，已經不是那個少年了。做爲象徵，他的父母會將他從小到大睡過的席子扔到火裡燒掉。最開始的一段時間，他不會去認自己的父母，記不得原來熟悉的事情，少年的時光已經變成遙遠的記憶。接著，父母會給他取一個新名字。部族的長老會帶著他完成這樣的轉變，直到他習慣自己完全變成一個新的生命。

我們的生活裡雖然沒有這樣的儀式，可是我們都在經歷這樣的轉變：脫離部落，去荒野尋找自我，最後以一個新的身分回來。

自我發展之問

你上一次的重要轉變發生在什麼時候？當時發生了什麼事？你是怎麼度過的？它對你現在的影響是什麼？

結束：如何脫離舊自我

轉變從結束開始

轉折期的心理歷程有特殊的規律。美國作家威廉·布瑞奇在《轉變之書》中寫道，轉變要經歷三個階段：結束—迷茫—重生。他認爲轉變總是從結束開始的，結束之後緊跟著一段時間的迷茫和痛苦，在經歷了這些之後，慢慢才會有新的開始，也就是重生。

爲什麼轉變是從結束開始的？爲什麼我們不能在人生中不斷做加法，而偏要先做減法呢？以前我並不理解這個問題，直到我自己經歷了很多轉變，從一個體制內的大學老師，變成了一個自由執業的心理諮商師，我才慢慢理解：這是因爲**自我的發展是需要空間的。就像裝修一間房子，需要先把舊家具搬出去，才能把新家具搬進來。同樣的，我們只有先結束、先放棄，才能爲新的發展騰出空間。**

但這正是轉變最難的地方——誰會願意輕易結束呢？畢竟，我們對結束有很多根深蒂固的誤解。

第一種誤解是，容易把結束當成一種終結的形式、一種事物發展的最終結果。從開始到結束，然後什麼都沒有了。可是在轉變的歷程中，結束不僅並非最終的結果，相反的，它是另一種形式的開始。

第二種誤解是，容易把結束當成一種應該排除的意外，覺得那不是事物正常發展的軌道。事實上，結束不是旁支和意外，它就包含在自我發展的歷程中，是每個人都要經歷的事情。

第三種誤解是，容易把結束等同於錯誤。我有個朋友，和老婆之間遇到了一些麻煩。他就覺得自己當初選錯人，問我是不是應該改正這個錯誤，跟老婆離婚，重新開始。我告訴他，結束並不是改正錯誤。無論當時他是怎麼選擇的，都一定有自己的理由，這不是什麼錯誤。只不過隨著事情的發展，原來正確的事可能慢慢變得不正確了，結束就提上了日程（把一件事情列入解決範疇內）。

其實，結束有很多涵義，離婚只是結束的一種形式。放下心裡對理想伴侶的幻想，改變彼此傷害的相處模式，同樣是結束，而且不比離婚容易。結束並不是修正錯誤，而是我們順應變化的一種形式。結束是以往一段生活的終結，但不是生活本身的終結，它只是我們順應變化的過程和必經之路。

結束中最重要的事是脫離

結束到底是怎麼發生的呢？其中最重要的事情，就是脫離。就像一個孩子從母體脫離，堅硬的外殼從蛇身上脫離。結束始於脫離。結束帶來的脫離有三個涵義：環境的脫離、身分的脫離和目標的脫離。

一、環境的脫離

結束的時候，我們常常會離開熟悉的環境和關係。

我們的言行舉止是由我們所在的關係和環境決定的，它們規定了什麼是正確的，什麼是錯誤的。所以，當轉變發生的時候，我們要先脫離原本的關係和環境，重新思考自己。

我有個朋友，前幾年從一家中央媒體機關離職，去經營自己的公眾號（爲品牌推廣、資訊推送等服務而定制的微信帳號）。知道他要離職的消息後，周圍的同事都用一種奇怪的眼光看他。熟悉的同事會勸他，這個單位穩定，每年有那麼多大學生想進都進不來，不要衝動行事。不熟悉的同事會似笑非笑地用奇怪的語調說：「哇，這麼有魄力啊！」

他辦離職時，辦手續的大媽抬起頭問：「小夥子，你確定要離職嗎？」

他說：「我確定啊！」

大媽說：「你可要想清楚，你這個職缺，可是要部委主管才能批的。」

周圍的這些反應讓他有些忐忑，覺得自己做了個錯誤的選擇。可是，當他眞的離職了，到了新媒體的環境，接觸到新人群，他馬上覺得那些死守著沒落傳統媒體的同事才是眞正的異類。

轉變會讓人產生新的覺悟，可是新的覺悟很難一開始就有。我們也許很容易知道什麼是錯的，但很難馬上知道什麼是對的。如果在一個環境或者一段關係中，你經常感到疲憊、沮喪，甚至絕望，讓你不敢想自己的未來，那也許就是需要轉變的信號。如果你還在原來的環境和關係裡，很可能所有人都會告訴你，脫離環境是個錯得離譜的決定。可是，如果不能從原有的環境和關係中脫離，我們就很難發現新的路。就像前文提到的轉變儀式，青年需要脫離家庭和部落，在孤獨的流浪中思考自己是誰。我們的結束，經常也是從離開熟悉的環境或關係開始的。

二、身分的脫離

當我們脫離了原有的環境和關係時，其實也脫離了這個環境和關係附帶的角色和身分，會帶給自我新的困惑。**身分是什麼？它是我們看待自己的方式，也是別人看待我們的方式，是關於「我是誰」這個問題上，我們和他人達成的共識**。原來，這個身分的定義是穩固的，它既限制了我們，也給了我們足夠的安全感。它是自我的殼。現在，這個殼被打破了，我們就會困惑自己到底是誰。

我在浙江大學工作時，並不覺得「浙大老師」這個頭銜有多榮耀。可是在離職的過渡期，有次我應邀去一間企業演講，在做簡報首頁的時候，我猶豫了一下，還是把浙大老師的頭銜加上了。當我眞正從浙大離職後，我發現有段時間自己變得很心虛。

有天，我接到一通電話。電話那頭的人說：「陳老師，我們的孩子在大學裡遇到了一些情緒問題，我聽朋友介紹，想去你那裡諮商。」

我一直以爲是浙大老師的身分吸引了來訪者，讓不少人來找我諮商。所以，接到這通電話後，我的本能反應居然不是問她孩子出了什麼問題，而是問：「你知道我離開浙江大學了嗎？」

「知道的，」她笑了一下說，「我們信任你。」

至今我都很感謝那位媽媽。她信任我，不是因爲我在哪裡工作，而是因爲我這個人。這讓我重新去思考自己，思考什麼是身分帶給我的，什麼是剝離了特定的身分之後仍然保有的自我內核。這些自我內核，也許更接近自我的本質。

當我們脫離原有的關係和情境時，對身分產生困惑是很普遍的現象。結束時，脫離的身分越是接近自我定義的核心身分，轉變帶來的痛苦就越強烈。比如，一個人結婚後，他（她）就會把自己定義爲丈夫或者妻子，並以這樣的身分組織自己的生活。一旦離婚了，他（她）就會很痛苦。因爲對很多人來說，妻子或丈夫是一種很核心的身分。一旦脫離了，常常會伴隨強烈的焦慮和羞恥。無論我們再怎麼爲自己辯解、別人再怎麼安慰我們，我們心裡都會有一個小小的疑問：是不是我做得不夠好？失去了這個身分，是不是意味著我失敗了？

這樣的疑問，不僅跟身分脫離有關，也跟目標的脫離有關。

三、目標的脫離

人是根據目標來組織生活的。目標裡有我們過去的投入，也有對未來的期待。可以說，目標界定了什麼重要、什麼不重要，什麼該做、什麼不該做，也界定了什麼是成功、什麼是失敗。當我們選擇結束的時候，常常意味著，我們同時放棄了曾經堅持的目標。我們常常會有這樣的疑問：都已經堅持這麼長時間了，爲什麼不能再堅持一下呢？如果眞的不能堅持，我們又常常會覺得那是一種失敗。

可是換個角度思考，在組織我們生活的同時，目標也會讓我們的思維變得狹窄，讓我們只看到和目標相關的部分，甚至讓我們無法思考目標本身是不是值得的。在城市的辦公室裡，有很多忙碌且不快樂的人，有很多生活和工作失去平衡的人，他們當中有很多人也在堅持一個自以爲重要的目標。在他們眼裡，升職加薪、獲得老闆的賞識就是最重要的事情。他們經常鼓勵自己的話就是：熬一熬就好了、升職就好了、合約到手就好了、公司上市就好了。在這樣的目標體系裡，不快樂的現在就成了未來的犧牲品。**有一些堅持是好的，可是有一些堅持只不過是「我不願改變」的另一種說法。**

脫離目標後，人往往會非常失落。這也是人們總是牢牢抓著一個目標不放的原因。如果以目標為標準來思考，脫離目標也許意味著失敗。可是，我們獲得了一個機會，去重新思考生活中什麼是重要的、什麼其實沒那麼重要，我們可以重新尋找一個更有價值、讓我們更快樂的目標。這對自我發展而言至關重要。

不想結束、不想順應變化，是一種很普遍的心理舒適圈。就算我們知道一件事眞的要結束了，還是會想方設法延遲終結。我們會停留在一份已經不適合自己的工作中，就因為這份工作曾經很適合我們；我們會停留在一段不斷給自己帶來傷害的關係中，就因為這段關係曾經很甜蜜；我們無法學習用新的應對方式來處理新事物，就因為舊的應對方式曾經很有效。

一句話，我們無法結束，是因為怕疼。而有時候，害怕結束，會讓事情變得更加不可收拾，讓我們失去一些發展自我的機會。

自我發展之問

你是否經歷過或正在經歷艱難的結束？在這段結束裡，最讓你割捨不下的東西是什麼？

迷茫：如何孕育新自我

迷茫源於意義感的缺失

我聽很多人說過，在眞正結束的那一刻，他們感覺到的不是焦慮，而是解脫，因爲他們知道自己已經從某個令人困擾的問題中解脫出來了。但結束不是答案，相反的，它會給我們更多的問題。結束之後，迷茫就來了。得到APP的創始人羅振宇老師講過，他從央視離職以後，有很長一段時間惶惶不可終日。大部分的結束，都伴隨著這樣一段空虛迷茫的時期。很多時候，我們害怕結束，不僅是害怕結束帶來的損失，還害怕結束之後，那一段空虛和迷茫的時期。

意義感有兩個重要來源。一個是目標感，人是透過有價值的目標把自己的現在和未來連起來的。如果沒有目標，工作和生活都會變成一種湊合的狀態，這時候，人就會變得空虛、缺少力量。

另一個是人際關係。事實上，人的意義感是在關係中編織出來的。如果我們在生活中很孤獨，缺少親密關係，不知道誰眞的在乎我們，我們又眞的在乎誰，我們同樣會覺得空虛和無聊。

結束的後面會緊跟著一段迷茫的時期，是因爲當我們跟原來的關係、原先的身分、原來的目標脫離時，就暫時失去產生意義感的土壤。舊的生活已經過去了，而新的生活還沒有到來。我們被留在意義感的眞空裡，不知道自己身在何處，會去往哪裡。

迷茫中的三種典型心理

這種迷茫有什麼作用呢？我覺得，它像一個特別的容器，只不過這裡頭裝的不是空間，而是一個特定的人生階段。在這個容器裡，我們需要整理過去、孕育未來。一個人在經歷結束以後，很難馬上就重新開始，完成重要的轉變。可是空虛和迷茫畢竟是很難忍受的，所以人們會產生這樣三種典型的心理反應。

一、試圖回到過去

這種回到過去不是行動上的，而是心理上的。我們會以各種方式跟過去建立聯繫。其中一種常見的形式，就是拿現在的生活和過去的做比較。

我有個朋友，畢業後留在美國的一間投資銀行工作。收入不錯，她還租了一套很漂亮的房子。房租不貴，裡面的東西都很新，還有個大陽臺，上頭種了很多花。週末休息的時候，她就在陽臺上曬太陽。

可是新政策一下子讓原本不是問題的工作簽證變成了問題。很不幸，她沒抽到工作簽證，不得不在一年之後回國。回國以後，她發現要在北京找到理想的工作不容易，而且國內公司給的工資比原來差了一大截。那段時間，她在北京西二旗（被稱爲「中國矽谷」的軟體園區，聚集了騰訊、百度、網易、新浪、聯想等諸多「互聯網科技大廠」）一個老小區租了房子。房子很小，已經有三十年屋齡，還沒有電梯。屋子裡牆上的石灰都脫落了，廁所和廚房的水池都是黃黃的。她經常盯著斑斑駁駁的牆面想：「爲什麼我幾個月前還住在一幢漂亮的房子裡，現在只能住這種房子？想著想著，她就會很恍惚，覺得人生就像一場夢。

這是一種很失落的體驗。結束通常意味著損失，而損失常常會帶來巨大的痛苦。迷茫期需要我們去消化和適應這種損失和痛苦。

如果痛苦進一步加劇，我們不僅會比較現在跟過去，還會有一種想回到過去的反應，那就是後悔。

很多身處迷茫期的人，會不停問自己：「爲什麼別人的生活能這麼安穩，我的生活卻要這麼折騰？我是不是做錯了什麼，是不是我自己有問題，才會經歷這些？」

產生這種想法，不是因爲我們的心理素質差，而是大腦應對結束和迷茫的方式如此。大腦會本能地抗拒變化，用提醒損失的方式，讓我們儘快回到原先的意義之網上，哪怕我們心裡知道，原先的意義已經不再適用於自己了。

我看過一篇文章，述說弘一法師剛出家的時候，發現寺廟生活不如自己想像的那樣，跟朋友表達過猶豫。是朋友的勸說，加上自己的堅持，才讓他慢慢把心安下來，逐漸走上了精進佛法的道路，成爲一代名僧。連弘一法師這樣的高僧大德都會有這種心理，更何況我們這些凡夫俗子。

迷茫期是痛苦的。所以我們會逃離迷茫，回到過去。可是，當我們發現自己已經回不去的時候，就會有第二種反應。

二、想要盡快結束迷茫，到達未來

經常有朋友這樣問我：「我剛離職，現在覺得情緒低迷，沒有目標。怎麼樣才能盡快找回積極的心態，重新開始新生活？」

顯然，他們並不適應這段迷茫的時期，這讓他們覺得慌張。如果不能盡快找到目標，他們就會不停地責怪自己。

更進一步來說，他們會盡快選擇一個開始。比如，馬上找一份自己並不喜歡的工作，或者在分手以後馬上投入另一段感情，來逃避虛無和迷茫。他們會不停地暗示自己：我已經好了，我已經好了。只是偶爾冒出來的空虛會讓他們知道，因爲要躲避這種迷茫期，他們的轉變在中途就終止了。他們只是換了種形式，讓自己想擺脫的過去延續下去。

有時候，我會跟這些朋友說：「也許在轉變的這個階段，我們就是需要低落和迷茫。轉變有它自己的節奏，就像沒法略過冬天去經歷春天一樣，如果你急著讓自己更積極、更充滿自信，反而會打破轉變的節奏。這段時間，也許你可以允許自己難過，允許自己無所事事。你要耐心等待，看看會不會有什麼新變化發生。」

既然回到過去和走向未來都既無必要，也無可能，那待在迷茫中會怎麼樣呢？這時候，人們就會出現第三種典型的心理反應。

三、敏感

這種敏感不是我們常說的性格上的敏感，或者對人際關係的敏感，而是對美、對超越日常的精神生活、對靈性的敏感。

曾有讀者寫信告訴我，她以前是個很理性的人，平時只讀經濟、投資這類「有用」的書。可是在迷茫期裡，她能靜下心來看以前根本看不下去的文學作品。她說：「在我自我懷疑、自我否定、遠離人群的時候，看到有人把這種痛苦、掙扎，還有可能的救贖訴諸文字的時候，我就覺得自己一點都不孤單了。」她在這些偉大的文學作品裡窺探到了新的意義。

我認識的另一位讀者，因爲最終發現自己並不喜歡所學的專業，在博士二年級的時候從一所很著名的高等院校休學了。他回家休養了一段時間，每天早早起來，一邊跑步，一邊聽

Beyond樂團的歌。原先他並不是多愁善感的人，可是在那段時間，聽到《海闊天空》裡唱著「多少次迎著冷眼與嘲笑，從沒有放棄過心中的理想」這樣的歌詞，他經常會淚流滿面。

這種敏感並不是簡單的矯情或者憂鬱。我猜，當人們從原有的意義感中脫離出來以後，在新舊交替的階段便獲得了一種空間，跟一個更深更廣的精神領域建立起聯繫，能從更本質的視角來審視生活。也許人們在這個階段體會到的東西，就是佛教中的無常，帶著一些通透和悲憫。

迷茫期，看起來什麼都沒有發生，卻是十分重要的一段時期。舊的意義被慢慢清理掉，新的意義正慢慢長出來。**就像蕭索的冬天在積蓄春天的力量，迷茫期也在儲存重生的力量。有無相生，如果說迷茫期是「無」的話，這裡面有一種張力，蘊蓄著「有」**。做爲一個特殊的容器，這段迷茫期裡有過去自我的結束，也有未來自我誕生的種子。

也許你會覺得，這段關於迷茫期的描寫有點模糊。沒關係，迷茫期本來就不是那麼清晰的。如果讀這本書的你正身處迷茫期，或者曾經身處其中，那你自然會懂。

里爾克在《給青年詩人的信》裡寫過一段話，這也是那位在迷茫期開始讀文學作品的讀者推薦給我的。里爾克說：

> 病就是一種方法，有機體因此得以從生疏的事物中解放出來；所以我們只須讓它生病，使它有整個的病發作，因為這才是進步。親愛的卡普斯先生，

現在你自身有這麼多事情發生，你要像個病人似地忍耐，又要像個康復者般自信；你也許同時是這兩個人。並且你還須是看護自己的醫生。但是在病中，常常有許多天，醫生除了等候以外，什麼事也不能做。這就是（當你是自己的醫生的時候）現在首先必須做的事。

里爾克這段話的意思是：病是有機體讓自己康復的方式，就像迷茫是讓我們重新變得清晰的方式。假如我們要爲轉變期的迷茫尋找一種意義，這就是它的意義。

自我發展之問

你曾經歷或正經歷怎樣的迷茫期？比如，從一間公司辭職、失去一位戀人或朋友、生了一場重病等。你有沒有過想要回到過去或者盡快到達未來？你是透過什麼方式，讓自己安駐和度過那段時期的？

重生：如何重建全新的自我

轉折後的重生

如果你經歷過大病初癒，一定有過這樣的感受：身體雖然還有些虛弱，但同時又是元氣十足。一些跡象表明你已經是個新的人了，你終於可以帶著全新的身體重新出發了。轉折期的重生，就是這種感覺。

前段時間，我重溫了褚時健的傳記，他是這個時代關於重生的典型例子。七十二歲的褚時健，從聲名赫赫的企業家、亞洲菸王，忽然淪爲階下囚。心愛的大女兒在他收押期間自殺。那時候他在獄中一身病，經常因爲糖尿病暈倒。他身邊的人——也許連他自己——都以爲，他這輩子就這樣結束了。

坐了三年牢以後，七十五歲的褚時健因爲嚴重的糖尿病被保外就醫。該怎麼度過剩下的時光呢？有人請他去礦業公司當顧問，他回絕了。其他的捲菸廠請他重出江湖，他也拒絕了。他不想回到原先的行業裡，但一開始並不知道要做什麼，所以做了各種嘗試，甚至還嘗試了街頭賣米線的生意。直到他回到自己年輕時起步的哀牢山，才靈光一現，確定自己要種柳丁。他花了很長時間修建灌溉系統、育種、栽樹。

我覺得，他選擇農業並不是偶然的。在失落的時候，人總是想親近自然。而種植本身，就有重生的象徵意義在。森林裡的植物，總是要經歷歲月枯榮，才能逐漸成熟。相比於人心的不可測，種植遵循的「一分耕耘一分收穫」道理，總能給那些願意付出的人，帶來踏實的回報。對於經歷過挫折的人來說，還有什麼比播下種子、收穫果實更有希望和重生的意味呢？

當時，王石去哀牢山看他，他充滿信心地指著一片小樹苗說：「五年以後，這些果樹就能結果了。」他好像一點都不在乎，五年以後他已經是八十多歲的高齡了。

後來的故事是，在他八十四歲的時候，「褚橙」開始在全國熱銷。他從當年的菸草大王，一躍成為今天的柳丁大王。

也許很多人會驚歎，這樣的重生究竟是怎麼完成的？心理學裡有一個概念叫「心理彈性」，指的是我們從災難和挫折中復原的能力。在我看來，心理彈性的核心就是培養容納變化的思維，關於這一點，我在第二章有詳細的介紹。在此，我想從轉變過程的角度，仔細梳理一下重生的要素：第一個是偶然和意外，第二個是另起爐灶。

重生的第一要素：偶然和意外

有時候，我們容易從機械的角度看自我發展，認爲如果生活出了問題，會有本寫著「一、二、三、四」的操作手冊來修復它。但事實不是這樣的。重生依靠的是生命本身的創造力，它常常會在生活遭遇限制和挑戰的時候迸發出來，和生活現實結合，讓我們的人生產生一些奇妙的變化。

如果你問我，怎樣才能重生呢？我的回答是：「我不知道。」事實上，我看到的重生故事經常充滿很多偶然和意外。可是細細想來，那些偶然和意外裡包含著一些耐人尋味的必然。你不會在結束和迷茫的時期就知道這個答案，可是當它出現的時候，你是能認得它的。你甚至會覺得奇怪，自己之前怎麼沒想到？

在監獄裡經歷結束和迷茫期的時候，褚時健也不會知道自己的未來。他在獄中服刑時，一個堂弟在種柳丁，向他請教了一些經營的問題，並帶給他一些柳丁。後來他去堂弟的山上參觀，覺得種柳丁這件事是可以做的，這就是一種偶然。可是，哀牢山是他起步的地方，他在那裡當過「知青」（指五〇年代到七〇年代自城市下放至農村成爲農民的青年）；他原先在菸草公司工作的時候，又有種植菸草的經驗。他正是憑科學的菸草種植方式，讓紅塔集團發展壯大。這樣看來，這個偶然又是和他以前生命中的重要經歷和資源相聯繫，包含了某種必然。

巴西經典寓言式小說《牧羊少年奇幻之旅》裡有一句話：「當你全心全意想做一件事時，全世界都會來幫你。」這句話雖然過於唯心，奇怪的是，很多人在經歷了迷茫以後，確實會碰到一些意外的機會。像是：我們經歷工作的迷茫期以後，偶然遇到多年沒聯繫的朋友，說他們公司正好有個適合我們的職位空缺；我們在分手以後，參加了一場本來不想去的聚會，意外地遇到一個情投意合的人；我們偶爾看到一本書，剛好能解答一個長期盤旋在心頭的疑惑。重生總是充滿意外，沒有什麼重生是完全規畫好的，因爲生命本身就不是能完全規畫的。可是，重生又和我們以前的生命經歷有著某種特別的聯繫，讓一切看起來像是命中注定。

那個從美國回來，對著斑斑駁駁的牆想著「爲什麼我幾個月前還住在一幢漂亮的房子裡，現在只能住這種房子」的朋友，是經歷了一段時間的迷茫以後，到一間咖啡廳看書時，偶然聽到隔壁有人在打電話，講的是她感興趣的內容。於是她前去搭訕，跟那個人聊了聊，後來她就加入了「得到」，成了我在得到APP「自我發展心理學」的課程主編。

我的另一個朋友，原來在一家IT公司工作，但他並不喜歡這份工作。後來，他在網站上寫東西，開始被一些人知道。有一天，他想從公司離職，就想了一下自己能做什麼。他想過很多謀生的方式：開咖啡廳、開書店之類，可是都不靠譜。

當時他要離職，家人和朋友都反對，這讓他很糾結。經過一段時間的迷茫，在網站上寫作的經歷給了他一些思路——他決定辭職寫一本書。

用一年的時間寫一本書，這是一個冒險的舉動。要知道，那時的圖書市場並不景氣，很難對一個新人作者出的書抱有什麼期待。結果那本叫《精進》的書賣得很好，成了年度暢銷書。他搖身一變，變成一個知識IP（Intellectual property，智慧財產權）。第二年，知識付費紅了起來，他獲得更多資源。這可眞是「當你全心全意想做一件事時，全世界都會來幫你」。

重生的第二要素：另起爐灶

前文的描述還涉及重生的第二個要素，我把它叫做「另起爐灶」。

另起爐灶的意思就是，我們需要跟原先的目標分離乾淨，既不是想著避開原先的傷痛，也不是想著去彌補損失。只有這樣，才能重新開始。

前面講過，結束的過程也是一個脫離的過程。這個過程很痛苦，因爲它通常包含著損失。可是，如果總是想著怎麼彌補損失，那我們就還沒從上一件事情中結束。重生需要一種容納變化的能力，也需要我們有放下原先經歷的能力。有時候，只有承認損失，我們才能眞正放下，重新開始。

我離開浙江大學的時候，學校正在分房子（指公務機關配售給員工或教師的房子，房價通常較市價低），我的名字就在名單上，而且還挺前面的。這件事一直是我心裡的一個痛。有很長一段時間，我經常關注那邊的房價，想著怎麼賺錢，去那邊買一幢新房子。

後來我跟一位心理諮商前輩聊天，他說：「你辭職最大的風險，不是損失了那幢房子，而是老想把它賺回來。」最開始我不理解，後來我慢慢領悟到了，他說的是對的。有時候，結束就是結束。如果我一直惦記著彌補損失，就沒有辦法眞的結束，重新開始。

這跟我們接觸到的主流觀念不太相同。

主流觀念總是在宣導從哪裡跌倒，就從哪裡站起來。它背後的潛臺詞是：堅持是勇敢的，放棄是懦弱的。**可有的時候，我們得學著從哪裡跌倒，就在哪裡趴下。認了栽，承認失敗，才會發現，原來可以換個地方重新來過。**

放棄並不比堅持容易，它同樣需要勇氣。有勇氣接受損失；有勇氣放下舊的，開始新的；有勇氣放下熟悉的，嘗試不熟悉的；有勇氣放棄容易的，選擇艱難的。

我看到大部分關於轉變和重生的故事，都不是直線式的反敗爲勝，而是另起爐灶。比如，褚時健從監獄出來的時候，並沒有去另一家菸草公司當顧問，重操舊業。如果他一心想著怎麼利用自己的經驗打敗自己創立的菸草公司，那我覺得他還沒有結束。但他選擇了完全不同的行業，重新開始。我那個朋友從公司離職以後，沒有找另一份更高薪的ＩＴ工作彌補離職帶來的損失，而是選擇寫作。這也是另起爐灶，重新開始。

我們很難理解另起爐灶，有時候是因爲我們習慣用經濟、社會地位這樣的成就來衡量一個人的轉變。如果他加入的新公司沒有原來的規模大，賺的錢沒有原來多，或者職位沒有原來高，那他就失敗了。但我覺得，如果這樣理解重生，就太狹隘了。

轉變本質上是發生在我們心裡的。是我們從長久的心理衝突、從一個被卡住的位置出來，重新開始。

想想蘇東坡，他從富裕的杭州太守被發配到偏遠的黃州。從官職上看，他這輩子都沒有再回歸原先的官職，可以說是走下坡了。可是，他在黃州寫下「惟江上之清風，與山間之明月，耳得之而爲聲，目遇之而成色，取之無禁，用之不竭，是造物者之無盡藏也」的時候，誰又能說，他沒有在精神上獲得一種重生呢！他從一個官員變成中國文人灑脫自在的文化符號，這也是一種另起爐灶的重生。而褚時健的種植事業雖然沒有紅塔山那麼大，但他也透過自己的奮鬥，變成我們這個時代的文化符號。

重生是心理結構的重組過程。在結束階段，我們從原先的環境、身分和目標中脫離；在迷茫階段，我們會跟更深更廣的精神領域建立起聯繫；而在重生階段，我們獲得了一個新的目標、一種新的認知結構、一種新的意義感。相較於原先的認知結構，新的認知結構會變得更有智慧、更能容納損失和變動，也更能適應新的現實。

重生也是自我重構的過程。這個過程就好像我們身上原本存在很多個自我，其中某個最主要的自我因爲自身的限制被剝離了，而另一個看似微不足道的自我成長了起來。最初，也許我們只是把後一個自我當做愛好，當做繁雜人生中一塊小小的自留地來培養。但在轉變期，因爲後一個自我更符合我們內心的價值觀，也符合外界環境的需要，忽然有一天，它就變成了我們的主要身分。

同時，重生是人生重組的過程。我們人生中腐朽的東西已經在變動中脫離了，而人生中有活力的部分被保留了下來，並進一步擴大。我們有了新的身分、新的事業、新的自我，我們重新出發，變得更加靈活和堅韌，直到下一次轉變到來。

生命總是會爲自己尋找出路，無論前面的阻力看起來有多強大。

自我發展之問

你經歷過或者見識過什麼樣的重生故事？這種重生是怎麼經歷結束和迷茫，最後發生的？

透過這段經歷，你獲得了什麼樣的感悟？

職業轉變：如何應對職業變動與轉型

真實的自我存在嗎？

我們生活在一個充滿變動的時代。工作的變動，就是我們經常遇到的一種轉變。畢竟，**工作不僅是我們參與社會的途徑，也是塑造自我、體現自我價值的方法**。所以，我們每個人都希望自己能有一份好工作。但什麼是好工作呢？

每年畢業季，有很多優秀的大學生都想去賺錢的行業、賺錢的大公司。有時候他們會覺得，進那些行業或公司很難，因爲競爭很激烈。可是從另一個角度看，做這樣的選擇並不難，因爲他們不需要思考自己眞正想做的事情是什麼，並根據自己的獨立思考選擇，他們只須依循大多數人的標準就可以了。

當然，我覺得年輕人在職業選擇上走常規的路，累積一些職場經驗是必要的。可是我還見過很多人，他們在有了一定經驗以後，開始困惑：這個工作眞是我想要的嗎？我眞的要以這種方式過一生嗎？很多人由此開始了艱難的職業轉型。

這些年，我在身邊看過很多職業轉型故事。有從ＩＴ男變作家的，有從公司高級主管變心理諮商師的，還有從程式設計師變木匠的。有些職業轉變的跨度沒那麼大，可能只是從公司的一個部門換到另一個部門，但是經歷的心路歷程是類似的。職業轉型絕不是找一個能賺更多錢、有更大職業發展空間的工作那麼簡單，它其實是一個自我重塑的過程。

每個職業背後，都有一個自我。在公司營業運作，這是一個自我；在政府單位當公務員，這是一個自我；在大學當老師、創業或者做一名自由職業者，都有一個自我。這個自我關係到別人怎麼看待我們、我們怎麼看待自己，也關係到我們會怎麼行動、思考和感受。所以，職業轉變的過程，就是新舊自我更替的過程，而這也是職業轉變最難的地方。

前段時間我遇到一名來訪者，她在一家ＩＴ公司做產品。這份工作需要進行很多溝通交流，有時候還要主動爭取資源，可是她覺得自己不擅長這些，因此有很多煩惱。她問我，她是不是選錯了職業，她是不是更適合做那種需要創意的、設計類的工作。我問她為什麼這樣想，她說自己以前做過一個職業傾向測試，顯示她更適合那一類的工作。我並沒有追問職業測驗的結果如何，只問：「妳是怎麼想的？」

她答不出來。這是常有的情況：當我們對自己沒有清晰的想法時，會希望透過職業傾向測驗等工具來發現「真實的自己」，讓自己的想法清晰起來，然後根據這個「真實的自己」來選擇職業、規畫發展。

這種思考方式的問題在哪裡呢？我們討論如何發現眞正的自己時，正在以一種靜態的方式看待自我。我們假設自我是一個已經形成的東西，只不過被類似紗布之類的東西遮住了、蒙蔽了，所以我們看不到它。這樣一來，我們要做的就是拿開遮住自我的紗布，看清楚眞正的自己是什麼樣子，然後根據這個眞實的自我做出合理的職業選擇。

但是實際上，在我們做出選擇之前，根本沒有所謂眞實的自我。眞實的自我，是我們在尋找和選擇的過程中逐漸形成的。

選擇一個「可能的自我」

與眞實自我的假設相對，史丹佛大學認知心理學家黑茲爾・馬庫斯（Hazel Markus）提出一個關於「可能的自我」理論，認爲與所謂的眞實自我不同，每個人身上都存在很多可能的自我。這些可能的自我，有些是我們夢寐以求的理想化的自我，有些則是我們非常厭惡的、不願意去扮演的自我。這些不同的可能自我，在我們內心展開激烈的競爭。在你迷茫和猶豫的當口，它們好像在對著你喊：選我！選我！如果你選了其中一個自我，其他自我就會不斷衰退。

職業轉型的過程，就是選擇其中一個可能的自我，讓它跟世界發生互動的過程。如果這個可能的自我在現實中是適應的，它就會逐漸成長起來，變成眞實的自我。如果它不適應，我們可能就要換一個，重新做類似的嘗試。如果我們已經轉型成功，回過頭來，會有一種「一切理當如此」的感覺。可是實際上在萌芽期，這些可能的自我只是我們心裡的一個念頭。

以我自己爲例。博士畢業以後，我在浙江大學的心理中心工作。那份工作有我喜歡的部分，比如聰明的學生、教學和諮商；也有我不喜歡的部分，像是事業單位通常會有的種種約束。我生性自由，不習慣被約束，只想鑽研自己的業務，對行政方面的事情總是不太用心，這帶給我一些麻煩。偶爾我會冒出一個念頭：要不要做個自由執業的心理諮商師？但這只是偶爾想想。如果那時有人告訴我，一年以後我會從浙江大學辭職，我一定會覺得他在胡說八道。

一顆小小的種子，最開始是不起眼的，它只是安靜地待在角落，連我們自己都不會太把它當眞。

後來，我因爲在網路上寫了一些文章，被越來越多的人知道。又因爲我在工作中所受的束縛越來越多，開始變得心浮氣躁，經常覺得很疲憊，做什麼事都不順。慢慢地，那個偶爾產生的念頭，逐漸變成了一個需要認眞考慮的選項。

回過頭來，也許我會覺得這個念頭是重要的，它像是在冥冥之中提示我要走的路。這有一定道理，但不是絕對的。事實上，最初這個念頭只是一個小小的可能自我，是衆多可能自我中的一個而已。那時候，我還在杭州佛學院教心理學。每週都會有一天早上，我穿過那個寫著「小西天」的石門，走過一條滿是花香、滿目綠色的山間小道，到靈隱寺後面的佛學院跟一群學僧談佛學和心理學的相通之處。有時候我會想，要不要到佛學院當全職教師，爲佛學和心理學的連接做更多貢獻呢？那個念頭背後，也有一個可能的自我。但我後來並沒有走這條路，那個可能的自我就慢慢消失了，也許只存在於另一個平行宇宙中。

念頭的成長需要嘗試

那麼，一個可能的自我，是怎麼從一個念頭逐漸成長爲一個可行的選擇呢？

我覺得有兩個原因。第一，這個可能的自我符合我們的價值觀。也就是說，它對我們有某種特別的吸引力，我們對它有某種特別的親近感。第二，我們需要去嘗試。自我是在實踐中逐漸變得清晰的。如果沒有嘗試，可能的自我就不會有發展。

有的人可能會覺得職業轉型是先了解自己，然後根據自己的個性計畫，並逐步完成。但是實際上，職業轉型是一個試錯過程，中間有很多的反覆和糾結。在這個過程中，計畫通常是派不上用場的。只有嘗試的回饋能告訴我們對未來職業的設想到底是對還是錯，如果要改進，更眞實的路又在哪裡。

我還記得，當我有了成爲自由執業心理諮商師的念頭以後，我就開始在外面張羅場地，做一些收費的諮商。現在看起來這是一件容易的事，可是當時，邁出嘗試的每一步都是對自己心理舒適圈的小小突破。我最開始收費做諮商都有些不好意思，價格也訂得比較便宜。慢慢地，我發現自己已經有穩定的諮商客戶群，找我諮商的人需要排隊了。這個時候，自由執業諮商師的角色才變得清晰起來，成爲一種可能的選擇。

當然，並不是所有嘗試都是順利的。有時候，嘗試需要兜兜轉轉很長一段時間，我們才能看到一個「可能的自我」朝「理想的自我」轉變的影子。這時候，我們就進入了一個新的時期：自我的過渡期。

在過渡期，新自我和舊自我共存、競爭，逼迫我們選擇。而我們會不斷跟自己討價還價，拖延做選擇的時間。這種拖延，既是因爲放棄那個舊自我會帶來損失，更是因爲我們對未來不確定性的恐懼。這種焦慮，是我們面對結束時經常遇到的。

比如我就想過：我就不能用剩餘時間做諮商嗎？我就不能等過幾年學校分了房子，一切都穩定了再離職嗎？當我從浙江大學離職以後，我並沒有馬上成爲自由工作者，而是去另一間高等學院當了一段時間的老師。我當時想的是，反正在這裡很自由，只是上兩天課，我可以用剩下的時間做自己的事。現在想來，其實不是我不知道應該怎麼選擇，而是心裡害怕。

在過渡期，舊的自我和新的自我還在不斷地此消彼長，我們會一直處於撕裂的、焦慮的狀態，直到某個契機表明，我們不能再逃避選擇了。這時候，眞正的轉變就來臨了。

這就是職業轉型的過程——從萌芽期的念頭，到不斷地嘗試，到新舊自我相互撕扯的過渡期，一直到轉型完成。

這個過程通常是漫長的，而且有時候會付出巨大的代價。可是，一旦這個過程啓動了，我們是很難回頭的。如果不去回應內心的召喚，在厭倦卻不得不去上班的那一刻、在半夜醒來的那一刻、在偶爾失神的那一刻，我們都會意識到自己因爲沒有接受人生的挑戰，而失去了一些重要的東西，並因此焦慮和沮喪。

那職業轉型完成以後呢？

我有個朋友，大學時就開始玩音樂。大學畢業以後，因爲父母的要求開始經商。最成功的時候，公司有兩、三百人。在他三十五歲的時候，他把公司賣掉，重新開始做音樂。

我問他當商人和當音樂人有什麼區別，他說：「以前我當商人，介紹自己時說我是某某公司的老總，心是很虛的。出入商務場合時，總要再三替自己壯膽，才能說服自己是屬於那裡的。但我當了音樂人以後，再也沒有這種感覺了。跟別人介紹自己是做音樂的，一點都不彆扭，心裡踏實極了。」

也許，我們在職業的轉型中兜兜轉轉吃那麼多苦，最終想要的，就是這樣一種踏實的感覺。因爲我們知道，這種踏實的感覺裡，有我們眞正想要成爲的自己。

自我發展之問

你經歷過怎樣的職業轉變？在這個過程中，你做了哪些嘗試？這些嘗試，哪些是有用的，哪些是沒用的？在轉變的過程中，你發現了哪些「新自我」？這些「新自我」在轉變發生之前，是否就已經存在於你身上了？又是如何透過轉變，被一點點孕育出來？

關係轉變：如何應對關係的結束

結束是一種特殊形式的死亡

除了職業的轉變，還有一種重要的轉變——關係的轉變。關係是幸福感和意義感的來源，裡頭有我們的喜怒哀樂、愛恨情仇。因此，關係的轉變會帶來巨大的情感衝擊。

關係的轉變中，最痛苦的就是關係的結束。失戀、離婚，或者親近的人意外離去，總會給我們帶來莫大的痛苦。

自我是以關係爲載體的，當一段關係結束後，我們不僅失去了關係中的他（她），也失去了關係中的那個自我。如果你曾對他（她）溫柔體貼、百般呵護，那在建立一段新關係之前，那個溫柔體貼、百般呵護的你也隨著這段關係消失不見了，這也是人們總把關係的結束與死亡相類比的原因。結束就是一種特殊形式的死亡，它伴隨著不可逆的失去。而這種失去會帶給我們巨大的情感衝擊，讓我們很難看到重生的可能。

失去了一段關係，意味著失去了一個自我。這種失去不像從完整的餅扳下一塊那麼簡單，它同時會改變剩餘的部分。因為，當這段關係存在時，我們會賦予這段關係很多意義。比如，我們會覺得自己受緣分眷顧，才有兩人的相遇；我們會覺得自身很有才華或魅力，才會吸引到對方，這些都變成自我概念的一部分。可是，隨著關係的結束，跟這段關係有關的自我概念就不得不重新修改了。

有人說，從愛一個人到不愛，就好像原來那個人渾身上下都被光籠罩著，現在光沒了。原本在一段關係裡，我們和對方都是閃閃發光的。現在光沒了，我們要怎麼重新看待自己，重新看待這段關係呢？原先神奇的緣分會變成命運的惡作劇嗎？原先的魅力會變成「我就是這麼容易被騙」「沒有人會真的愛我」的證據嗎？所以，面對已經分手的戀人，很多人還會問一句：你到底有沒有愛過我？這個問題的答案雖然改變不了分手本身，但對分手以後我們怎麼看待自己、看待兩人的關係卻至關重要。

在關係轉變的過程中，我們的頭腦會變得非常混亂，也許前一秒還在想：無論是不是離開，我都會愛你一輩子，永遠忘不了你；後一秒就會想：你怎麼能這麼冷酷無情？像你這種人渣，我這輩子都不想再見到了。前一秒還在想：雖然要離開，但是我很感謝上天讓我們相遇；後一秒就會想：我是造了什麼孽，上天要這樣懲罰我？當這些混亂的想法來臨時，不是我們瘋了，而是大腦在艱難地處理這段失去，從中整理出關係和自我的新認識。

抗拒結束的三種方式

和其他轉變一樣，關係的轉變也會經歷「結束—迷茫—重生」這三個階段。在結束的階段，我們的頭腦會以各種方式來抗拒，比較典型的有以下三種。

一、對挽回的幻想

經常有來訪者因爲失戀來找我。他們說完自己的痛苦之後，就會翻出對方微博或微信的聊天紀錄，希望我能判斷他們是不是還有可能在一起。

這時候我會說：「不好意思，我並不擅長透過這些來判斷一個人，我不會比你更了解他（她）。」

他們就會說：「你不是學心理的嗎？怎麼會不知道呢？」

甚至有些人會直接問：「那你能不能告訴我，我可以做什麼來挽回這段關係？」

我只好說：「我也不知道。在一起需要兩個人做決定，可是離開，只要一個人就可以決定了。如果對方眞的決定要離開，那你做什麼都是沒有用的。」

這是在關係裡我們很難接受的一個事實。如果我們是「被離開」的一方，那這段關係是不是結束，並不是由我們決定的。如果對方去意已決，我們做任何事都不能挽回這段關係，反而會增加對方的負擔。當然，這並不意味著一分手，就沒有復合的可能了。我只是想說明，復合不復合，不再是一件能自己決定的事，我們只能忍受這種不確定性。可是，要放棄對挽回的幻想，就會變成一件難事。

二、把對方和關係理想化

其實，一段關係逐漸走向結束，一定是有原因的。如果兩人真的不合適，那結束未必不是好的選擇。可是有些時候，出於對失去的恐懼，這段關係會在我們頭腦裡變得光芒四射，對方會忽然變得異常理想，以致我們會不停哀嘆，自己沒有把握好這段關係，再也找不到一個像他（她）那麼好的人了。這其實是大腦玩的把戲，它在用這樣的方式督促我們去挽回這段關係，以避免結束。這會讓我們無法客觀地看待這段關係，從而增加了結束的痛苦。

我有名來訪者，她的老公接二連三地出軌，還經常不回家。在很長一段時間裡，兩個人陷入無休止的爭吵和猜忌。後來，她實在忍無可忍，選擇了分手。可是離婚以後，她不停譴責自己，覺得是自己沒處理好問題，才把事情搞砸了。哪怕我一再跟她說，這並不是她的錯，也無濟於事。後來我才慢慢理解，她像是一個記憶的剪輯師，把關係中所有好的片段都剪輯下來，拼接成一段完美的關係，而排除了關係裡的背叛、傷害。這種理想化保留了關係的美好，卻也同時增加了結束的困難。

如果你正要結束一段關係，可以提醒自己，你失去的並不是一段完美的關係。無論你把它想得多美好，它都不是。如果這段關係本身已經充滿了厭倦和衝突，誰先提出結束並不重要。就算有區別，也只是你更害怕結束而已。

三、讓自己沉浸在悲傷的情緒中

情緒是有對象的，悲傷雖然不好受，但它是一種保持聯繫的方式。我有名來訪者和前男友分開快三年了，她每天上班做的第一件事，仍然是打開前男友的微博，看看他在做什麼，固定得像個儀式。前男友的微博裡有老婆孩子的照片、有現在的生活，自然不會有她的痕跡。每當看到這些，她都會黯然神傷。

我一直不明白，她爲什麼非要用這種方式讓自己悲傷。直到有一天她跟我說：「我在前男友那裡已經找不到感情的痕跡了。如果我還悲傷著，說明這段感情還在。如果我好了，那這段感情就眞的結束了。」她寧可讓自己悲傷，也不願承擔結束的痛苦，因爲後一種痛苦要疼得多。

我聽另一個女孩說過類似的話。她說：「失戀了，我卻不想結束，不想從痛苦中走出來，覺得結束像是一種背叛。哪怕痛苦，也寧願留在過去。」

停留在過去有什麼好處呢？大概是我們心裡還能生起一些虛幻的希望，我們可以藉由這種希望來對抗孤獨。而承認了結束，就是從心底承認我們已經永遠失去了所愛的人。可是，不經歷結束和迷茫，我們就不會有重生。

如何接受結束

最終，我們是怎麼接受這種失去的呢？

心理學家伊麗莎白．庫伯勒．羅斯曾經研究過一些重症患者的心理，發現他們接受自己生病要經歷五個階段。其實，這五個階段也適用於接受像分手這類關係的結束。

第一個階段是否定，不相信關係眞的會結束，還以爲只是跟過去一樣吵架而已；第二個階段是憤怒，覺得自己被欺騙、被拋棄了，哀嘆爲什麼是自己遇到這樣的事。我們會不停地指責對方，好像對方不僅沒有永久離開，還會回來接受我們的指責一樣；第三個階段是討價還價，想著也許對方會改變，也許我們可以等待，也許我們還有機會在一起；第四個階段是憂鬱，這就是前文講的迷茫期。最後，才會進入第五個階段，我們的心慢慢重歸平靜。

我喜歡的一部電影《情書》，講的正是接受結束的過程。電影裡的女主角博子一直走不出未婚夫登山去世的陰影。故事的結尾，博子的新男友帶著她去了前未婚夫遇難的雪山。哪怕只是在山腳下，博子還拉著新男友的手不安地說：「太過分了，我們會驚擾到他的，我要回去。」

可是那天早晨，當博子看著遠處聖潔又安寧的雪山，壓抑已久的悲傷終於痛快地釋放出來。她對著雪山一遍遍大喊：「你好嗎？我很好。」然後淚流滿面。

那一刻，她終於願意直接面對逝去的悲傷。而她的新男友就在雪山這邊，微笑看著她。雪山那邊是結束，雪山這邊是開始。生活在讓人心碎又帶著奇怪安寧的悲傷中，滾滾向前。

所以，該怎麼接受結束呢？**去承認損失、去哀悼、去迷茫、去失聲痛哭，然後固執地相信會有新的未來從生活中長出來，哪怕我們現在還看不到這個未來。**

我們很容易對結束有個誤解，以爲結束就是沒了，就是某個人在我們的生活中從此消失不見。也許一段關係的結束意味著我們再也見不到他（她）了，但是結束並不意味著消失，關係會一直存在。只不過，以前是我們存在於這段關係中，現在是這段關係存在於我們心中。當我們從失去的關係中重生以後，就重新獲得了這段關係。在對往事的回憶裡，它變成我們內心柔軟的角落。

自我發展之問

你經歷過什麼樣的關係結束？你如何走過這一段的結束和迷茫期？
你從這段經歷中獲得的啓發是什麼？它對你現在的影響是什麼？

轉折期選擇：選擇的標準是什麼

選擇的第一個原則：經濟選擇還是心理選擇

無論工作還是關係，幾乎所有轉變都會有一個討價還價、新舊自我共存的時期。該繼續學業還是該放棄？該在本業深耕還是該轉行？該繼續這份工作還是該辭職？該繼續這段關係還是該分手？在轉變期，這些選擇都很讓人糾結。而在工作和關係的轉變期，我們究竟又該如何選擇？

其實，這是一個很難回答的問題，因爲不同轉變期遇到的抉擇會非常不同。我從來訪者、身邊的朋友以及我自己的轉折經歷中，總結出選擇的兩個原則。

第一，要想清楚我們做的是經濟選擇，還是心理選擇。

這是什麼意思呢？

曾有位讀者寫信給我，說她原本在一個小城市創業做英語培訓。事業步入正軌後，她就想自己是該到杭州進一步創業，還是繼續在這個小城市工作？她在杭州讀大學，有很多朋友，自己也很嚮往大城市的繁華和便利，看起來是個不錯的選擇。但是，她又擔心大城市的壓力和房價。如果選擇待在小城市，雖然事業已經步入正軌，但她會很不甘心。她不知道該怎麼選擇，因此來問我。

面對這樣的選擇，通常有兩種思路。一種是把它當經濟選擇，用經濟學的模式來思考該怎麼選擇。比如，我們會考慮風險、收益、機會、成本等各種利弊得失——經濟學的模型不一定只考慮經濟的因素，它的核心特徵是加減各種好處和壞處，然後進行比較。在這樣的決策模型中，我們需要的是如何獲得更完備的資訊，來準確地預測未來。

可是，這種決策模型是有弊端的。第一個弊端是，誰也沒有足夠的資訊來預測未來。畢竟我們都是在資訊不完備的情況下做決策的，這也是我們會困擾的原因。第二個弊端是，在這樣的模型中，我們並沒有做什麼選擇。我們眞正做的只是資訊的計算和加工。換句話說，這樣的選擇是不需要「我們」的。假如眞有一部超級電腦，能精確估算損失和收益的成本，任何人都能根據計算結果做出一樣的選擇——這就是比大小而已。

另一種思路，我姑且稱之爲「心理選擇」。在這種選擇模型裡，我們不再問將來可能的結果是什麼，而是回到現在的選擇本身。如果我們把選擇放到自我轉變的背景上，把選擇看做是不同自我的競爭，那我們就要想，每個選擇背後可能的自我是什麼？我們想要成爲哪一個自我？又願意爲哪一個可能的自我站臺？

我發現，很多人在思考未來的時候，想的並不是經濟上的得失，但是他們仍然會用經濟選擇的模型來思考。我猜，這可能是因爲「成爲什麼樣的人」這樣的心理選擇，會比「我能賺多少錢」這樣的經濟選擇要難一些。因爲前一種選擇意味著更多責任，意味著在不確定的狀況下對自己負責的勇氣。

選擇的眞正涵義，是要用承擔取捨的後果來體現的。對於「成爲什麼樣的人」這樣的選擇，我們是沒有人可以依靠的。這很容易讓人焦慮，所以我們才會想從這樣的抉擇中逃開，用經濟學模型尋找一個確定的答案。可是，選擇就是成就自我的第一步。我們就是在用自己的決定，把自己塑造成那個想成爲的自己。因此，我們選擇時，要清楚自己究竟是根據什麼做出的選定——是經濟選擇還是心理選擇。只有這樣，我們才知道該選擇什麼。

選擇的第二個原則：環境還是自我創造

有的人可能會覺得，選擇總得照顧現實，否則，豈不是在用幻想逃避現實嗎？這就涉及選擇的第二個原則：**從自我創造的角度去思考選擇，而不是從環境的可能性去思考。**

我還在浙江大學工作的時候，曾有名學生來問我，他是不是該休學。他剛剛從本校保送讀博士，可以去一間很不錯的實驗室。可是到了那裡後，他發現導師平時都在忙自己的專案，很少給予指導，卻又要求很高。實驗室的學長姐們也不太友善，競爭很激烈。畢業也很難，學長姐經常延畢。他覺得壓力很大，便去找一位學長商量，學長告訴他，要休學早點休，等到博二、博三再休就更不划算了。他又去找父母商量，他們當然是堅決反對。因此，他來問我該怎麼辦。

要不要休學並不是一個容易的選擇。如果從環境的角度思考，不外乎兩種選項：要嘛順從環境──我從小就是聽話、循規蹈矩的孩子，我覺得應該繼續聽話；要嘛反抗環境──既然導師和實驗室讓我不爽，那我就應該離開。可是，他的內心還是很糾結。

無論是順從還是反抗，我們都沒有脫離環境本身。這種思考方式其實是在假設：外在的環境是決定選擇最重要的因素。當我們把選擇的權力交給環境時，我們就沒有在做心理的選擇。這時，我們很容易被一種無力感淹沒。所以有時候，做決定需要回歸我們內心。

這位學生該怎麼做決策呢？也許，他不該把猶豫當成決策的契機，而是當成自我探索的契機。這時，他最該問的並不是當前決策的各種利弊，而是：我想成爲什麼樣的人？

自我的形成不是一個發現的過程，而是一個創造的過程。就像創作一幅畫，畫家心裡對這幅畫的理念常常是很抽象的，只有在一個個選擇中才能把它變成完整的現實。如果我們用「靜止思維」思考，也許會假設冥冥之中已經有兩個完成的、不同的自我等待我們選擇，或者有了兩條已經形成的道路，一條比另一條更順一些。可是如果用「過程思維」思考，我們就會發現，自我的形成是一個完整的過程，選擇就是這個過程的第一步，也是創造自我的第一步。而後面的很多步，要等我們先邁出這一步才會知道。

當我們把選擇放到自我形成的框架上，我們跟選擇的關係就不一樣了。但這並不意味著我們就不會猶豫，決定仍然很艱難，只是我們不會再被環境或問題支配了。

假如那名猶豫著要不要休學的學生，將來的志向是要幫助非營利組織做一些事情，那他就需要思考，未來要做的事情需不需要博士學位？有博士學位會不會更有幫助？也許經過一番艱難的考量以後，他覺得讀博士沒什麼用，自己更應該累積社會工作的經驗，那他就會休學了。如果他覺得未來需要一個博士學位，就有可能繼續讀下去。當他這麼思考的時候，有些事情就有了變化：決定選擇的力量不再來於環境，而來自他對自己未來的構想。不是環境讓他做出選擇，而是他想成爲的自己，讓他做出選擇。

這時候，他跟選擇的關係就發生了變化。首先，他的抉擇不再是環境的產物。不是他喜歡這個環境就應該堅持，不喜歡就不堅持。相反的，哪怕是不利的環境，都成了自我創造需要面對的現實、需要克服的困難，環境成了整體圖景的一部分。其次，在這樣的框架下，他對風險的感覺也不一樣了。以前他會把風險視爲選擇哪條道路的決定性因素——我們往往會在自己想做的事情和可能的風險之間尋找一個平衡。但把創造自我當目標時，我們對風險的思考也會不同。

曾有人在拿到一份工作錄取通知的同時，也考上了研究生，他不知道該怎麼選擇，來詢問我的意見。他想從事研究工作，但擔心放棄這個工作機會，讀完研究所後找不到好工作。他對風險的覺知完全是根據兩個選項的利弊來考量的。但是，如果把選擇放到自我創造的過程中，思考選擇的方式就會不一樣。

他可能會這麼考慮風險：我有沒有足夠的錢支撐將來想要做的事業？如果沒有，那我可以先接受這個工作機會來賺錢，但這不是因為怕失去好的工作機會，而是將來的事業需要錢的支援。這時候，風險變成了實現創造的條件，而不是最後的結果。也就是說，如果我們確立選擇的依據是「自己要成為什麼樣的人」，那麼風險就不再是決定選擇的因素，我們只會從它能否幫助我們實現志向的方面來考慮。

自我發展之問

請回顧你最近一次做的重要選擇。如果遵循經濟模型，你會怎麼分析這個選擇？遵循心理模型，你又會怎麼分析？

你的實際選擇是依據經濟模型還是心理模型？現在的你，又是如何看待這個選擇？

創傷後成長：如何重建意義感

創傷後的艱難重建

人有強大的適應環境能力。人類獲得的重要能力，都是從對失去的適應中得到的。越是複雜和艱難的環境，越逼你發展出特別的能力和智慧來適應它。於是突然有一天，你會發現這些能力和智慧能夠利用在其他方面，變成你的資源和財富。

我有個朋友是很成功的女企業家，身家幾十億，手下有好幾千名員工。她做事幹練、雷厲風行，一點都不像外表那樣柔弱。剛開始我以爲這是她在商場打拼中發展出來的風格，後來才發現不是。有次我們聊天時她說：「我以前做夢的時候，夢裡自己的角色都是男性。」

原來，她爸爸重男輕女，總是忽略她，著力培養她弟弟。任何一個孩子都希望得到父親的承認，因此，她非常努力，總是考第一名，想證明給爸爸看她也可以。但爸爸還是無動於衷，頂多就是惋惜地說：「妳這麼聰明，要是個男孩子就好了。」

她夢裡的男性形象，就是想讓爸爸承認和接納自己的深刻願望。因爲這種強大的動力，她做事一直很拼。慢慢地，她的事業越來越成功，而她這種幹練的風格更正好幫她適應商場，成了一位成功的企業家。

她心裡有遺憾嗎？我想也許還有，也許沒有。也許她後來的發展早已沖淡先前的遺憾，並讓她把自己的領導風格當做優勢來修煉。可是，如果沒有最初拚命想要父親承認自己的動力，她很難有今天的成就。

這樣的故事，發生在每個人身上。這些長久的挫折並不是我們主動選擇的，如果可以，我們寧願不要它。因爲這些挫折，我們也許哭過、累過、沮喪過、失落過。可是當我們不得不去適應的時候，卻發現這些挫折背後，帶著珍貴的禮物。它不是來自挫折本身，而是來自我們對它的適應。但是，挫折和禮物是相約而來的。如果沒有某種挫折，我們就不會發展出適應這種挫折的能力和智慧。

創傷意味著成長機會

人生中很多重要的東西都是從失去中得到的。有些失去是我們主動選擇的，比如工作或關係的轉變；有些失去是我們無法選擇的，比如忽然生了一場大病、失去生活中重要的人，或遭受人身侵害。這些失去常常帶給人很多創傷。有時候，創傷不僅意味著傷害，還意味著成長的機會。

《輕鬆駕馭意志力》的作者凱莉．麥高尼格寫過一本關於壓力的書，提到一項研究：有三萬名美國成年人參與了一個壓力調查，回答他們所承受的壓力，以及他們是否覺得壓力有害健康的問題。八年後，研究組徹查了公開紀錄，查看當年參與調查的這些人是否還健在。結果顯示，當時承受高壓力的人群死亡風險提高了四三％。

看起來，這項調查確認了壓力有害的觀點，但是仔細分析後可以發現，死亡風險提高的只是那些相信壓力有害健康的人。實際上，報告顯示，承受高壓力卻並不認爲壓力有害健康的受訪者，其死亡率並沒有提高。相反的，他們是調查對象中死亡風險最低的，甚至低於那些說自己承受很少壓力的人。也就是說，眞正有害的不是壓力，而是「壓力有害健康」這個觀點本身。

從這個報告來看，怎麼看待生活中遇到的挫折，有時候甚至比遇到的挫折本身更重要。創傷會改變我們，可是如果我們只看到創傷的害處，那它就會因爲我們的害怕而加重。創傷會帶來負面影響，這當然是個事實。但另一個事實是：有相當比例的人從很嚴重的創傷中復原了，甚至還獲得非比尋常的成長。這就是「創傷後成長」。

創傷後成長是什麼樣子呢？史蒂芬．約瑟夫（Stephen Joseph）在《殺不死我的必使我強大：創傷後成長心理學》（*What Doesn't Kill Us: The New Psychology of Posttraumatic Growth*）中用了

一個有趣的比喻來說明。

想像一下，山頂上有棵樹，它正承受著暴風雨的肆虐。第一種情況是，它傲然挺立、不屈不撓，暴風雨過後好像渾然未變。就好像有些人，再多苦難都不會讓他們動搖。我們會認爲這棵樹很堅強；第二種情況是，這棵樹雖然在風中彎曲，但是沒有折斷，暴風雨後又恢復了。我們會認爲這棵樹有很強的復原力；第三種情況是，它被暴風雨刮折了，折斷的樹枝上出現一個很深的傷口，而且它的身形被永久改變，留下很多傷疤，變得歪歪扭扭。可是過了一段時間，這些傷疤上抽出了新的枝條，甚至長得比原來的更好。暴風雨永久地改變了這棵樹，可是並沒有擊潰它，反而讓它煥發新的生命力。

人的創傷後成長就像是第三種情況，它不是經歷了創傷後巍然不變的堅強，也不是從創傷中恢復過來，而是創傷後的改變。

創傷經歷是怎麼改變我們的呢？

社會心理學家羅尼·雅諾夫－布爾曼（Ronnie Janoff-Bulman）在她的著作《破碎的世界假設》（*Shattered Assumptions: Towards a New Psychology of Trauma*）中提出了一個概念——世界假設。她認爲，我們每個人在日常生活中都維護著一些「天眞的假設」。成人世界主要有三個隱密的天眞假設：認爲世界是友善的、認爲世界是公平的、認爲世界是安全可控可預測的。這三個基本假設組成了這樣的觀念：只要我做一個好人、保持健康的生活習慣、努力工作，我就能平安幸福地度過一生。這不是某個人的假設，而是整個社會都在維護這幾個假設。否則，如果一個人不知道努力工作和回報之間有任何關係，不知道到底有沒有明天，那爲什麼還要去上班？還要爲公司的項目苦思冥想、挨老闆罵呢？

現在，很多人生活在都市裡，其繁華很容易讓我們忽略人生必然經歷的一些苦難。當有一天災難眞的降臨，支撐我們生活的基本假設坍塌了，我們會一下子陷入不知所措之中。

對創傷的適應性

前幾年有則新聞：北京暴雨，天橋底下的一輛車被水淹了，司機因爲打不開車門，被淹死在車裡。這件事引起很大騷動，因爲它打破我們對大都市安全有序的假設。誰會想到北京這樣的大城市，居然會發生暴雨淹死人的事情？這當然是極端的例子。可是另一些困難的場景，比如失戀、離婚、失業、重病，都是我們可能遇到的事情。在遇到這些事之前，我們生活在這樣的錯覺裡：這些苦難都離我們很遠。而一旦陷入這樣的苦難，我們又會陷入另一種錯覺：誇大苦難的危害和影響，低估自己的適應能力，覺得自己再也沒有辦法復原了。

就像經歷風雨的樹一樣，人是會適應的。基本的信念坍塌之後，艱難的重建就開始了。就像盲人的觸覺會變得靈敏、無手之人的腳會變得靈活一樣，我們頭腦中的認知結構也會在創傷後進行重組。在創傷的逼迫下，我們必須在這三個天眞假設之外，發展出新的認知結構，否則就有可能變得怨天尤人、埋怨這個世界爲什麼不公平，或變得過於敏感，藉由退縮來躲避可能的危險。在適應創傷的過程中，有些人發現了自己從未想過的潛能，打破了自我設限；有些人發現只有家人和朋友才是最値得珍惜的人；有些人開始致力於幫助他人，並在自我奉獻中找到新的價値和意義。就像那棵在暴風雨裡受傷的樹，樹疤裡會抽出新的枝椏。

我想透過一位朋友的例子來說明這種適應的過程。

她是九〇後的小女生，還是個學霸。二〇〇八年五月，她正坐在六樓的教室裡，準備一個月後的大學考試。忽然教室劇烈搖動了起來，有人大喊：「地震啦！」

所有人都拚命衝向樓梯。房子像積木一樣搖來搖去，牆面都被搖到脫落，變成漫天飛舞的灰塵，讓人睜不開眼睛。剎那間，像是好萊塢大片裡的世界末日來臨一樣。隨著慘叫聲四起，三、四樓開始有人往下跳。她頭頂上的一盞燈忽然砸下來，在她腳邊摔得粉碎。那時候，她只有一個念頭：要活下去。

幸好，最後她有驚無險地逃出去了。看著搖晃的教學大樓，滿操場的人都在哭。到了災後救助的體育館裡，更不停有血肉模糊的傷者和屍體被抬進來。

死亡就這樣毫無徵兆地呈現在她面前，以摧枯拉朽之姿把她原先關於世界的假設推倒了。

她說，在地震之前，她只是一個普普通通的備考考生，人生最重要的事是考所好大學。可是地震發生的時候，她唯一的念頭就只有活下來。

創傷經歷會改變一個人的價值觀。大學畢業以後，她放棄保研（推薦優秀應屆本科畢業生免試攻讀碩士學位研究生）去創業，又在公司剛剛步入正軌時離開。她身上有了一種特別的超然氣質：別人覺得很重要的東西，比如保研、進大公司、創業賺錢等，並不能吸引她。她總覺得自己身上有些東西需要實現，卻不知道是什麼，只是地震中的經歷一直在提醒她。後來，她創辦了一個靜心的APP，以靜心爲通道，思考我們日常的經驗和存在本身，逐漸累積了一些粉絲。

我們不常見面，但是每次碰面，她都會有很多新的經歷和感悟。比如，去哪座山上「辟穀」（意爲「吸食空氣」，源自道家養生中的「不食五穀」，爲古人常用的一種養生方式）、去寮國體驗原始的刀耕火種部落生活之類的。因爲這種灑脫，她的經歷和視野有一種遠超越同齡人的開闊。

她很滿意自己的生活。如果不是地震的經歷，她不會過這種獨特的生活。

可是，地震經歷的負面影響並非毫無痕跡。有次她在異地旅遊，午睡起來後茫然四顧，忽然就哭了。「這種哭不是憂傷，」她說，「就好像整個人被毫無遮掩的虛無和存在穿透了，又好像切切實實地感受著存在本身。」

我猜，正是這種虛無和存在的直觀感受，讓她不停尋找一個答案。對於普通人來說，這個答案也許是由我們都遵守的價值評價體系提供的，但是對於像她這樣經歷過生死的人，這種社會價值評價體系顯然沒有什麼說服力，也無法給她一個答案，她只能自己找尋這個答案。而尋找的過程，變成了她的事業。

關於她的故事，我一直有種矛盾的心態。一方面，她的成熟和豁達確實超過了同齡人，這讓人欣慰。另一方面，對她的早熟，我也有些擔心。

如果你已經知道一些道理，就無法退回去假裝不知道。可是太早知道這些道理，就來不及展開探索它的過程。你走的歪路不夠多，這些道理就沒有足夠的內容來支撐。比起這些道理，你知道這些道理的過程才更重要。

可是我們沒得選。如果有選擇，我想我們多半寧可選擇放棄這些精神的成長，也不願去經歷這些挫折和創傷。就像前文那位企業家，可能她寧願做一個獲得父親寵愛和承認的普通女孩。可是很多事發生了，我們沒得選。我們能選擇的，只是當事情發生的時候，自己以什麼樣的態度面對它——是被它擊倒、逃避，還是直接面對苦難，把它熬成珍珠。

無論如何，人就是這樣適應創傷的。在創傷中，關於世界的一些天真信念坍塌了。可是，就像一幢不牢靠的房子坍塌後，建造房子的磚頭還在，我們可以用這些磚頭建起新的、更牢固的房子。在這個過程中，我們開始重新看待生命中的選擇，重新認識自己，重新在虛無中去創造能支撐我們的人生意義。

自我發展之問

你身上有哪些自己珍視的重要特質？這些特質和你曾遇到的挫折或困難有什麼樣的關係？

故事：如何賦予經歷意義

意義感來自人生故事

我在上一節講到，經歷，尤其是困難的經歷，會永久地改變一個人。就像在暴風雨中受傷的樹，身形可能會被永久地改變，還會留下很多傷疤。但是，受傷的樹還能慢慢長出新的樹枝，我們也會從創傷中創造出新的意義。那麼，這種意義是怎麼被創造出來的呢？我們是怎麼組織自己的經歷，把它們變成一個有機整體的呢？答案是：透過故事。

當我們想到一個人是什麼樣子的時候，很容易想到的就是他（她）的人格是怎樣的。什麼是人格呢？有人認爲就是內向還是外向、討不討人喜歡、保守還是激進之類的。但是心理學家丹．麥克亞當斯（Dan McAdams）認爲，人格其實可以分爲三個層次。第一個層次是基本特質，也是最低的層次，就是我們通常理解的「內向」「外向」這個層次的人格。事實上，一些心理測試、星座，都是在基本特質這個層次上；第二個層次是個性化的應對方式。像是我們的目標、防禦機制、信仰、我們在人生某個階段的生活任務和中心。這是我們爲了扮演好現在的角色，完成現階段人生任務而發展出來的人格特質；人格的第三個層次，也是人格最核心的層次，是人生故事。麥克亞當斯說，我們不停地把過去、現在和未來重新編織成一個前後連貫、生動盎然的個人神話。而人生故事是區分我們自己和別人最重要的特質。

人隨時隨地都在編織自己的故事。生活的意義感就源於我們對自己人生故事的理解。可以說，整個人生都是在完成一個獨特的故事。故事開始時，我們並不知道它是怎樣的。有時候我們經歷了一些好事就會很高興：哇，原來這是個幸福美滿的故事。有時候我們經歷了一些逆境就會很擔心：這會不會是個悲劇？我們一邊當觀衆、一邊當編劇、一邊經歷、一邊修改故事大綱。故事影響了記憶，我們會把那些符合故事大綱的重要情節保存在記憶中，同時忘掉那些與故事無關的旁枝末節。故事還會影響我們怎麼看待現在、如何預測將來。

我有名來訪者，她對每個喜歡她的男生都非常戒備，覺得他們都在騙她。就算不是騙她，她也覺得等他們發現她眞實的樣子後，就會不喜歡她了。這就是她心裡的故事：一個欺騙和背叛的故事。哪怕她其實是漂亮的女生、受過很好的教育、在很不錯的公司工作，也仍然無法改變這個故事。而在故事裡，她不僅給自己分配了角色，還替別人分配了——被欺騙的人和騙子。她總是把自己想像得特別脆弱，哪怕她已經有很多資源，哪怕確實有不錯的男生對她表示好感，她仍然會視而不見。

有時候，我們心裡的故事比現實更牢固。

「挽救式」和「汙染式」的人生故事

從故事的角度出發，我們就能理解逆境或創傷究竟如何改變我們——它們改變了我們的人生故事。當這些逆境發生時，我們必須把它們整合進自己的人生故事裡，重新創造一個故事。如果在經歷了這些逆境以後，我們的目標仍然是原先簡單的升職加薪，那這個故事顯然無法自圓其說。

麥克亞當斯說，面對挫折，我們通常會有兩類故事。

一類是「挽救式」故事。在這類故事裡，通常有個糟糕的開頭，主角會遇到各種困境，但隨著不斷努力和探索，他會不斷走出這些困境，過去的糾結可能豁然開朗。即使痛苦無法徹底消除，他也會積極接受，以獲得內心的安寧。如果我們秉持的是挽救式故事的想法，在遇到困境時自然就會預測自己將逐漸走出困境，從中學習到人生智慧。這個故事原型也會引導我們的行動。

另一類故事是「汙染式」故事。主角最開始的生活還不錯，但是現實會逐漸打破原先不錯的生活。他會遇到各種麻煩，它們就像汙染源一樣，弄髒了原先的生活。而他自己對此無能為力，一步錯步步錯，最終在悔恨中懷念過去。

如果我們秉持的是汙染式故事的想法，身處順境時就會擔心好日子長不了，會有糟糕的事情來終結這一切，所以不敢好好享受；身處逆境時可能會覺得命中早已注定的倒楣事果然來了，轉變帶來的焦慮和迷茫都會變成證明自己無助的線索。這時候，我們就很容易陷入悲觀和沮喪當中。

安東尼．波登是位很著名的美食家，他曾在隨筆集《半生不熟》裡寫過這樣一段話：「我早在二十歲就該死了。但突然在四十歲的某一天，我發現自己紅了。五十歲時，我有了個女兒。我感覺自己像偷了一輛車，一輛特別特別好的車，然後我每天都在看後視鏡，總覺得自己會隨時撞車，只是到現在還沒撞上而已。」顯然他心裡有個典型的汙染式故事。

而我看到這段話，是在二〇一八年六月一篇緬懷他的文章裡——他自殺了。

改變人生故事

怎麼從汙染式的故事變成挽救式的故事呢？故事並不在我們之外，我們也無法根據是否有好處來隨意捏造故事。但是，我們可以重新賦予事情以意義，把它變成另一個故事。當然前提是，講故事的人本身相信這個故事。

我在浙江大學的時候，曾遇到一名來訪者因爲看了我寫的一篇關於「浙大病」的文章來找我。這篇文章寫到很多考進浙江大學的學生心裡有種奇怪的挫折感和失敗感——他們都覺得自己本來應該去清華、北大。他就是這樣，原來鐵定是要上北大的，結果錯過了奧數選拔。加上那年的數學題目太簡單，他雖然拿了滿分，卻沒能拉開跟其他人的差距，只好來到浙江大學。他在渾渾噩噩中度過了大一，終於在大二振作起來，準備好好學習。結果去醫院檢查時，發現自己得了骨癌。對於一名年輕人來說，這是一個太重的打擊。他一直感嘆爲什麼這些不幸的事會落到自己身上。

當時，他每個月都要去醫院做例行檢查。只要想到又要去檢查，他整個人就會焦慮得直冒冷汗。檢查完沒事的話，他能放鬆幾天。直到下一次檢查前，一切周而復始。

那段時間，我只是在諮商室裡陪著他，聽他說自己的事：聽他講在癌症病房裡遇到各種關於生死的事、聽他談那些在病房一起合影的病友是怎麼一個個消失不見、聽他聊病人要怎麼決定是鋸掉一條腿還是停止治療，接受死亡的命運。所有故事都是那種功敗垂成的汙染式故事，這給了他很多負面的暗示。我自己的價值觀也受到影響，覺得跟這些事比起來，我所煩惱的事情不是那麼重要了。

後來我離開浙江大學，有一段時間我們失去聯繫。二〇一六年，我收到他發的一封郵件，說他畢業後去一間基因公司實習，起因是他看到史丹佛大學關於機器學習的公開課程，裡面的老師說：「如果有一天癌症被人類攻克，我相信機器學習一定扮演了重要的角色。」

這句話在他心裡埋下種子。他拚盡全力學好資料採擷的本領，從事這方面的工作，希望有朝一日能用所學本領對抗癌症。為此，他拒絕了所有大公司提供的工作機會。當一間公司的人資問：「你把所有的機會都拒絕了，萬一後面沒機會了怎麼辦？」

他回答說：「很抱歉，我這一生都不會再給自己留後路了。」對於癌症這種重病，死亡的焦慮會一直給人無形的壓力。現在，他找到一名有形的敵人，並終於找到自己能夠對付它的方法。這幫助他從對抗疾病的無助中走了出來。

那時候他去複檢，醫生說他已經撐過三年期，復發的可能性大幅降低。複檢的頻率從一個月一次變成三個月一次。

後來，我又見到他，就問他過得怎麼樣。他說工作得挺開心，就是疾病的陰影還在。不久前，他一個人去跑了馬拉松，而且是「全馬」。家人和朋友都很擔心，勸他不要去，或者至少不需要跑完全程，但他就是想去。他無法戰勝身體的疾病，可是他想戰勝心理的疾病。「癌症病人」這個標籤，帶給他太多的焦慮和壓力。他就是想證明，自己不再是一個病人，甚至能比正常人做得還多。

馬拉松自然是艱苦的，可是一直有股力量支撐著他向前。最後一段路程要經過一個隧道，裡頭很黑，他兩條腿都抽筋了，心裡很害怕。可是他跟自己說：「我絕不能停在這裡，就算爬，我也要爬過終點。」

後來他就拖著抽筋的腿，一步步挪到終點。抵達終點的那一刻，他哭得很厲害，好像那些疾病、那些痛苦的過去、那些日夜不眠的焦慮，都被拋到了終點線後面。

跑步已經不只是跑步，而是變成一種象徵，象徵著他和疾病的戰鬥。這種象徵編入了他的人生故事，獲得了某種眞實。最重要的是，這個故事已經不再是一個關於功敗垂成的汙染式故事，而是變成一個人歷盡艱辛戰勝自我的挽救式故事。這是他盡全力所追求的意義。

二〇一八年七月是他檢查的五年期，五年是一個大限，如果這次檢查沒事，以後就不用去醫院複檢了。我一直在心裡惦記著他，並堅信他一定會平安無事。

一天，我收到了一條簡訊。他說：「老師，我通過檢查了，向你報個平安。我覺得自己像是做了個很長很長的夢，現在，我醒了。」

我很爲他高興，可是不知道怎麼的，眼眶濕潤了。

自我發展之問

你覺得自己的人生是一個什麼樣的故事？這個故事是挽救式的還是汙染式的？

在你的故事裡，你所遇到的挫折和困難意味著什麼？如果用挽救式的故事和汙染式的故事來理解第二章關於心智模型的內容，你會有什麼新的發現？

英雄之旅：自我是如何進化的

虛假又真實的英雄故事

人是透過編織自己的故事，來應對艱難的時刻、完成轉變的。可是，在轉變的迷茫期，我們並不知道自己的故事是怎麼樣的。而且，就算我們想自己編一個正能量的故事，激烈的消極情緒也很容易把我們帶走，讓我們相信自己經歷的就是一個很糟糕的故事。有沒有什麼材料能幫助我們理解自己身上發生的事，變成我們編織自己故事的線索呢？有，就是英雄故事。

雖然你從小到大看過很多英雄故事，可是也許你會想，那些故事不都是假的嗎！當然，《哈利波特》這類故事雖然好看，但任何一個成年人都不會把它當眞。畢竟誰都不會指望弄個咒語來解決生活中的難題。

既然故事是假的，那它怎麼能幫到我們呢？

其實，這些故事既是假的，也是眞的。

從劇情上來看，這些故事當然是虛構的。可是當我們看到哈利波特從一無所知的鄰家小男孩成長爲高明的魔法師，從處處受保護的孩子成長爲能夠戰勝強敵的領袖時，我們知道這些轉變過程是眞實的。

人是用故事思考的動物，我們也會從故事中學習轉變的歷程。

英雄冒險的故事就很特別。研究神話的學者喬瑟夫．坎伯有段時間在世界各地搜集神話故事。他發現，無論在非洲的部落、亞洲的寺廟，還是在現代的都市，流傳的英雄故事都有相似的內核，那就是轉變，於是他寫了《千面英雄》。在這本書裡，他講述一名英雄需要經歷的三個階段：啓程、啓蒙和回歸。這三個階段正對應了人們應對人生重要轉折的心理歷程。我想把這三個階段放到日常的生活中，來分析它們是怎麼發生的。

英雄故事的三個階段

一、啓程

在英雄故事的最開始，我們會聽到一些召喚，就像我們在工作或關係中覺得疲憊時，偶爾在心裡升起關於改變的念頭。這些召喚提醒著我們，某些重要的東西正在從心裡消失，某種擁有的力量正在衰退，或者某些傷痛需要療癒。而在故事的開始，我們對這些召喚的感覺是陌生的，甚至是排斥的。因爲它挑戰了我們對日常生活的假設，也挑戰了我們對自己的認知。我們會把這些召喚當成偶爾的異想天開，想要忘掉它們。可是，它們總是在我們心裡揮之不去，好像在提醒我們該有的宿命一樣。

慢慢地，我們不再抗拒召喚，開始認眞考慮它們，雖然這通常意味著巨大的變動、麻煩和危險。最終，我們克服了對變化的恐懼，決定順應召喚，勇敢上路。

二、啓蒙

如果啓程階段意味著從日常的生活中離開，啓蒙階段則是在一個超自然的世界中冒險，並讓我們獲得成長的過程。

從決定走上這段冒險之旅開始，我們就跨越了一個神祕的門檻。以前的世界消失了，現在面對的是一片充滿未知、危險和希望的全新領域。跨越這道門檻，意味著我們已經走出了心理舒適圈。困難、挑戰、痛苦、危險、未知和巨大的不確定性，都紛紛到來。原來的思維模式和行爲習慣在新世界完全派不上用場，我們必須學習新的思維和習慣模式。跨越門檻的同時也意味著，就算想回去，也回不到原來的地方，必須勇往直前，尋找出路。

幸運的是，在這段旅程中，我們一般會找到一位特別的守護者。所有的英雄故事，比如《魔戒》《哈利波特》或漫威故事，裡面的主角都會有一個指點和保佑他的守護者，我們的旅程也是如此。這位守護者也許能在情感上支持我們，也許能提供我們不具備的知識和技能，也許了解我們要走的旅程。有時候，守護者是現實中的一個人，有時候守護者可能只是一個令人敬仰的榜樣、一段神話裡的人，甚至可能是一本書或者一門課程。當然，旅程仍然是我們自己的，沒有人能幫我們走。可是，這些守護者能讓我們更充分地理解自己身上發生的事，更清楚地理解自己的使命是什麼。而我們需要建立起跟守護者的聯繫，感覺到他們的存在，這樣我們才會在旅程中走得更加堅定。

積累了這些能量以後，我們就要開始面對故事的反派，即命中注定的敵人——惡龍。在很多英雄故事裡，英雄並不是要戰勝或消滅這些惡龍，而是要轉化它們。坎伯說，最初我們會認爲這些惡龍是外部的，是和我們作對的敵人，比如，不順利的工作、苛刻的老闆，總是打麻將不回家的丈夫。可是慢慢我們發現，問題並不在外面，而是來自我們內心。

惡龍最終只是一股既不好也不壞的力量。是我們自己的貪心、傲慢、恐懼和膽怯，是我們頭腦中太多的應該思維，映射在牠們身上，使之變成了惡龍。而與惡龍的戰鬥就是爲了讓我們看清自己的弱點，並讓我們意識到，不是其他人有問題，而是我們和其他人的關係出現了問題。當我們意識到這一點的時候，惡龍就不再是惡龍，而變成我們能夠利用的能量。

如果一個人在和惡龍的鬥爭中戰勝了自我，就會發展出新的自我、新的資源，進而學習到新的技能、新的思考方式。最終，他會收穫信心和智慧，不再是那個剛跨過門檻慌慌張張的少年了。這個階段充滿了掙扎、奉獻和鬥爭，會引導我們創造新的認知、新的資源。這個過程可能很艱難也很漫長，可是我們從中收穫的東西是原先根本無法預料的。在跟惡龍的鬥爭中，自我躍升到新的層次。可以說，我們會變成一個全新的人。

三、**回歸**

在這個階段，英雄完成了他的使命，要回到他出發的地方，把他在旅程中學到的東西分享給那些等待出發的人。如果別人願意，他會在別人的旅程裡變成一名守護者。

坎伯認為，英雄之旅的三個階段——啓程、啓蒙和回歸，具體來說，是一個包括聽到召喚、投入召喚、跨越門檻、尋找守護者、面對和轉化惡龍、發展內在的自我、蛻變、帶著禮物回家的旅程。

英雄之旅是自我發現的旅程

英雄之旅講的就是每個人面對轉變的心理歷程，這才是我們熱愛這些英雄故事的原因。這些形態各異的虛幻故事裡，有我們想要的眞實。就像我在前文提到的離開原始部落的青年一樣，在最迷茫的時候他需要唱部族長老傳授的聖歌，而英雄故事就像聖歌一樣，一直在提示我們會經歷的轉變。

故事是一個仲介，它告訴我們未來會經歷什麼樣的轉變、現在正處於什麼樣的階段、最終會往哪個方向走。透過這些英雄故事，我們把自己的經歷和歷史文化傳統聯繫在一起，把自己的人生和那些曾經走過這條路的英雄們聯繫在一起。每個人都從這樣的英雄故事裡吸取力量，又用自己的獨特旅程替這些故事增加新的力量。正是這樣，這些故事才獲得了一種文化上的真實。英雄故事的本質不是戰鬥，也不是英勇的行爲，而是我們每個人都會經歷的自我轉變和自我發現的旅程。只不過有時候，我們只把它們當成故事，才沒有看到這些故事真正想傳達的東西是什麼。

坎伯關於英雄之旅的論述，對我自己有一些特別的意義。閱讀那本書的時候，我剛從浙江大學辭職。一方面，我既焦慮又迷茫，不知道這樣的事情爲什麼會發生，以爲自己犯了大錯。另一方面，我覺得發生在自己身上的這些事情是很重要的。是英雄之旅的故事，幫我發現了這段旅程的意義。

當然，我並不是說自己是英雄。實際上，在英雄之旅的故事裡，所謂的英雄只是一些接受生命召喚，進入不平常境遇裡的普通人。更何況，我這麼做是爲了自己，其中並沒有什麼英雄故事裡常有的犧牲。

從那以後，經常有人來問我關於選擇的問題，還有人問我是否後悔辭職。在我剛剛經歷跨越門檻階段的時候，這樣的問題讓我很痛苦。可是現在，我可以很坦然地說：「不後悔。」

人不會爲自己要走的路後悔，只會爲自己沒有回應召喚後悔。這就是我要走的路。

其實，路往哪裡走不是最重要的。我是從體制內出來，變成自由工作者。還有些人在體制內，辛苦地找到了自己的位置；有些人繼續堅持一開始就在奮鬥的職業道路，還有些人挺過了艱難的轉行；有些人克服了對親密關係的恐懼結了婚，還有些人離開了一段不適合自己的關係。

沒有什麼路是一定的，重要的是，我們藉著走這些路修煉自己。就像坎伯說的，歸根結柢，所有的英雄之旅都是自我發現的旅程。

祝你早日踏上自己的英雄之旅。

自我發展之問

如果你的人生是個傳奇故事，你希望自己最像哪部小說或電影的主角？它是一個什麼樣的故事？你希望這個故事未來如何發展？

第五章

繪製人生的地圖

自我發展並不只是外在的，同時也是心理的。

按照心理學家艾瑞克．艾瑞克森的理論，
我們在人生發展的每個階段，都會遇到一個心理上的危機。
如果順利度過，我們就會獲得一種新的、更成熟的心理品質，
人生也會順利進入下一個階段。
如果沒有度過這個危機，它就會在下個階段重現，提醒我們補課。

我會從人生階段的視角，來幫你重新理解自我和自我發展，
理解在特定的人生發展階段，人所面對的特定矛盾是什麼，
以及人如何透過超越自我中心傾向，不斷擴大自我的範圍，走向更開闊的人生。

人生階段：如何突破自我中心

人生階段是自我發展的背景

也許你已經發現了，從行為的發展、心智的發展到關係的發展、轉折期，我們看待自我和自我發展的視角，逐漸從微觀、具體變得宏觀、抽象。如果延續第二章關於「局部知識」的說法，在我們講行為、心智、關係和轉折期的時候，並沒有講一個顯而易見的事實：對於個人來說，很多轉變經常發生在某個特定的人生階段，如果我們要理解這種轉變的困難，也需要結合所處的人生階段來考慮。

在第三章中，我介紹過解決關係難題最重要的原則是遵循課題分離，分清什麼是你的事，什麼是我的事。可就算是課題分離，對不同發展階段的人，也有不同的涵義。對兒童來說，和父母的連結就是他們的天性，他們需要從與父母的連結中獲得安全感。對剛剛離家的年輕人而言，他的困難也許在於怎麼放下對原生家庭的依戀和擔心，去尋找自己的人生伴侶。對孩子即將離家的中年夫婦，其困難就變成怎麼放開孩子，去尋找自己的生活。

同樣的，雖然我在第四章的轉折期裡介紹過，人在轉折期的心理歷程很相似，但是，對於身處不同人生階段的人，轉折有不同的涵義。同樣是關係的喪失，青年期的失戀、中年期的離婚和老年期的喪偶，對人生發展的意義是不同的；同樣是職業轉變，年輕時嘗試各種職業、中年期的職業轉型和退休後找些不同的事做，對人的意義也不一樣。

所以，關注自我和自我發展的時候，不能忘了我們所處的特定人生階段這個大背景。

每個人生階段，都面臨著特定的人生發展課題。比如，很多人會在二十到三十五歲的青年期結婚生子、鞏固職業發展；在三十五到六十歲的中年期養育後代、培養新人；在六十歲以後的老年期面對退休和衰老的問題。這些人生課題既是生理規律，也是社會規律，更是心理發展的規律。從這個角度出發，可以說特定的人生階段和相應的人生課題是自我發展的背景和前提，而行爲改變、心智改變、關係改變和轉折期，是龐大人生課題下的子課題。

人生階段與人生課題

到底什麼是人生發展階段的課題呢？

傳說，獅身人面獸斯芬克斯會用一個著名的謎語刁難過路的行人：早晨用四隻腳走路，中午用兩隻腳走路，晚上用三隻腳走路，猜一動物。如果行人猜不出來，就會被牠吃掉。最後是英雄伊底帕斯參透了這個謎語——答案是人，才殺死了斯芬克斯。

這個謎語本身並不難，可是它背後「人是怎麼發展的」這個真正的謎題，卻仍然很難參透。想想我們的一生，除了體型的變化，在心理上要經歷怎樣的變化，才算得上是成熟了？我們是怎麼從一個孩子，逐漸成長到能夠負擔起人生責任，並開始教導自己的子女？我們又是怎麼從幼稚青澀的初戀，發展到能夠和另一半建立起深厚而親密的關係，分享自己的人生？最後，我們是怎麼把經歷的歲月變成智慧，並能坦然面對死亡？

無數問題都隱藏在「人的發展」這個難題背後，很多心理學家也試圖解答，其中最著名的是心理學家艾瑞克·艾瑞克森的理論：人在每個階段都有需要面對的矛盾和需要完成的人生課題。如果順利完成這一階段的課題，就會獲得一種寶貴的品質，就像收集到一顆龍珠。如果沒完成，這階段的課題就會在下一階段以不同形式和面目重新出現，提醒我們補課。

那麼，人生每個階段需要面臨哪些課題？完成的最大阻礙在哪？怎麼才算順利完成呢？

突破自我中心

心理學家喬治·威朗特說，從青春期獲得穩定的自我，到建立親密關係時變成兩個人，再到更廣泛的職業聯繫、關心下一代，甚至是更大的人類共同體，自我發展的過程也是自我範圍不斷擴大的過程。

大體上，它可以分為兩個階段。從青春期開始的人生前半段，是收集的階段。我們收集了穩定的自我、親密關係、職業認同和與之相伴的成就、聲望、尊重。到了人生後半段，我們開始進入分發的階段，把前半生收集的東西分發出去，去關心自我以外的他人，關心我們的下一代。我們會從對下一代的繁衍中獲得人生意義，獲得一種新的可能性。否則，我們的生命就會陷入停滯的狀態。每一階段的自我發展，都需要我們克服某種形式的自我中心。只有這樣，自我才能從原先的小我中走出來，迎來更大的格局。可以說，**自我發展的過程，就是破除我執，從小我走向大我的過程**。

接下來，我會從青春期、成年早期、中年期和老年期四個階段來介紹人生特定階段的發展課題，把重點放在每個階段蘊含著什麼矛盾和障礙，背後又有怎樣的自我中心傾向，以及克服這種特定的自我中心傾向可能的出路。

自我發展之問

你正處於哪個人生發展階段？在這個階段，你的主要人生發展課題是什麼？它跟你目前想要改變的事情有什麼關聯？

青春期：如何確立身分認同

最重要的任務：尋找身分認同

青春期的時間長短不一，艾瑞克森認爲青春期是十二到十八歲之間，也有說法認爲是三十五歲之前。我覺得現代人的青春期普遍長一些，取個寬泛的年齡範圍，一般在十五到二十五歲之間。這個階段最重要的任務就是身分認同。

身分認同也被稱爲同一性。這個概念的涵義很複雜，我們可以這樣理解：當一個人獲得了身分認同，他就對「我是誰」這個問題有了相對確定的答案。

爲什麼尋找身分認同會成爲青春期最主要的發展課題呢？因爲青春期本身充滿矛盾，是一個斷裂的過渡時期。在生理上，處於青春期的人要面對陌生的、逐漸成熟的身體和強烈卻羞於啓齒的性欲。在家庭關係上，他們一方面還依賴著自己的父母和家庭，另一方面開始嘗試脫離家庭，爲自己爭取獨立的空間；在社會上，他們一方面開始參與社會，另一方面其實對社會一無所知。

青春期是從孩子到成人的過渡期，在這個時期，自我中有很多新的部分會冒出來。要整理出關於「我是誰」這個問題的答案，就變得分外困難。可是，只有對這個問題有一個初步的答案，孩子才能眞正參與到成人社會中，否則就會一直是個長不大的孩子。

在這個階段，阻礙我們發展的障礙，是我們對自我形象的過度關注，以及對他人評價的過分在意。

大部分青春期的孩子都會變得非常自我。有一個比喻很具體：處於這個階段的人就像生活在舞臺的聚光燈下，覺得自己的一舉一動都受到別人的關注和評論。一方面，他們很在意自己的容貌、才能，想要變得更好；另一方面，他們對這種「在意」本身又帶著某種羞愧。

我有名上高中的來訪者，總覺得自己不漂亮。她一個人在寢室的時候，會偷偷學化妝、照鏡子。可是化了妝以後，她一定會卸乾淨，生怕別人知道她愛美。

還有位青春期的來訪者，因爲學業壓力大，不想去上學。他擔心如果自己努力了，學習成績還不好，別人都會覺得他蠢——這是典型的僵固型思維特徵。

我說：「你能不能說說看，究竟誰會說你蠢？你最怕誰說你蠢？」

他愣了一下：「所有人，所有人都會說。」

一方面，他生活在別人的目光裡，覺得大家都在評價自己；另一方面，這個「別人」是非常籠統的，是他自己想像出來的。看起來他很在乎別人的評價，實際上，他對別人眞實的想法根本不感興趣。他關注的還是他自己。

正是因爲我們不知道自己是誰，才需要從別人的評價中拼湊出自我的形象和概念。越是找不到這個問題的答案，我們對自我的形象就越執著。

這種假想聚光燈下的生活壓力，會帶來兩種典型的反應。

一種反應是對社會標準非常順從。既然別人的評價很重要，那我就按別人的評價來；既然別人覺得成績好很重要，那我就努力學；既然別人覺得金融專業好，那我就去學。他人的評價就是自我價值的標準，也是選擇的標準。如果我得到別人的讚揚，我就很驕傲；如果得不到，我就很自卑。可是，順從他人的評價，是無法發展出堅實的同一性的，只會把自己變成特別聽話的孩子。

另一種反應是對社會標準非常反抗。很多青春期的孩子透過反抗父母，來宣示自己合法的成人身分。父母覺得應該好好學習，我偏不學；父母要我循規蹈矩，我偏不聽話。這些反抗「大人世界」的人會聚在一起，相互取暖，形成一些奇特的青春期次文化。成人越是批判這種次文化，越是表示看不慣，就越增強這種次文化的生命力。因爲處於青春期的人就是想要透過堅持特立獨行，來告訴成人「我與你不同」，從而確認「我是誰」。

可是，「不同」之後呢？刻意的反抗還是會變成另一種在乎，因爲他們要確認的價值還是建立在他們反對東西的基礎上。所以，順從和反抗是同一種東西的兩個側面，在這個基礎上是無法建立起自我身分認同的。

確立身分認同的標誌

那身分認同最終是怎麼確立的呢？獲得這種身分認同的標誌又是什麼？

我曾接待過一名處在青春期的來訪者。最初，我見到他的時候，他穿著一條有很多破洞的牛仔褲，腳上是高筒牛皮靴，褲子和靴子上綴有很多亮閃閃的金屬片，留著長髮，像個搖滾歌手。他跟我講了很多他對這個社會的憤怒。比如，他覺得周圍的大人都很虛偽勢利，只知道要他好好學習，卻從不關心他是什麼樣的人；他爸媽希望他有出息，可是他覺得學習工作、買房買車之類的事情毫無意義。我問他將來想做什麼，他猶豫了一下，說想去學藝術。學藝術是很多年輕人逃避生活的藉口，所以當時我沒太當真。

後來，我們的諮商就中斷了。第二次見到他是在三年後，他已經在國外的一所藝術院校讀書了。他穿著一件白色T恤，是校服。長頭髮還留著，但是已經紮起來了，很有藝術家的樣子。他想問問我有什麼減壓的方法。

我很好奇，問他這幾年經歷了什麼。原來，他爸看他不上進，就送他去學畫畫了，覺得這是通過高中學業標準考試的一個捷徑。學畫畫的過程中，他遇到一位人生經歷很坎坷的美術老師，從農村一步步奮鬥，才變成一位小有名氣的老師。他很佩服這位老師，老師對他也很好，堅信他很有才華，並鼓勵他好好學英語，去考美國的一所藝術院校。老師跟他說：「你現在覺得孤獨，就是因爲身邊沒有像你一樣有想法的年輕人，等你去那個學校就好了。」老師還說：「藝術家都會想很多的，關鍵是要學習表達自己的方式。」

在成長的過程中，遇到這樣的老師是非常重要的，他會讓我們找到人生的榜樣。

學了一年多美術後，他眞的去一所藝術院校學設計，遇到很多和自己相似的年輕人。這些特立獨行的年輕人讓他找到了歸屬感。同時，他開始認眞地學習專業，參與競爭。他來找我諮商，就是因爲學業壓力很重，經常做功課做到半夜兩、三點。

我問他：「你不是覺得這社會不公平？學習和工作沒什麼意義？那幹嘛這麼努力？」

他好像忘了這件事：「是啊，是很不公平，可是我只要做好自己的事情就好了。」

這句簡單的話代表他思考上一個重大的進步。他以前幻想的那些類似「社會不公」「成人世界的虛僞」的敵人轟然坍塌了。從今以後，就算還有敵人，也是類似「功課繁重」這類眞實的敵人。

「社會是不公平，可是我只要做好自己的事。」這句話表明了，他已經意識到兩個重要的道理。首先，他的人生需要他自己來負責。就算他再埋怨社會不公平、再反抗社會，都改變不了這個事實。其次，就算他對主流社會的價值觀有不滿，也不需要說出來，只要做好自己的事就好了。這時，他發展出一種難得的能力——容納矛盾，並在其中發展出對自己的忠誠。這種忠誠是很堅實的，不需要透過順從和反抗來確認，只需要容納這種矛盾就可以了。

我認爲，一個人獲得身分認同的標誌，就是對自己負責以及學會容納矛盾。

那麼，他是怎麼建立起這種身分認同的呢？首先，在學習藝術的嘗試中，他逐漸發現自己的某些才能，並獲得信心；其次，他有一位好的、能欣賞他，並能被他視爲榜樣的老師；再次，有一群價值觀相似、能夠包容他自我探索的同伴。這都是建立身分認同的條件。獲得了穩定的身分認同以後，他就不會過度關注自我、過度在乎別人的評價，而是逐漸克服青春期的自我中心，開始參與眞實的成人社會。身分認同能幫助我們從假想的「被評價關係」中解脫，獲得一種自我認可的能力。因爲這種能力，我們和別人的關係就變得更平等了。

在諮商結束的時候，我跟他握了握手：「歡迎來到成人世界！」

自我發展之問

回憶你的青春期，是否也曾有過類似別人都在關注自己，或者不知道自己是誰、未來在哪裡的困惑？

你是怎麼克服過度自我中心傾向，並逐漸找到「我是誰」的答案？

成年早期：如何建立親密關係與職業認同

建立親密感是重要里程碑

結束了青春期以後，我們就進入了成年早期。這通常指的是二十五到三十五歲之間。在這個階段，我們已經建立起身分認同，有了一個相對穩定的自我。可是這樣就夠了嗎？並不是。一個人總是孤獨的，我們需要尋找另一半，透過跟他們分享自我來克服這種孤獨。這就是成年早期的核心課題：建立親密感。

親密感的建立是自我發展的一個重要里程碑。這意味著生活裡不只有我們自己，還有別人。從某種意義上來說，親密感的建立意味著我們的自我擴大了，另一半就是我們自我的延伸。有時候，這種延伸會彌補我們的自我缺陷。

著名心理學家和哲學家威廉．詹姆斯年輕時有憂鬱症，他思考了很多哲學問題，也嘗試學過很多學科，想幫助自己擺脫疾病。

不過，最終把他從憂鬱症中拯救出來的不是哲學理念，也不是某個學科，而是人。

三十四歲時，他結婚了，讓他結束過度的自我反省，從穩定感情中尋找到一種從未有過的平和。從此，他的學術生涯進入高產期。無論是他的思想還是情緒，都變得更加成熟。

可見，哲學家和心理學家也無法靠學問拯救自己，最後還是得靠親密關係。

爲什麼親密關係的建立對自我的影響會這麼大？也許有人覺得，這是因爲兩個人可以相互照顧。這個觀點有一定道理，可是，相互照顧什麼呢？

在關係裡，我們總是在扮演某個特定的角色。可是在親密關係中，我們的角色是最特殊的。親密關係允許我們暴露自己的脆弱，並把自己的脆弱託付給對方。有人說，親密關係就是一個人能在另一半面前覺得很自在，不需要什麼僞裝，也不用擔心（她）會怎麼想。

當這些脆弱的部分能夠在親密關係中被接納時，它們就不再是我們需要藏著掖著的祕密，不再是我們需要從自我中排斥的部分了。它們會被整合到自我的概念裡，讓我們更能接納自己，讓我們變得更完整。這是對自我身分認同的深化，是一種更深層次的照顧，這比身體上的照顧更重要。

自我中心的三個體現

可是，要獲得這種親密感，需要我們克服三個發展障礙，也就是這個階段的三個自我中心傾向。

一、害怕不被接納

在建立親密關係之前，幾乎所有人都會有這樣的疑慮：這段關係安全嗎？如果他（她）看到我眞實的樣子，還會愛我嗎？我會不會被拋棄？

建立親密關係，意味著要把自己託付出去，依賴別人、信任別人。這也意味著，我們給了別人傷害自己的權力。害怕託付和依賴，就是一種自我中心。

我有名來訪者，已經單身很多年了。她一直有個根深蒂固的信念，覺得不會有人眞的喜歡自己。所以每次遇到新的異性，她都會想：「我會不會做錯什麼？他會不會討厭我？」這讓她覺得很累。這種過度的自我關注是身分認同不穩定時的特徵。

有次諮商時，我讓她回憶和異性交往中輕鬆的片段。她說大學的時候有位學長非常好，跟很多人都聊得來。有時候他們會一起吃飯、去操場散步。可是每次散步回來，她都會想：「這不是我好，是那位學長好。他只是爲了照顧我，才跟我走走。如果知道我是怎樣的一個人，他不會眞的喜歡我。」她在用這種方式扭曲她的經驗，來維護「我就是沒人喜歡」的核心信念。而這個信念保護她遠離人群，變成她建立親密關係的障礙。

還有名來訪者跟我說：「我從來不敢在異性面前展示眞正的自己。看起來我很體貼，別人也覺得我不錯。可是我很累、很怕在別人面前露出馬腳。如果別人看到我眞實的一面，大概就會離開我。」

「眞實的一面」是什麼呢？他並不是什麼隱藏的變態殺手，所謂的眞實一面無非就是「脾氣不好」「沒那麼有自信」之類的事情，可是他覺得別人無法接納。這樣一來，他就把戀愛變成一個「藏和躲」的無間道遊戲。一旦他覺得女孩子流露出一些不滿，他就會很恐慌，解讀成這女孩已經發現他的眞面目，然後轉身離開。

「我很擅長在別人拋棄我之前先拋棄她們。」他略帶悲傷地說。

覺得自己有不能爲人知的另一面，幾乎是每個人共有的祕密。只有勇於嘗試，我們才會發現，這個所謂的祕密其實並沒有那麼危險。

二、害怕承諾

親密關係是排他的，這就意味著，一旦建立起親密關係，我們就不能跟別人發展類似的關係。無論我們多欣賞對方，人生都會因此失去一些可能性。幾乎每個處於親密關係中的人，都會有這種疑慮：「這就是這輩子要跟我在一起的人嗎？他（她）可是有很多缺點啊！」所以很多人會恐婚。因爲害怕失去某種可能性而害怕承諾，是另一種自我中心。

有名來訪者和女朋友已經相處了一段時間，女朋友想跟他結婚。他很焦慮，苦思冥想該怎麼辦。有天他去參加一場聚會，遇到一位很漂亮的女生，覺得豁然開朗：「我將來就是要找一個更漂亮的女朋友，所以現在不能結婚。」

「找個漂亮女朋友」的幻想保留了承諾外的可能性，他的心反而安定了下來。女朋友要他去見家長，他就去了。他心裡想的是：「反正我不結婚、反正我要找個更漂亮的女朋友。」

我就問他：「你到底是想找更漂亮的女朋友，所以不想結婚，還是單純害怕跟現在的女朋友走得太近、害怕承諾呢？」

他想了想：「都有吧。我現在可以看看書、學學東西、玩玩遊戲，萬一結婚了，我擔心一點自己的空間都沒有了。而且，結婚牽扯到兩個人的家庭，我光想就害怕。」

除了害怕承諾，他其實還提到獲得親密感的第三種障礙——害怕「被改變」。

三、害怕「被改變」

有人跟我說，單身久了，都不習慣找對象了。一個人想吃什麼，自己可以做；想玩什麼，馬上就可以玩。如果有了對象，還要照顧對方的情緒，要找兩個人都適合的活動。別說玩會受限制，連學習的時間都沒有了。這種說法沒錯，親密關係會擠壓自我的空間，我們一定會犧牲某些自主性。而且，親密關係會改變我們的生活習慣、品味、情感表達。從關係的互補角度來看，親密關係可能會把我們塑造成系統需要的樣子。所以有些人覺得一個人更自由，這很容易理解。

害怕不被接納、害怕承諾和害怕改變自己，這三種不同形式的自我中心，成爲我們建立親密關係最大的障礙。有時候，因爲孤獨，我們需要在一起；因爲疑慮，我們不能眞的跟對方分享心裡的祕密。做為一種折衷的解決方案，我們就彼此戴著面具，一起配合扮演一段親密關係。在這樣的關係中，人們假裝親密，卻各自孤單。有些人會出軌，有些人會物化對方，把關係變成一種利用、占有或尋找刺激的途徑。可是內心的空虛和孤獨會告訴他們，他們並沒有完成人生的重要課題。

建立親密關係的方法

那麼，怎樣才能眞的建立起親密關係呢？

對於這個問題，很難有一個簡單的答案。有些人是遇到了特別愛的人，熱戀的衝動戰勝了對親密關係的恐懼，然後再慢慢學著兩個人如何相處；有些人是遇到了特別有安全感的伴侶，無論自己如何焦慮恐懼，對方都對關係抱有積極的期待，慢慢地，他們自己也形成了新的安全依戀；還有一些人，是在分分合合中，小心翼翼地探索親密關係的邊界，並最終發現對方已經成了自己不可分割的一部分。

雖然對於怎麼建立起親密關係，沒有一個簡單的答案，但是對於怎樣才算獲得發展親密關係的能力，我卻有個簡單的答案。那就是，能夠發自內心地做出承諾：

「我承諾，即使會受傷害，我也願意投入地去愛。」

「我承諾，即使錯過可能性、即使你不完美，我也願意愛你。」

「我願意爲我倆的關係負責，我願意接受關係的種種限制。」

有了這種承諾，親密關係看起來仍然會有種種限制，可是因爲這種承諾本身是自主的，這種限制也變成了一種自由選擇。這時候，限制就不再是限制了。

這種承諾當然不是形式上的，而是發自內心的。如果你完成了這種承諾，你就完成了人生這個階段的課題，由此獲得了一種寶貴的特質——愛。這種承諾本身，就是愛的形式。

也許有人會想，我也想做這樣的承諾，但我怎麼才能保證自己不會受傷害呢？我怎麼才能知道哪個人是對的人呢？

其實，承諾本身對於對象的依賴程度遠比我們想像要來得小，它更像是一種心理上的課題。當然，這並不是說隨便找一個人就可以，我們還是需要找有感覺的人。可是，不是我們先找到對的人，才做出承諾。很多時候，是我們先做了這樣的承諾，這個人才變成對的人。

在這種承諾中，我們學到了深刻的託付、連結、責任和信任到底是怎麼回事，我們的自我從一個人變成了兩個人。這會深化我們的自我身分認同。就像我另一個朋友說的：「我知道愛可能會帶來傷害，可是，我不能因爲害怕傷害就不去愛啊！」

當一個人這麼說的時候，他已經完成了親密對孤獨的人生課題，並擁有了愛的能力。因爲他的愛不再受假想的傷害限制了。

當然，關係的承諾不是一勞永逸的。有時候你「確認過眼神」，覺得那是對的人，過一段時間，又覺得不是了。可是，就算關係有變化，你在關係中獲得的承諾和愛的能力，是不會輕易消失的。

我曾問過一個朋友，什麼時候她覺得自己是愛過的。她說：「有次我們一起去玩眞人CS（又被稱爲生存遊戲、野戰遊戲），我和他同隊。他被一隊人堵在角落，我端著槍就衝上去了，腦子裡什麼都沒想，就是想要救他。我想，如果那是眞的戰場，對方拿的是眞槍，我也會衝上去的。」

她接著說：「後來我們結婚了。然後，我們離婚了。不過我不後悔，愛過總比沒愛過要好。我是幸運的，至少我愛過。」

我覺得她愛人的能力，一直都在。

職業認同與親密關係

建立親密關係的同時，成年早期還有一個重要的人生課題，就是怎麼找一個適合的職業，確立職業認同。

在某種意義上，確立職業認同的困難與建立親密關係的困難很像。工資、福利這些外在的東西，相當於另一半的顏值，而我們在工作中的感受，相當於在關係中感覺到的親密感。在親密關係中，顏值高固然好，但眞正關鍵的是兩人是否能夠建立起分享彼此的親密感。同樣的，工作中眞正讓我們覺得幸福的，是我們是否認同所做的事情。尋找職業認同和尋找眞愛的過程也很像，其中的困難既包括怎麼找合適的目標伴侶或工作，也概括如何克服對完美的幻想和對失去可能性的焦慮，做出自己的選擇和承諾。就像穩定的親密關係會帶來內心的安穩和平靜，投入自己喜歡的職業也會讓我們的心慢慢地穩下來，並逐漸獲得自信和成就感。

經常有人問我：「老師，我該做一行愛一行，還是愛一行做一行？」就像有人會問我「老師，我該找個愛我的人結婚，還是找我愛的人結婚？」一樣。

事實上，無論怎樣的戀愛，如果最終不能發展出兩人能彼此分享的親密感，就不會是好的愛情。同樣的，如果不能以某種方式整合「做一行和愛一行之間的矛盾」，我們也無法建立起對職業的認同。

那麼，建立起職業認同意味著什麼呢？

它意味著我們能接受職業背後的人際關係，並把它當成自我的一部分。職業的人際關係有兩層涵義。首先，它包括我們和工作夥伴本身的關係。比如，我們願意投入一種合作關係中，認同與自己共事的人，以這個行業的前輩爲榜樣，並願意接受他們的指導。其次，也是更重要的一點，職業的人際關係還包括我們與服務對象的關係。

有一種說法認爲職業有三個層次：生計、事業和使命。這三個層次背後所假設的人際關係是不同的。生計代表的是一種被壓榨、被逼迫、不得不爲的關係；事業代表的是一種平等、穩定、互惠的關係；使命則變成一種我們爲職業服務、奉獻，甚至犧牲的關係。正是對職業背後關係的認同，我們被逐漸塑造成有技能、被需要、肯奉獻的專家。我們也在這樣的過程中，擴展了自我的概念。

如果一個人不認同職業背後的關係，那他就無法做出職業承諾，也無法建立職業認同。他會把工作當成自我之外的東西，把它看做一種負擔、一種苦差、一種臨時之計，就好像眞正的生活從未開始。這樣的狀態通常會讓人焦慮，因爲他不知道自己被社會接納的依據是什麼，或者自己能夠爲之奉獻的是什麼。

職業認同的四個標誌

心理學家喬治．威朗特認爲職業認同有四個標誌：勝任感、承諾、報酬和滿足感。

勝任感意味著我們能勝任這份工作、能在工作中體會到能力的成長，並獲得一種成就感。

承諾意味著我們願意投入到這份工作之中，會對這個職業保持某種忠誠，把它視為自己很重要的一部分。比如我雖然在做很多事，寫作、教學、當一些教育機構的顧問等，但是如果別人問我是做什麼的，我會毫不猶豫地說我是一名心理諮商師。因為我對諮商有很深的情感，並把它當成我很重要的部分。

報酬意味著我們從職業中獲得了滿意的回報。職業體現的是一種互惠關係。如果我們不能從職業中獲得相稱的回報，就會有被剝削感，也就很難投入其中。報酬還會把職業跟愛好區別開來，因為愛好是可以不計較報酬的，但職業必然會計較。

滿足感意味著工作跟我們的自我沒有什麼違和的地方，我們工作時，有一種特別的、本該如此的感覺。

這四個標誌也提示了建立職業認同的四種障礙：如果無法勝任一份工作、如果沒能做出發自內心的承諾、如果工作給的報酬沒能讓我們滿意，或者工作無法讓我們有滿足感，都會影響我們建立職業認同。

前面三種標誌比較好理解，但是，第四種職業認同的標誌——滿足感是怎麼來的呢？

有人說，滿足感是因為這份工作能體現自己的優勢；有人說，滿足感是因為這份工作符合自己的性格特質。我覺得都對，但是也都不完整。更完整的說法是，**我們能把自己從事的工作鑲嵌進自己的整個人生故事裡，讓它變成整個人生故事中的一部分。**

編劇領域有個概念是「人物弧線」，意思是，無論劇情怎麼變化，人物的故事都會隨著一個主要線索變化。有時候，穩定的職業認同就是在自己的人生故事中，勾勒出這樣的人物弧線。

我有個朋友，初中時就想成爲靠自己本事吃飯的手藝人（以手工技能或其他技藝爲業的人）。他大學學的是新聞專業，就覺得自己一定要寫稿子，因爲那是一個手藝活兒。後來陰差陽錯，他被分配到一家中央媒體做行政的工作。那份工作不錯，有光環，主管還器重他。可是，這不符合他對「手藝人」的設想。所以他毅然辭職，到一間小雜誌社寫稿。

在這個故事裡，我朋友的人物弧線就是「當一名手藝人」。雖然他能勝任那份行政工作，報酬也不錯，但是違背了自己的人物弧線，無法讓他產生滿足感，也不能讓他做出職業承諾。後來到了雜誌社，從最初當記者寫稿，到變成幫作者改稿的編輯，再到帶領團隊。雖然他的工作內容有了一些變化，但他都是以「手藝人」的態度來對待工作。這個「手藝人」故事的核心沒有變，它構成了我這位朋友的職業認同。所以他對自己後來的工作非常滿意，做得很開心。

職業認同的背後，是我們能夠把工作納入其中的完整人生故事。人生故事要被我們認同，需要符合我們更深的情感，而這種情感常常來自工作之外的生活。

我還有位朋友，也是個特別有職業認同的人。可是，她從事的工作並不容易產生職業認同——她是一位保險經紀人，主要做壽險規畫。最初我並不是很理解她的職業認同，一度以爲她不是被公司洗腦了，就是被自己洗腦了。可是，當她講了自己的經歷後，我便對她的職業認同有了更多的理解。

她原本在一間大公司做財會工作，後來才做保險。以前經常有人送禮給她，但這只是他們有求於她。工程做完了，關係就結束了。而保費因爲要年繳，她一般會和客戶保持很長時間的關係。她說：「我不習慣那種人走茶涼的感覺，更喜歡這種長久的關係。對我來說，結束一段關係是很難的。」她說自己有位偶像，是公司裡具有傳奇色彩的老爺爺。他二十七歲進公司，一直服務到九十多歲，和客戶的家人都是朋友。

我很好奇就問她：「爲什麼妳這麼需要長期關係？」

她想了想：「我特別抗拒關係的結束，也許是跟小時候的經歷有關。」

原來她兩歲的時候，外公去世了。媽媽把她接到外公家的時候，她一頭鑽進外公的臥室問媽媽：「外公呢？」然後就開始哭。接下來幾天，她抱著有外公照片的相簿一直哭。外公的去世讓她第一次感受到關係結束的痛苦。而對長期關係的渴求，成了她職業認同的一部分。

所以，工作和我們的人生故事是分不開的。要想建立眞正的職業認同，就要讓人生境遇與工作產生深刻的聯繫，並把工作整合進我們的人生故事裡。這種人生故事的整合，才是職業認同最關鍵的部分。像是魯迅，他想當醫生，是因爲家人被庸醫所害，讓他有了治病救人的想法。而他棄醫從文，是因爲發現精神的醫治比身體的醫治更緊迫也更重要。這種把職業和人生故事聯繫起來的職業認同，賦予了工作意義，也繼續回答了「我是誰」的問題，是自我同一性的延續和深化。

自我發展之問

在親密關係的建立中，你曾遇到的最大困難是什麼？你是如何克服的？

你有沒有找到自己的職業認同？如果有的話，是如何找到的？如果沒有的話，你在尋找職業認同的過程中遇到了哪些困難？

中年期：如何應對中年危機

中年危機

如果順利的話，你已經有了青春期建立起來的穩定自我，有了成年早期獲得的親密關係和職業認同，自我的範圍從一個人擴展到兩個人，又擴展到工作關係中的更多人。你平穩地生活了好幾年，家庭穩定，工作越來越好。你甚至會想，自己是不是就這樣度過餘生呢？並不會，因為變化很快又來了。你進入了人生的另一個動盪時期：中年期。

中年期又稱為成年中期，通常是指三十五到六十歲這一段很長的時期。對很多人來說，中年期是驚濤駭浪的時期。

和青春期一樣，在這段時間，人們的身體重新開始變得陌生。只不過，這次不是因為成熟，而是因為衰老。和青春期一樣，感情重新變成一件麻煩的事情。孩子進入青春的叛逆期，父母開始生病甚至離世，而我們不再滿足於這個階段瑣碎的日常工作和生活，希望能夠尋找到更深層的人生意義。年輕時從來不覺得是問題的「時間」，在這個階段開始變成問題。我們開始意識到，原來生命有限，自己也會衰老和死亡。

害怕衰老，就是這個階段的發展障礙。

當我們害怕衰老時，我們究竟在害怕什麼呢？身體機能的衰退當然是一方面，但最大的挑戰還是可能性的喪失。

衰老和死亡的過程，其實就是「把可能變現實，把懸念變答案」的過程。在中年的時候，我們會意識到，生命中的可能性正在一點點消失。年輕時一些想做沒做成的事，可能永遠都做不成了；一些想在一起而沒在一起的人，可能再也不會相伴了。我們會焦慮於這種確定性，並苦苦思索，除了可見的衰老和死亡，自己的未來到底在哪裡？對很多年輕人來說，離開小鎮來到大城市，或辭去穩定的工作，就是害怕過那種「一眼能看到未來」的生活。可是到了中年以後，很多人的生活眞的一眼就能看到未來。

在中年的時候，我們很容易把這種由「可能性的貧乏」帶來的恐慌，誤解爲是衰老引起的。所以，對於變老這件事，有些人可能變得非常抗拒。一些男人開始尋求婚外情，想重新體驗青春的激情，來維持自己沒老的錯覺。一些女人則開始精心打扮自己，甚至整容，害怕因爲變老而失去魅力。還有一些人開始回憶當年，對年輕人指手畫腳，變得俗氣、勢利、斤斤計較，把生命的成長寄託在錢財、名聲這些可見的東西上。

但是，也有一些人到了中年以後，反而開始漸入佳境。他們變得更成熟、更有經驗，也更有創造力。這些人擺脫了「小我」的限制，人生境界因此開闊起來。

這種變化是怎麼發生的呢？

很重要的原因是，這些人到了中年後，和世界、和他人的關係發生了變化。別人既變得不重要，也變得更重要了。變得不重要，是他們不再那麼在意別人的看法和評價，相對的，也不再那麼在意世俗意義上的規則和成功，會更遵循自己的心來做決定；變得更重要了，是因爲他們關心自我以外的他人，尤其是下一代，從繁衍世代中獲得人生意義。他們開始從他人的成長中，獲得新的可能性。

在成年中期，繁衍是人們要完成的發展課題。這除了發生在家庭領域（下一代的繁衍），也發生在工作和社會領域。

在心理學家艾瑞克森的理論中，繁衍的涵義是非常廣的：在工作和休閒活動中保持活力、對生活懷有熱情和好奇心、積極教導和關愛他人、爲社會和他人謀福利、維護公平和正義……這些都具有繁衍的性質。繁衍的核心涵義，就是我們能夠藉助這些活動突破自我的限制。

我們將從家庭裡外的繁衍兩方面，來看看該如何突破自我的限制，走出中年危機。

家庭裡的繁衍

家庭裡的繁衍，有孩子的父母自然會懂。

如果孩子摔倒哭了，我們就會很心疼，恨不得是自己摔倒。如果孩子開心地笑了，我們會比他還開心。孩子在旁邊時，我們自然會有一種特別的安心感，覺得自己做的一切都是值得的。孩子把我們從小的自我中拉出來，又一次擴大了自我的涵義。這一次，自我包括了下一代。而因爲自我的擴大，自我的可能性危機不再是那麼大的問題了。

可是，並不是全部有孩子的成人都發展出繁衍感。

繁衍感的本質是奉獻自己，讓自己成爲孩子的一部分。可是有些父母正好相反，他們把孩子拉進來加強自我，讓孩子成爲自我的一部分。這是兩種不同形式的愛。前一種愛是奉獻式的，後一種愛則是占有式的；前一種愛是從孩子的需要出發，承認孩子是獨立的個體，並眞正關心他們，而後一種愛是從自己的需要出發，關心的仍然是關係中的自我。只有前一種奉獻式的愛，才會發展出繁衍感。否則，我們會在和子女的糾纏中陷入某種停滯。

舉個例子。我有個朋友的媽媽特別黏他，很喜歡做各種好吃的給他。看起來媽媽很關心他，可是這種關心背後有一種奇怪的冷漠。

有次，媽媽滷了雞腳要讓他嚐嚐味道。他說：「有點硬，再滷五分鐘應該會不錯。」

媽媽很不甘心，就說：「還好吧，你再嚐嚐？」他又試了一下，還是說硬。媽媽就讓他再嚐一口。

到第三遍的時候，他無奈地說：「還行。」

媽媽就得意地說：「對吧，再試試感覺就對了。」

這樣看來，哪怕是感覺，媽媽都不覺得他是對的，只覺得自己是正確的，並一定要讓兒子認同自己，讓兒子爲她的付出表示感激。很多父母都是這樣，喜歡給孩子加衣服、夾菜，如果孩子說不需要，他們就會生氣，覺得是對他們的冒犯。

有時候，父母還會讓孩子代替自己完成願望。比如，有的父母從小功課不好，沒有上好大學，就希望孩子能夠好好學習，彌補自己沒有讀好大學的遺憾；有的父母跟同事存在競爭關係，就希望透過孩子爭回面子。

眞正的問題不在於他們讓孩子代替自己完成夢想，而在於孩子不接受這種安排時，他們會怎麼處理。如果孩子能夠接受父母的安排，當然是好事，它會變成家族延續的傳統，就像很多醫師，祖輩三代都是醫師一樣。但是如果孩子不接受，而父母更看重自己的需要，就會產生很大的衝突。這些孩子在青春期就很難發展出身分認同。因爲發展身分認同需要整合父母的期待和自己的期待，而在這些孩子身上，這兩種期待是衝突的。

占有式的愛和青春期的自我中心很像，都是過度關注自己，忽略別人的需要。只不過中年期關注的東西，從自我形象變成了透過孩子來滿足自我的需要。

眞正有繁衍感的關係是什麼樣的呢？

其實就是眞的能爲孩子著想，甚至爲孩子忍受和犧牲。在第三章介紹關係的糾纏時，我曾經寫過一個故事：孩子要去外面的世界闖蕩，他問媽媽：「我走了，妳會孤單嗎？會寂寞嗎？」媽媽說：「你走了，我會孤單、會寂寞……可是我不要把自己的困難，變成你不能出去的理由。」我想，這媽媽心裡是孤單的，可是從某種意義上來說，她是充實的。因爲她知道，自己這麼做是爲了孩子。她會眞心爲孩子奉獻，爲孩子的成長驕傲，並在孩子的成長中突破自我的限制。

也許有人會問：如果我一味地爲孩子奉獻，那不是失去自我了嗎？會不會變成那種把「對生活的所有期待都放到孩子身上，沒有自己生活」的父母呢？

確實有些父母是這樣，但這並不是眞正具有繁衍感的奉獻。首先，眞正具有繁衍感的奉獻會尊重孩子的獨立性，這其實也是尊重自己的獨立性。其次，當我們把目光從自己身上移開，去關心孩子的成長時，我們的自我看起來被削弱了，其實是被增強了。我們失去了一些自我關注，甚至失去了一些滿足自己需要和欲望的機會，但同時，我們獲得了一種特質——關心。這種關心會變成自我新的部分，對象既可以是孩子，也可以是自己。

也就是說，我們其實是在透過愛孩子，學習怎麼愛自己。所以，在奉獻自我的同時，我們也在加強自我。這種奉獻式的愛，是克服中年期的發展障礙，走出中年危機的一種方式。

家庭外的繁衍

除了家庭中的繁衍，工作和社會中的繁衍，對於走出中年危機也非常重要。這樣的繁衍，我歸納了一下，主要有三種。

第一種繁衍，是創造性的工作。

在艾瑞克森看來，創造是一種特殊的繁衍形式。有人說創造作品跟生孩子一樣，原因就在於，創造是透過勞動，把某些個人之外的東西帶到這個世界上來。一旦這個東西誕生了，就會獨立於我們存在。由於創造能不斷把獨立於個人的新東西帶到這個世界上，它就變成一種突破自我限制的形式。所以很多從事創造性工作的人，不容易有停滯感。

我看過央視的一部紀錄片，介紹一位畫家孔龍震。他原本是貨車司機。有一年在福建開車，在一段長達十四公里的下坡公路上，他的刹車失靈了。那一刻，他深信自己馬上就要掛了。他瘋狂地按喇叭，咬牙抱著方向盤，僥倖逃過一劫。

回顧這驚魂一刻時，他說：「那一刻，我就覺得或許生命也不是最重要的東西。人生的理想才是最重要的東西。當車停穩後的那種狂喜……我心想，我的人生必須得做點什麼。我能做什麼呢？畫畫。

「從小我就喜歡畫畫。這個夢想從來沒有磨滅過，只是被壓制了。直到那一刻，這個夢想破土而出，我覺得它很重要⋯⋯開車是我的生活、現實。畫畫是我的⋯⋯也不能說是夢。是讓自己的生命留下痕跡。這個世界我來過。」

後來，他克服生活的種種艱辛，堅持在跑長途貨運的間隙，在狹小的卡車駕駛座上，把生活的辛酸和無奈變成獨特的畫作，並用十年時間，逐漸畫出自己的天地，變成職業畫家。這個烏托邦式的圓夢故事並不是我要講的重點，重點是他用自己的畫作實現的理想：「讓自己的生命留下痕跡。這個世界我來過。」

這就是創造做為一種特殊繁衍形式的意義。

第二種繁衍，是傳承。

我曾在浙江大學的一次校友聚會上，聽過阿里雲的前總裁王堅老師分享他的成長經歷。他說：「我原先在學校時，很年輕就當了教授。那時候跟我共事的老師，很多都比我大二、三十歲，給了我很多幫助。後來離開學校，一路輾轉加入阿里，忽然發現周圍跟我一起工作的人都比我年輕二十歲，這讓我很感慨。從跟比我大二十歲的人共事，到忽然與比我小二十歲的人成為同事，我就會想，除了自己的工作以外，我還可以做些什麼？當時別人替我做了這麼多，那現在我能反過來為他們做些什麼？這深刻地影響了我對工作價值的判斷。」

年輕時獲得長者的幫助，中年時開始幫助更年輕的人，這種傳承廣泛地發生在工作領域，也意味著，一個人從年輕新手向中年專家的轉變。

傳承這種繁衍形式，在一些傳統的「手藝人」或「匠人」的工作中尤其明顯。在工業化以前，要學一門手藝得先拜一位師父，這是一個很鄭重的儀式。師父都知道收一名徒弟的分量，不僅要負責他的職業生涯，還要成爲他的人生導師。師徒既是一種工作關係，也是一種包含情感的家人關係。師徒關係和家人關係在繁衍的形式上也很像，只不過連結師徒關係的東西從血緣變成了手藝的傳承。不像現在，工作中的關係變成了純粹的利益關係，連研究生都叫自己的導師是老闆了。工作中的繁衍，就被這種生硬的社會分工切斷了。

傳承這種繁衍形式，包括兩方面的涵義：一種是技術上的，一種是關係上的。這兩種也都包含了某種形式的自我超越，因此都有繁衍的涵義。

爲什麼這麼說呢？先來看技術上的傳承。

在武俠小說裡，師父如果悟到什麼武功絕學，一定會想辦法傳給弟子。如果這種武功失傳了，師父就會留下遺憾，讀者也會發出一聲嘆息。

他們在嘆息什麼呢？他們嘆的是，無論何種形式的技術——武功也好，管理經驗也罷——都有超越個人的存在價值，不該隨著人的老去而消失。即使這些經驗是你總結的，或者是你在工作中摸索出來的，它們在本質上還是不屬於你自己，而是屬於全人類的。你只是它們的保管人。越是重要的技術或經驗，你越有傳承的責任。如果你接受了這樣的責任，你就透過傳承超越了自我。

家庭治療大師傑·海利去世時，米紐慶曾經爲他寫過的訃文中提到：「**我們用一輩子積累而來的知識，已經普遍地影響了下一代的諮商師，他們不一定記得我們的名字，但那已經一點也不重要了。**」這句話是對這種傳承最好的說明。

也許有些人會說，這是我們好不容易學到或發明的東西，憑什麼要教給那些年輕人，讓他們占便宜呢？不是說教懂徒弟會餓死師父嗎？

如果我們固守這樣的想法，就不會有繁衍的感覺，更可能陷入停滯的恐慌。

當然，傳承不僅是技術上的，還有關係上的——那些有經驗的老人，願意輔助年輕人、幫助他們成長，成爲他們的榜樣和領路人。這是一種帶著敬意的擔子。它需要我們的付出，而我們在這種付出中超越了自我。

米紐慶去世時，我的老師曾寫過一篇紀念文章《最後的吉他》。裡面講到米紐慶八十多歲的某一年，老師請他去北京講學。

結束後，米紐慶對她說：「妳知道著名的吉他手塞戈維亞嗎？我和他一樣。給我一把吉他，我在臺上也會奏出音樂，但是走下臺來，我只是一個老頭兒。妳現在要靠自己了，妳不想爲自己的民族做些事嗎？妳不願意在自己的地方發展嗎？」

老師當時熱淚盈眶，不停地說：「不要不要，我才不要你的吉他。」

我理解老師當時爲什麼說不要。一是因爲她不願意承認米紐慶的老去，二是因爲她知道「這把吉他」背後的責任。老師年輕時是個特別灑脫、不願意受拘束的人，根本不想承擔這樣的責任。可是她說：「後來，我不知不覺就接過了他的吉他。」

這幾年她一直在香港和內地之間往返，教導一些年輕的諮商師。每次在她的課堂裡，我都會感覺到，她是那麼眞誠地想把她會的東西教給我們。她已經是個老太太了，可是她的工作量很驚人，上課、督導、見個案，幾乎每天都是從早到晚馬不停蹄。這讓我們既佩服又擔心。有時候她還跟我們開玩笑說：「我都這麼老了，萬一哪天我在這裡出事了，你們知道怎麼把我弄回去嗎？」

有一次，講起一些家庭治療大師的精神遺產時，我問她：「老師，妳希望留給世界的東西是什麼？」

老師想了想：「我活著的時候不想去殯儀館，死了也不想去。我年輕的時候看過一部費里尼的電影，講什麼我已經記不得了，就記得一群人亂糟糟地出海去送葬。有很多動物，還有馬戲團什麼的。要去送誰也不清楚，就是大家好像都很高興的樣子。如果我離開了，最好也是這樣，大家都高高興興的。我自己家裡還有很多美食，還藏著很多美酒。到時候把美食美酒都拿出來，大家都吃了、喝了，什麼都別留下，就留滋味在人間。」

從她身上，我看到一種傳承的責任。一方面，傳承的責任其實是很辛苦的，另一方面，她能這麼豁達地面對衰老，跟她承擔起傳承的責任是有關的。這種突破自我中心以後帶來的豁達人生境界，就是繁衍帶來的回報。

第三種繁衍，是回報社會的使命感。

無論是家庭的繁衍，還是工作中的傳承，一般都會限定在和我們關係親近的人之間，比如孩子、學生或下屬。但是使命感是傳承的深化和擴展，會把繁衍擴展到不認識的人身上。

因爲我的老師經常講米紐慶的故事，我還是以米紐慶爲例來說明這種使命感。

心理諮商整體來說是一個爲中產階級以上人群服務的行業，畢竟諮商費不便宜。但是米紐慶很不同，他是心理學家裡少數爲窮人工作的人。當年他帶著我的老師去紐約的窮人區進行諮商，我的老師經常遲到。她一遲到，米紐慶就不讓她去了。這不是責怪她遲到，而是因爲紐約窮人區經常有搶劫案發生，米紐慶擔心她一個人去會有危險。當時，米紐慶爲當地的社區培養出很多爲窮人工作的諮商師，有時候還會自己出錢幫窮人打官司。晚年的時候，他還以一美元的年薪爲紐約的醫療系統改革奔走。而這些事，很少有人知道。

最有趣的是，米紐慶一方面爲窮人做很多事，另一方面很強調邊界，從來不會把「愛」掛在嘴邊。有一次，米紐慶和一位非常講究「愛」的家庭治療大師維琴尼亞·薩提爾辯論。

薩提爾問米紐慶：「難道你不相信愛嗎？難道你不愛世人嗎？」

米紐慶說：「我不愛啊！我只是愛一些人而已。」

米紐慶就是這樣的人，有愛又眞實。每次聽到這種故事，我都會很感慨，很希望自己能夠成爲像他那樣的人。這種感慨和嚮往，根植於每人的天性，變成人類文明繁衍的基石。

繁衍是一種互惠

無論是家庭內的繁衍，還是家庭外的繁衍，看起來都是一種單向的給予。但事實上，繁衍也是一種互惠。

年輕人在尋找身分認同的階段，需要榜樣和領路人，而老年人在面對衰老的時候，需要能夠指導的對象幫助他們發展繁衍感。年輕人和老年人相互需要，這是人類發展出來，突破自我限制、傳承文明的特殊形式。

歐文．亞隆在《生命的禮物》一書中，引用赫曼．赫塞小說《玻璃珠遊戲》中一個故事：兩個生活在聖經時代的著名隱修士——年輕的約瑟夫和年長的戴恩，以不同的方式說明人們重獲心靈的平靜。兩人雖然從未見過面，但是做爲競爭者工作了很多年。直到年輕的約瑟夫開始有煩惱，墜入了黑暗的絕望，他發現用自己的方式沒辦法治癒自己，於是去南方尋找戴恩的幫助。在朝聖的路上，他遇到了一名年老的旅者，就是戴恩。戴恩毫不猶豫地邀請年輕的、陷入絕望的競爭者到自己家裡，兩人一起工作了很多年。約瑟夫從戴恩的僕人變成學生，最後又變成同事。多年以後，戴恩病重就要死了。他把約瑟夫叫到床前，告訴他，其實跟約瑟夫的相遇對他來說也是一個奇蹟。因為他當時也陷入絕望之中，感到空虛和心靈的死亡，他同樣無法幫助自己。在綠洲相遇的那一晚，他正打算去北方尋找一位叫做約瑟夫的偉大隱修士。

所以，年長者掛心年輕人，不僅僅是付出。年輕人透過受年長者培養、照顧、教導而獲得幫助，年長者則從年輕人那裡獲得子女般的愛、尊重和安慰，從而得到幫助。年輕人和年長者在相互醫治中，幫助彼此完成了人生發展的課題，這眞是一種巧妙的安排。

人是有很多限制的，會老去、會死亡。可是，當我們突破這種自我中心，眞正學會關心他人，發展出廣泛的繁衍感後，我們就突破了這種與生俱來的限制，擁有一種超越衰老和死亡的豁達。發展繁衍感——無論哪種形式的繁衍，都是突破自我、走出中年危機的方法。

自我發展之問

如果你是年輕人，你身邊有什麼樣的中年人，讓你願意視之為榜樣？如果你已經到了中年，你有什麼樣的人生經驗想要分享給年輕人？

老年期：如何整合自己的人生

人生的最後課題：整合

走過建立身分認同的青春期、建立親密感和職業認同的成年早期、在繁衍和停滯的矛盾裡掙扎的中年期，我們終於到了人生的最後一個階段：老年期。

在這個階段，我們的兒女通常已經長大成人。除了自己熱愛的工作，我們所承擔的社會責任，該卸下的都卸下了。衰老、病痛、身邊不斷去世的朋友，都在不斷提醒我們終點的臨近。現在，我們還要完成人生的最後一個課題：對人生的整合。

整合是什麼意思呢？按照艾瑞克森的說法，整合意味著我們能「接納自己唯一的生命週期，並將其做爲不得不存在，且不允許有任何替代的事物」。也就是說，無論一生是否順遂，經歷了哪些快樂和痛苦，我們都能把它視爲一段獨特的經歷，並接納自己的生命是完整的、獨一無二的。如果不能完成整合，個體就會感到人生苦短，短到對自己的人生不滿意，卻來不及重新開始。

人生是短暫的。我們永遠都會錯過一些東西、獲得一些東西、選擇一些東西、失去一些東西。自我發展的可能性和生命的有限性之間，存在著一種永恆的張力，這種張力永遠都需要我們做出自己的選擇。透過選擇，某些可能變成了現實，某些可能與我們漸行漸遠；透過選擇，我們每個人都在編寫著關於自我發展的獨特人生故事。就像在試卷上寫下最後一個答案，鈴聲將響，交卷的時刻到了。給出一個滿意的答案，就是整合的過程。

整合的兩種涵義

整合有兩種涵義。第一種涵義是回顧自己的人生，並找出一種意義來源。

就像斯多噶學派哲學家塞內卡所說的：「只有當死亡來臨的時候，你過去的所作所爲，才顯示出它們的意義。」能否順利整合自己的人生，跟我們是否順利完成人生的課題，尤其是否獲得了繁衍感，有很大的關係。如果在中年期找到了足夠的繁衍感，我們就不會那麼害怕死亡。因爲我們知道，自己關心的下一代，自己創立的事業，自己愛的、把生命寄託在上面的東西，都會延續下去。

我外婆是個農村老太太，沒讀過什麼書，一生清苦。她生病以後，雖然知道自己時日不多，卻對死亡有著一種特別的豁達。有時候半夜病痛發作，明明很疼，她卻說：「我不怕，反正就算死了，我也是死在自家床上。」去世那天晚上，有很長時間她都處在昏睡中，可是午夜的時候她忽然醒了，跟陪在身邊的子女說：「不要怕，人都是要死的。慢慢來，不要慌。」交代完這些話，她就去世了。哪怕是去世之前，她還在想著安慰子女。家就是她最大的人生意義。

除了家庭中的繁衍感，家庭外的繁衍感也能幫我們完成最後階段的整合。

浙江大學有位傳奇教授陳天洲，三十六歲就成了電腦學院最年輕的博士生導師，還是校內著名的ＢＢＳ飄渺水雲間創辦者。除了學術能力強，酒量也不錯，對學生特別好。而且，他一直實踐單身主義，爲此專門成立了「浙大光協」，並自稱是「浙大光協最後一位堅守初衷的會員和主席」。

這麼一位厲害又有趣的人，卻在二〇一一年六月被檢驗出罹患胰臟癌。這是一種死亡率非常高的癌症，九五％的患者存活期都不超過二十週。得知自己生病以後，他沒有一點抱怨或自憐，仍然堅持學術研究，甚至在去世前一週還在參加一場學生的答辯。同時，他還查閱醫學文獻，在頂級的國際醫學雜誌發表了兩篇醫學論文。

確診四年後，他去世了。相對胰臟癌超短的存活期而言，這已經是小小的生命奇蹟了。他留下遺囑，把所有遺產捐贈給浙大電腦學院，用來扶助和獎勵學生。他是很多浙大學生心中的英雄。他去世後，很多學生都去悼念他。

陳天洲並沒有完成建立親密關係的人生課題。但透過學術研究以及跟學生之間的教學互動，他有了足夠的繁衍感。學術研究和學生培養就是他最大的人生意義，幫助他完成了課題的整合。

除了透過回顧人生找到意義，整合還有第二種涵義，就是把自己納入更大的人類群體中，把自己看做是某種演化進程的一部分。

你可以想想，什麼才算是自己開始的時候？從呱呱墜地的那一刻開始？從變成受精卵的那一刻開始？從地球上誕生人類開始？還是從地球上第一次誕生有機物開始？自然以超越自我的方式演化，我們只不過是這個宏大劇碼中的一環。這齣戲在我們出生之前早已開始，在我們離開之後還會繼續。就像把一滴水放入大海，可以認爲它消失了，也可以認爲它獲得了另一種形式的生存。

佛教對死亡的看法就包含了這種整合。佛教認爲，人痛苦的根源是把「自我」看做是一個實在的東西，因此產生了對自我的執著，覺得自己的快樂、痛苦、需要、欲望都是重要的。而這不過是一種幻覺。自我只是因緣際會結合的產物，只是一個過程。要解除這種痛苦，就要透過靜心修煉的方式，來參透「無我」的道理。

我覺得人生的各個發展階段，也是一個走向「無我」的過程。只不過這個「無我」不是透過靜心冥想的方式來實現，而是不斷擴大自我的社交半徑，透過建立親密關係、投入職業、關心下一代，把自己交付出去而得以實現的。這也是人生每個階段最大的難題，即克服各種形式的自我中心主義——生活將教會我們放手和捨棄。而人生發展的最後一個課題——關於整合的課題——就是要克服最後一個自我中心主義——對「自我」本身的執著，也就是對生命的執著。

向死而生

我想，也許你和我一樣，很幸運地還沒有到需要面對衰老和死亡的年紀。可是從人生的終點回過頭思考人生的此時此刻，會有意想不到的好處。

「總有一天，我們都會死。」

這句話既能讓我們陷入可怕的虛無，也能擺脫一些不必要的束縛，變得更有勇氣。

前段時間我閱讀斯多噶學派哲學家塞內卡的書，他有一個說法很有意思：我們的房子、財富、社會地位，我們的眼睛、手、身體，我們的親人、子女、朋友，我們所珍惜的一切，都不是我們的，包括我們自己。它們只是命運女神借我們暫用一下。我們要像虔誠的、神聖的保管者那樣好好保管它們。如果命運女神有一天要把它們收回，我們絕不該抗命不從，而應該滿心歡喜、不帶怨氣地說：「謝謝您讓我擁有並保管這一切。我已悉心保管，現在如數奉還。」

斯多噶學派有想像死亡的傳統。在一天開始的早晨，哲學家們會把這天當做人生的最後一天。如果到了晚上仍然平安無事，他們就會感謝上天，覺得自己又賺到一天。第二天重新如此。據說，這種方法能夠讓他們獲得平靜，並讓他們對平常的日子充滿感恩。

面對挑戰時，我經常會做一個想像練習，你也可以試試。

想像一下，假如你已經垂垂老矣，覺得自己的一生都很完美，做了該做的事，所以在晚年，你獲得了該有的平靜。現在，你開始回憶人生，回憶當下這一刻，回憶當下面臨的難題。你覺得，這名老人會怎麼想、怎麼做呢？

或者，我們可以把順序倒過來。你還處於現在的年紀，正被生活中的某個難題困擾。現在，想像一下，你已經垂垂老矣了。現在該怎麼做、怎麼選擇，年老的你才會驕傲地說自己不後悔呢？

在一行禪師寫的佛陀傳記《故道白雲》裡，佛陀已經垂垂老矣，皮膚有了很多皺紋，腳上的肌肉都鬆軟無力。那時候佛陀已經決定，在三個月後入滅。他和弟子阿難陀最後一次爬上靈鷲山。在山邊，望著夕陽緩緩落下，佛陀說：「阿難陀，你看，這靈鷲山多美！」

縱使落日轉瞬即逝，也無法消解那刻的美。如果說，生命的有限性有什麼好處的話，也許就是讓我們意識到，自己所在的每一刻都那麼美。

自我發展之問

你現在有什麼煩惱的事情？試著從一生的角度思考，你會對這件事有什麼新的看法和感受？

假如你只有一個月的生命，在這個月裡，你最想做的事情是什麼？如果有一年呢？有十年呢？

在你心裡，你理想的老年生活是什麼樣的？為了擁有這樣的老年生活，你現在能做哪些準備？

自我發展：一條不斷延伸的路

否定與自我發展

這本書洋洋灑灑，從行爲的改變，寫到思維的改變、關係的改變，再到轉折期、人生發展階段。就像一名嬰兒，慢慢長大、成熟、老去，不知不覺，已經接近尾聲了。做爲一本書的尾聲，該寫些什麼呢？

既然在人生最後的階段，回顧整合是一件重要的事，那我們不妨先來回顧一下整本書的內容。在這裡，有兩點我想要特別說明。

首先，這本書有個特別的安排，就是在每一章的最後一篇文章，會以某種形式否定前面的內容，讓書的內容進一步深化。比如，在「行爲改變」的最後一篇，我說，不改變也是一種改變，接納自我是很難的改變；在「思維改變」的最後一篇，我說，我在前面所講的，都是局部的知識，只有承認它是局部知識，你才會去探索剩下的部分是什麼；在「關係改變」的最後一篇，我說，雖然我們一直在強調獨立，課題分離，但獨立是爲了好好連結。

那麼，按照慣例，如果要對第四章的轉折期和第五章的人生發展階段做一個總體的否定的話，我會說，所謂的改變進程或者人生發展階段，都只是大多數人會走的路，有可能，它也代表了大多數人的某種偏見。而每個人，都有他自己獨特的路要走。

有個朋友跟我說：「我並沒有完成建立親密關係的課題，可是我有了另一種本領，容納孤獨的能力。」我覺得他說得有道理。

這也讓我思考，每個人生發展階段的課題，它的本質究竟是什麼？是像跑馬拉松一樣，一定要按這些路標走完整條路嗎？

我覺得並不是。這些人生課題的本質，其實是對矛盾的適應。

人總是處於矛盾當中——自我和他人、親密和孤獨、理想和現實、生和死。如果回頭看，我們會發現，在每個特定的人生階段，都有要面對的特定矛盾，它們構成了生活永恆的張力。

若你走的是別人都走的路，在特定的人生階段，這些矛盾會給你很大的壓力，就像地殼的兩個板塊在不停擠壓。如果你適應了這個階段的矛盾，就會收穫這個階段的品質，如地殼最終擠壓出一座高山，你的格局會躍升到新的層次。行爲、思維、關係也會有相應的改變。

如果你走的路不是別人都走的路，或者你面對的課題不是以常規順序呈現的，那你也一定會在路上遇到矛盾、經歷艱難，並透過加以克服，學習到別人沒有掌握的東西。只不過，獨特的路是很難被做爲普遍規律歸納出來的。

爲什麼我會在每章的最後一節否定前面的內容？同時又在每一章否定前面一章的內容？這並不是自相矛盾，而是爲了對應眞實的自我發展規律。

自我發展遵循著同樣的規律。年輕的時候，我們認定自己是某種人，後來發現不是這樣；我們覺得自己已經理解了親密關係，後來發現也不是這樣；我們覺得自己會走上某條人生道路，後來發現還不是這樣。

這種否定，就是自我發展的過程。它不是說了「是」然後又說「否」，說了「對」然後再說「錯」那樣的否定，而是「除了這個，還有更多」的否定。其實，它不僅是否定，也是繼承和深化。越往前走，你越會發現那個「既在意料之外，又在情理之中」的自我。

人就是在對以前自我的不斷否定中，逐漸實現自我發展的。

而這本書，也是透過這樣的否定，來加深你對「自我發展」規律的認識。

其次，在本章，我刻意沒寫具體的方法。我沒有寫怎麼確立身分認同、怎麼發展親密關係、怎麼發展繁衍的能力，我只寫出這些階段面臨的矛盾和一種可能的出路。如果你問我，該怎麼完成這個階段的任務呢？我會請你從第一章開始回顧前面的內容，想想怎麼走出心理舒適圈、怎麼改變自己的思維、怎麼發展不同的關係、怎麼度過轉折期。因爲，雖然人生的發展階段有它特定的任務，但是對每天面對具體生活的人來說，改變就在每個行爲、每種想法、每段關係裡。

最後問題的答案，都在前面的內容裡，這正對應了自我發展的另一條規律。

心理學家威朗特說：「從四十歲到衰老的步驟，和前面的發展階段是反向的。四十歲時面對情感危機，像青少年一樣；六十歲時掙扎著抗拒時光變換，像十歲一樣；八十歲全神貫注於一個難以控制的、不穩定的身體，像學步兒一樣。」

還有一點他沒說，我們消失之後的一片空白和出生之前的一片空白也很像。自我的發展，就是這樣一條回去的路。這本書同樣是一條回去的路。

過程的意義：讓一切發生

如果說，這本書是一幅關於改變的地圖，它可能只是一幅局部的地圖，有些地方還標識得不那麼清楚。

也許你會問：既然這只是局部的地圖，爲什麼我要拿著它呢？

答案是：爲了上路。有了地圖，你就可以上路了。你可以去嘗試改變，比照著改變的經驗，了解更多關於自我發展的知識。也許你會發現，自己的經驗有些跟我寫的很像，有些不那麼像。這都沒有關係。你走的路，比地圖重要。

在第二章介紹局部知識的段落裡，我寫過一句話：「所有知識都是局部的，要找出它不夠完善的部分是很容易的。而要找到它對的地方，卻並不容易。我們要先接受知識都是錯的，才能找到知識對的地方在哪裡。」

當時編輯跟我說：「老師，這句話沒寫清楚，能不能寫得更清楚一些？」我想了想，說：「就讓它這樣留著吧。」如果這句話引發了你的疑問，它會讓你思考；想不明白，你會去找答案；找不到答案，也許你會透過其他途徑來問我，我可以解釋給你聽。如果我解釋得不清楚，你會進一步思考。這一來一回的過程，遠比一句清晰的話更重要。

過程是最重要的，任何模糊卻能引發探索過程的知識，都比清晰但完結的知識有價值。**知識的價值不是提供確定的答案，而是引發探索的過程**。知識需要讓自己成爲過程中的一環。如果它不能引發探索的過程，一定不是因爲它太完美，而是因爲它已經陳舊到沒人理。

就像我們的人生，從生到死，起點一樣，終點也一樣，可是展開的過程不太一樣。而這個過程，才是它的本質。

作家王小波在寫給太太李銀河的信裡這樣說：「人生最後煙消雲散，不會留下什麼痕跡，但在消失之前，我們要讓一切先發生。」既然結果會雲消霧散，那它的意義是什麼？讓過程發生，這就是結果的意義。我們會老去、死亡，做爲結果，我們會消失不見，但發生的過程卻不會消失。

當然，我們還是要有目標，要爲目標的成功或失敗而歡欣雀躍、傷心流淚。可是我們要知道，目標的意義就是爲了引發這個過程，就像地圖的意義是爲了上路一樣。如果沒有目標，我們就無法展開過程；如果太注重目標、太注重結果的成敗，我們也會失去這個過程。

在寫這一章的內容時，我思考自己當初是怎麼設想未來的。在青春期的時候，我想的是：中年太可怕了！我再也沒有精力熬夜了！我的八塊腹肌會變成一團肥肉！再也不會有女生喜歡我了！有了家庭和孩子，我再也沒辦法來一場說走就走的旅行了！

現在想想，這些可怕的事情都發生了，可是還有很多沒想到的事情也發生了。在與人交往的時候，我變得更加成熟坦然了；因爲在職業上的認同和精進，我獲得了一些年輕時不會有的尊敬；經濟上也有了更大的自由。當然還有家庭和孩子，我是被他們束縛了，可是誰會想到，他們束縛我的方式是快樂呢？看到孩子的笑，我哪裡都不想去了。

我們設想的人生和眞正的體驗，總是有很大的差距，非得等過程完整地展開，我們才會眞的知道其中的滋味。

體驗是在過程裡發生的。我經歷過青春期的迷茫，知道建立親密關係的疑慮和孤獨的滋味，了解職業變動的徬徨和建立職業認同以後的安穩與喜悅。可是無論我怎麼設想，都不會知道接下來的人生會怎麼樣。

想想衰老或者死亡，我還是很怕的。可是我也會想，就像我在青春期設想中年那樣，也許在想像衰老時，我只能想到顯而易見的失去，卻很難想像獲得。更想不到，人生真正重要的東西，常常都是從失去中得到的。

想想十年、二十年，或者更長的時間以後，我希望自己一直沒有停下發展的腳步，希望你也沒有停下來。那時候我老了，經歷了很多事，而你對人生也有了一些新的認識，我們還可以再談談關於自我發展的事。

這是一本關於自我發展的書，可是直到寫完這一段，我才忽然明白什麼是自我發展。不是有個「自我」不停在發展，並隨著經歷的順境逆境，增增減減。而是這個發展的過程本身，就叫「自我」。

這本書寫到這裡，就要按下暫停鍵了，但它不是結束。就像自我發展是一條不斷延伸的路一樣。

自我發展之問

這本書裡，最打動你的三個知識點是什麼？對你最有用的三個知識點又是什麼？你能做些什麼，讓這些知識和你的生活產生現實的聯繫？

致謝

一本書從開始寫到跟讀者見面，絕不是作者一個人的功勞。我要感謝很多人。

我要感謝羅振宇和脫不花，如果不是他們倆的推動，就不會有「自我發展心理學」這門課和你眼前的這本書；我要感謝我在得到APP的課程編輯宣明棟老師、杜若洋、Emma、孫翹俏，還要感謝這本書的編輯白麗麗、戰軼、甄宬，如果不是他們的精心付出和寶貴意見，這本書不會像現在這麼好。同時，我要感謝「自我發展心理學」的課程用戶，感謝他們一直以來的支持和鼓勵。

除此之外，我還要感謝我在家之源的老師李維榕博士。她是眞正得了道的人。我要感謝她，不僅是因爲這本書裡講了很多她和她的老師米紐慶的故事，也不僅是因爲我從她那裡「偷」了很多金句，最重要的原因是她教會我從關係的脈絡看人，教會我發現人的很多面——這正是自我發展的潛力所在。她讓我理解了，自我發展是一條什麼樣的路。

Eurasian Publishing Group
圓神出版事業機構
用心與你對話．視野無限寬廣
究竟出版社
Athena Press
www.booklife.com.tw　reader@mail.eurasian.com.tw

心理 057

了不起的我

0到99歲適用，自我發展的心理學

作　　者／陳海賢
發 行 人／簡志忠
出 版 者／究竟出版社股份有限公司
地　　址／臺北市南京東路四段50號6樓之1
電　　話／（02）2579-6600・2579-8800・2570-3939
傳　　真／（02）2579-0338・2577-3220・2570-3636
總 編 輯／陳秋月
副總編輯／賴良珠
責任編輯／蔡緯蓉
校　　對／蔡緯蓉・林雅萩
美術編輯／金益健
行銷企畫／詹怡慧・陳禹伶
印務統籌／劉鳳剛・高榮祥
監　　印／高榮祥
排　　版／杜易蓉
經 銷 商／叩應股份有限公司
郵撥帳號／18707239
法律顧問／圓神出版事業機構法律顧問　蕭雄淋律師
印　　刷／祥峯印刷廠
2020年8月　初版
2023年12月　3刷

本書臺灣繁體版由四川一覽文化傳播廣告有限公司代理，
經得到（天津）文化傳播有限公司授權出版

定價 340 元　ISBN 978-986-137-300-3
版權所有・翻印必究
◎本書如有缺頁、破損、裝訂錯誤，請寄回本公司調換
Printed in Taiwan

人需要愛與工作、全心投入，
人能從群體之中感受到超越自我的意義感。
只有這樣，才能擁有有意義的人生。
只要你能與這幾個客體之間建立美滿的關係，
人生的目的及意義就會自然浮現出來。你會意識到，
你的人生是好的。

——強納森 海德，《象與騎象人》

◆ **很喜歡這本書，很想要分享**

圓神書活網線上提供團購優惠，
或洽讀者服務部 02-2579-6600。

◆ **美好生活的提案家，期待為你服務**

圓神書活網 www.Booklife.com.tw
非會員歡迎體驗優惠，會員獨享累計福利！

國家圖書館出版品預行編目資料

了不起的我：0 到 99 歲適用，自我發展的心理學 ／
陳海賢 作. -- 初版 -- 臺北市：究竟，2020.08
384面；14.8×20.8 公分 --（心理；57）

ISBN 978-986-137-300-3（平裝）

1. 自我實現 2. 成功法

177.2 109008062

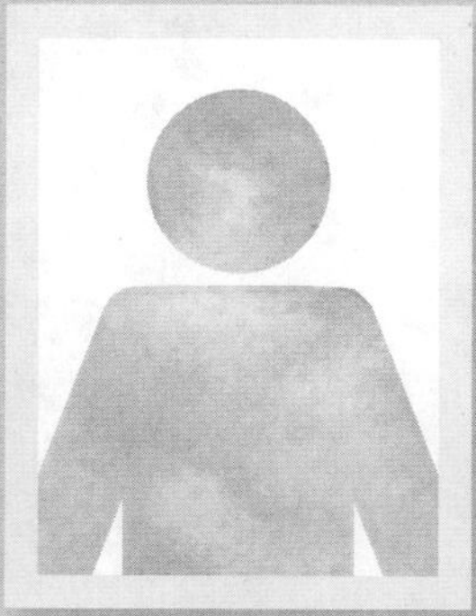

了不起的我

慶賀你成為了不起的自己